Querdurch

erlebte orte

Ted Edwards

Querdurch

Eine Solowanderung in **Island**

Reisebeschreibung

Übersetzt von Kay Niebank

Mit einem Vorwort von Dieter Graser

Bibliografische Informationen Der Deutschen Bibliothek

Die Deutsche Bibliothek verzeichnet diese Publikation in der Deutschen Nationalbibliografie; detaillierte bibliografische Daten sind im Internet über http://dnb.d-nb.de abrufbar

Nach dem englischen Original:
Ted Edwards. Fight the wild island – A solo walk across Iceland. Topfsfield 1987
Übersetzung, Satz & Lektorat: Kay Niebank, Bremen
Umschlaggestaltung: Kay Niebank unter Verwendung eines Fotos von Jens Bachmann
Druck und Bindung: Books on Demand GmbH, Norderstedt
Printed in Germany

Niebank-Rusch-Fachverlag, Hartwigstr. 2c, 28209 Bremen
Besuchen Sie uns im Internet: www.nr-verlag.de

ISBN: 978-3-939564-34-8

Den freien Menschen von Island,
die der Welt zeigten,
dass nur die Tapferen verdienen frei zu sein,
widme ich dieses Buch.
Mögen sie sich lange an dem erfreuen,
was sie errungen haben.

T.E., 1986

Anmerkungen des Autors

Die hier niedergeschriebenen nordischen Mythen sind von verschiedenen Zweigen der Tradition zusammengetragen und zu einem einheitlichen Ganzen zusammengefügt, um einen Eindruck davon zu vermitteln, was die Alten glaubten. Sie sind keinesfalls als Glaubensgrundsätze gedacht. Gelehrte mögen sie für übermäßig vereinfacht halten, und ich akzeptiere diese Kritik. Wenn dieser kleine Vorgeschmack Ihren Appetit anregt, sollten Sie sich in eine Bibliothek begeben.

Die meisten Personen- und Ortsnamen habe ich mit lateinischen Buchstaben geschrieben, um die Verwirrung gering zu halten; allerdings habe ich den Konsonanten *eth* bewahrt, geschrieben als ð oder Ð, da seine charakteristische Aussprache nicht wirklich durch das englische *d, t* oder *th* wiedergegeben werden kann, wie es südlich des Seekanals von Manchester gesprochen wird. Seine Aussprache entspricht dem harten und scharfen th Nordenglands, wie etwa im englischen *that*.

Es gibt leichte Variationen in den folgenden Vokalen:

á wird als *au* ausgesprochen, wie in *rauh*.
ó wird als *oh* ausgesprochen, wie in *Oh*.
ö wird als *ö* ausgesprochen.
ú wird als langes *u* ausgesprochen, wie in *Huhn*.
ei wird als *ej* ausgesprochen wie im englischen *play*.
Aber machen Sie sich darum keinen Kopf.

Ðat's ðat![1]

[1] A. d. Ü.: Kann im Deutschen nur einigermaßen angemessen mit „dað warð" wiedergegeben werden, wenn der Sprecher lispelt.

Ísa-
fjörður
Sauðar-
krokur
Blandá
Langjökull
Borgarnes
Hvítá
Geysir
Gullfoss
Akranes
Þingvellir
Þing-
vallavatn
Reykjavík
Hvítá
Keflavík
Selfoss
N
Lavawüste
gewanderte Route
0 5 10 20 30 40 50 km
Vestmannaeyjar

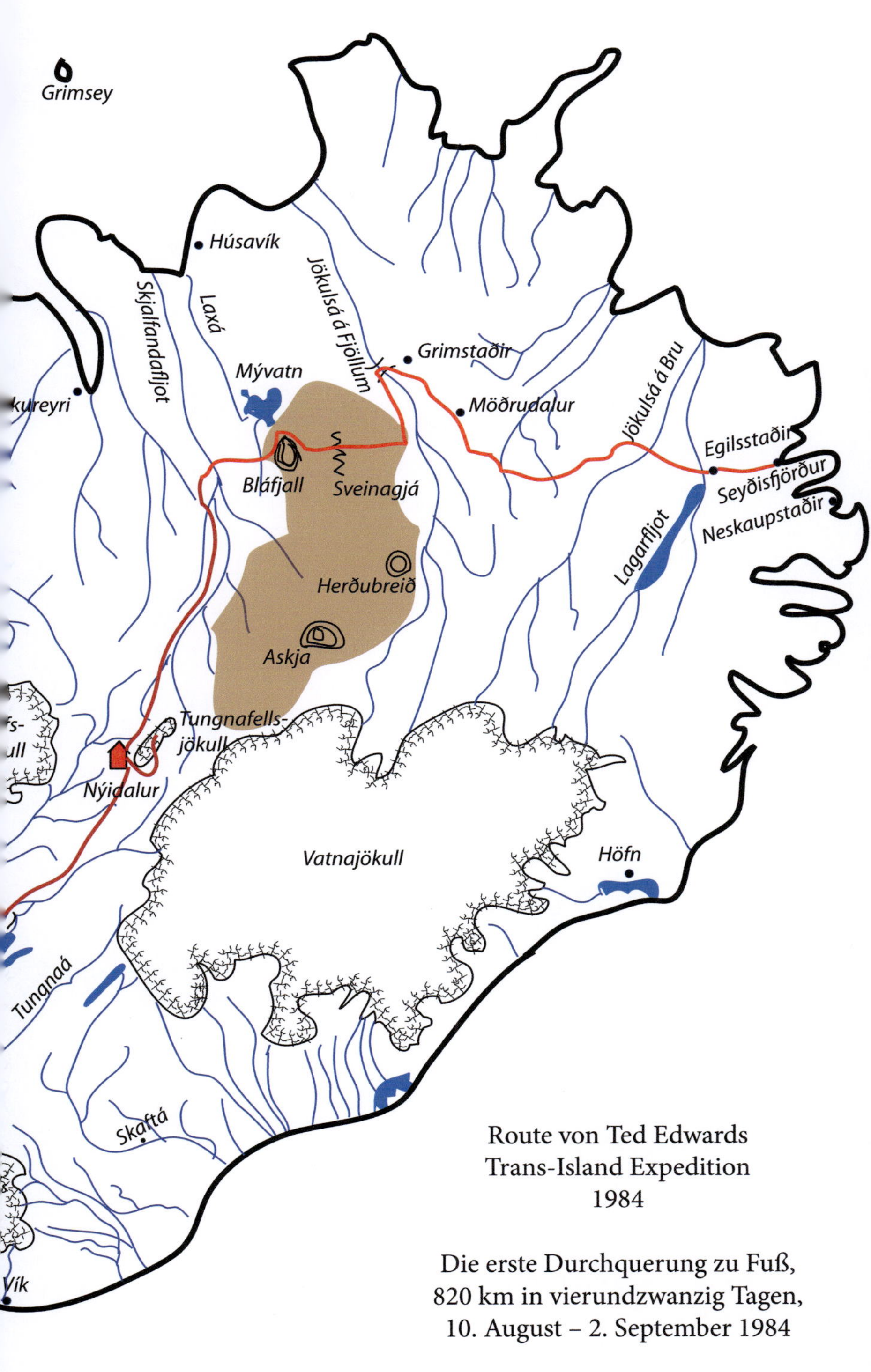

Route von Ted Edwards
Trans-Island Expedition
1984

Die erste Durchquerung zu Fuß,
820 km in vierundzwanzig Tagen,
10. August – 2. September 1984

Inhalt

Vorwort

1984 durchquerte der englische Abenteurer Ted Edwards Island zu Fuß von Ost nach West, von Seyðisfjörður nach Reykjavík. Er durchquerte karges Hochland, unwegsame Lavafelder, die Wüste des Sprengisandur und erklomm den Túngnafellsjökull und den Vulkan Hekla. Durchaus möglich, dass Edwards die erste Fußdurchquerung von Ost nach West gemacht hat. Zumindest war es wohl die erste „touristische". Die alten Isländer sind geritten, und die, die zu Fuß unterwegs waren, waren nicht bedeutend genug, als dass man ihre Taten überliefert hätte.

Edwards Islanddurchquerung war da noch an einer Zeitenwende, er wuchs auf in der Zeit in der Berge noch erobert und die letzten weißen Flecken auf dem Globus noch entdeckt werden konnten – und als Brite schon gleich gar. Da steckt er noch in einer Tradition von Shackleton, Scott und Hillary. Messner hat den Schlusspunkt gesetzt und Google Earth hat die letzten weißen Flecken gefüllt. Wer heute noch seine Unternehmung in Island als Expedition bezeichnet riskiert, zu Recht, sich lächerlich zu machen. Die heroischen Zeiten der Endeckungen und Ersttaten sind Vergangenheit. Nicht zuletzt durch aggresives Sponsoring ist das Spektakuläre inzwischen beliebig überbietbar und damit trivial geworden.

Aus heutiger Sicht möchte man öfter die Hände über dem Kopf zusammenschlagen über Edwards Ausrüstung wie Esbit-Kocher, Jeans und Kassettenrekorder und über die fast an Naivität grenzender Uninfomiertheit über die Natur Islands und haarsträubende Planungsfehler. Aber es war eben auch noch ein bisschen eine andere Zeit. Es gab keine Internet, kein Google Earth und keine GPS-Geräte. An verlässliche Informationen war schwer heran zu kommen und schon gar auf Nicht-Isländisch.

So wurde die Reise Edwards zu einem veritablen Abenteuer. Immer mal wieder sprang er dabei Freund Hein, dem alten Kahlkopf, von der Schippe und trotzte allen Gefahren für Leib und Leben. Dass er sich in die meisten der prekären Situationen selbst hineinmanöveriert hat, sei nur am Rande erwähnt. Fehlplanung war nur eine Herausforderung an seinen britischen Sportsgeist und wenn sich dieser nicht mit dem ebenso britischen Humor paaren würde, dann wäre dieses Buch nicht das Lesevergnügen, das es ist.

Edwards ist nicht bescheiden, spart nicht an kräftigen Farben, aber sein Pathos ist augenzwinkernd und er weiß – bei allen Göttern des Nordens – zu unterhalten. Was will man als Leser mehr? Völlig unerheblich, ob das nun die „erste" Durchquerung Islands zu Fuß war oder nicht. Irgendwo schreibt er ja, dass es „seine" erste Durchquerung war und das ist viel wichtiger. Edwards hat begriffen, was einen guten Reisebericht ausmacht: „Der Mensch ist dem Menschen das Interessanteste“. So sind es gerade die Begegnungen mit Isländern oder anderen Wanderern, die seinem Bericht die Würze geben. Bei der Schilderung Tee kochender oder Hochlandhütten betreuender Walküren, einem John Wayne names Hank, oder von „Hermann the German“ gibt er seinem Pferdchen schwer die Sporen und beweist, dass es nicht genügt, eine Reise zu machen – man muß sie auch erzählen können.

Nach fast dreißig Jahren erscheint nun die ausgesprochen stimmige Übersetzung von Ted Edwards „Fight the wild Island – A solo walk across Iceland“ unter dem Titel „Querdurch – Eine Solowanderung in Island“. Auch wenn das englische Original schon lange vergriffen ist, so hat Edwards viele Wanderer inspiriert zu Fuß die unwirtlichen Weiten Islands zu durchstreifen. Und wer je zu Fuß gewandert ist weiß, wie viel eine lange Fußreise mit einer Geschichte gemein hat. Eine gute Reise ist wie eine gute Geschichte – oder umgekehrt?

Dieter Graser
www.isafold.de

1
Das Erbe

Es gab eine Zeit, vor tausend Jahren und mehr, an einem Ort, den wir heute Lancashire nennen, als ein Mann, der – vielleicht – Olaf hieß, nachdenklich an seinem abendlichen Feuer saß. Ein junger Mann, in dessen Adern das Blut seines Vaters floss, gestorben im Dienste Guthrums, der den Engländern das Land abgenommen hatte. Es war Kriegerblut, Wikingerblut, das die Erde von Russland, von Konstantinopel und die des fränkischen Kernlandes im Süden gefärbt hatte; und jetzt floss es durch Hände, die unbehaglich auf dem Pflug ruhten.

Sein langes blondes Haar war nach Art der Krieger geflochten, und an seiner Seite hing ein Kriegsschwert; aber es war sauber und unbefleckt, und seine helle Haut zeigte keine Spuren der Schlacht. Um ihn herum brannten andere Feuer, von denen die Geräusche der Siedlung herüberdrangen, das Lachen von Kindern und Frauen. Einige waren englische Frauen, die in ihrer Brust den fremden Christengott bewahrten und den Söhnen Oðins näher brachten. Selbst der mächtige Guthrum erwies diesem fremden Gott die Ehre und sprach zu kämpfenden Männern von Ackerbau und Feldarbeit.

Der Mann, dessen Name – vielleicht – Olaf war, hatte sich keine Frau genommen, denn in seinem Wesen war die Ruhelosigkeit der Jugend, der Drang, der die junge Eroberungsarmee seines Vaters aus den Fjorden in ferne Länder geführt hatte. Er hörte von einem Land in Richtung der untergehenden Sonne, jenseits des Inselkönigreichs von Man; Geschichten erzählte man von anderen Ländern, neuen Ländern, die nicht in der Gewalt von Königen waren. Es gab einen Ort, so hieß es, in Richtung des Nordsterns, wo ein Mann sein eigener König sein und über sein eigenes Land herrschen konnte. An diesem Ort gab es Berge von Feuer und kochende Seen. Ströme von Eis erstreckten sich über große Wüstenländer, und absonderliche und mächtige Kreaturen der See bewachten seine Küsten. *Dort* war ein Land für Krieger, und in einem solchen Land war selbst der Pflug eine Art Schwert. Viele gingen dorthin, so berichteten jene, die die Geschichten erzählten; und der Name des Landes war Island.

Es mag sein, dass er einen Winter lang an dieses Land gedacht hat; zwei waren es kaum, denn ein Krieger besitzt ein ungestümes Herz. Dann war es an der Zeit, die Dinge zusammenzutragen, die man mitnahm, und ohne sich umzusehen ging dieser Mann, dessen Name – vielleicht – Olaf war, mit federnden Schritten und dem Feuer des Lebens in seinen eisblauen Augen, zur Westküste des fremden Landes, das ihn zur Welt gebracht hatte.

Blackrod? Mein Gott! Wo ist Blackrod?

Der Zug raste nach Norden durch die von Menschenhand geschaffene Landschaft Lancashires, vorbei an schwarzen Schlackehügeln, später kosmetisch begrünt, über Ferienkanäle, vorbei an satanischen, unauslöschlich schwarzen Stahlwerken, *fort von hier – fort von hier – fort von hier.* Der kleine Bahnhof von Blackrod blieb zurück, ein Punkt irgendwo auf dem Weg nach Preston, das irgendwo auf dem Weg nach Glasgow lag, das irgendwo auf dem Weg nach....

Meine Leute waren in Manchester, die Menschen, die ich kannte und vertrauensvoll berühren konnte. Ich war allein. Nein – nicht gänzlich allein, denn um mich herum waren Menschen, die mir ähnlich waren. Wenn ich Fragen hätte, würde man sich mir zuwenden, aber es gäbe keine Berührungen. Darum ging es; beiläufig und ungezwungen zu berühren, an der Schulter, am Ellbogen, an der Hand. Die einsame Herausforderung war es, die ich suchte; doch – ach – die Berührung; bereits jetzt vermisste ich sie verzweifelt. Es würde vergehen; in Stunden, in Tagen würde es vergehen. Sehr bald würde jene Zeit kommen, da ich ein Fels gegen die Elemente wäre. Aber jetzt war ich kein Fels. Jetzt vermisste ich die Berührung und wusste nicht, ob ich wieder berühren würde.

PRESTON war auf dem Bahnhofsschild zu lesen, als der Bahnsteig zum Stehen kam. Ich wuchtete meinen unmöglich schweren Rucksack auf meine rechte Schulter und bugsierte ihn vorsichtig durch Türen und zwischen Menschen hindurch, blieb mit dem Eispickel am Türsturz hängen und mit der Schnalle an der Jacke. Dreiunddreißig Kilo hatte die Waage angezeigt; dreiunddreißig Kilo an gefriergetrockneten Lebensmitteln, Kameraausrüstung, Überlebensausrüstung, Tonbandgerät, Kocher, Filmen, Bändern, Batterien, Kleidung, medizinischem Bedarf... die Liste war endlos. Jeder Gegenstand hatte vor den strengsten Richtern sein unabdingbares Recht belegen müssen, mitkommen zu dürfen. Ich hatte volle viereinhalb Pfund Pappe, Papier und Plastikverpackung aussortieren müssen, um das Gewicht zu verringern. Nach der abschließenden Überprüfung blieben dreiunddreißig Kilo, massiv wie Beton, mit denen ich meinen Treck über mehr als 640 Kilometer durch Island beginnen muss, von der Ostküste zum Meer am westlichen Gestade.

Und warum unternahm ich diese Reise, von der ich wusste, dass es die physisch anspruchsvollste meiner bisherigen Reisen sein würde? Sie würde, wie frühere Exkursionen, weder einen besonderen Nutzen für die Menschheit bringen noch die Grenzen des Wissens weiter ausdehnen. Mir würde keine große finanzielle Belohnung winken noch würde die Ehrenkrone mein Haupt zieren. Nein, diese Reise würde für den besten und letztlich sinnvollsten Grund unternommen werden – *ich wollte* sie unternehmen. *Aber der Wunsch* allein ist etwas für Kinder, darum mussten *Rechtfertigungen* her, die man *Gründe* nennen durfte. Dass ich nie zuvor meinen Fuß auf einen Gletscher gesetzt, einen aktiven Vulkan oder Geysir gesehen, eine Lavawüste durchquert hatte, waren große Anreize für jemanden, der über Neugier verfügt. Auch war damit, dank eines Sponsors, der mir jeden gelaufenen Kilometer bezahlte, Geld für ein örtliches Kinderkrankenhaus zu verdienen. So hatten es mir, sofern ich meine Reise beendete, die guten Menschen von Manchester in Pubs, Clubs und an Arbeitsplätzen schriftlich versprochen.

Aber der Hauptgrund für jede meiner Expeditionen war zu zeigen, dass eine solche Reise für einen Menschen mit moderner, leichter Ausrüstung möglich war. Vor nur wenigen Jahren wäre er an dem Gewicht und den Ausmaßen dessen, was getragen werden musste, gescheitert. Nun, dank Forschung und Entwicklung, betreten wir eine neue Ära, die keine großen, teuren Expeditionen mehr braucht, sondern von einem einzelnen Forscher als private Mission durchgeführt werden kann. Es war das Bahnbrechende dieser Haltung, worum es in meinen Reisen in unzugängliche Weltgegenden grundsätzlich ging.

Der Glasgow-Zug nahm das wartende menschliche Gewimmel auf, jeder auf seiner eigenen privaten Reise, und beschrieb eine rasche Linie nordwärts über Shap, kühl und feucht mit dunklen Wolken darüber, die dem frühen August keinen Respekt erwiesen. Zerfledderte Schottische Pfunde, wie welke Salatblätter und fremdartig wirkend, wurden mir, zusammen mit Sandwiches, von dem Mann mit dem Buffetwagen und dem heftigen schottischen Akzent in die Hand gedrückt. Schon begann die Welt sich um mich zu verändern, während ich davoneilte, *fort von hier – fort von hier – fort von hier.*

Glasgow schien eine bemerkenswert unbemerkenswerte Stadt zu sein, als ich mir wankend meinen Weg aus dem Bahnhof zum Flughafenbus suchte. Nur eine weitere westliche Stadt aus Backstein und Zement, prätentiösen pseudogriechischen Säulen und vereinzelter Betriebsamkeit. Meine Gedanken waren zugleich in Manchester und Island, als mein Körper den Bus bestieg, ihn wieder verließ und durch die vertrauten Formalitäten für Auslandsflüge ging. Was meine Leute jetzt wohl machten? Füllte sich das Loch bereits wieder, das meine Abwesenheit hinterlassen hatte? War es wichtig, dass ich jetzt für einen Monat nicht dieses Leben führen würde, sondern ein anderes Leben auf einer anderen Existenzebene mit anderen Absichten, Routinen und Werten? Das Leben eines Vagabunden zu führen, jede Nacht an einem anderen Ort zu ruhen, erfordert eine neue Abmachung mit dem Dasein. Ungewissheit muss man sich schmackhaft machen, aber Zuversicht stützt sich auf jene größere Gewissheit – das Vertrauen in die eigene Fähigkeit zu überleben.

„Passagiere für den Flug vier-vier-drei-drei nach Reykjavík werden gebeten, sich zu Gate Nummer vier zu begeben. Passagiere für Reykjavík, begeben sie sich zu Gate vier. Vielen Dank."

Die effiziente weibliche Stimme verursachte Hektik und Geschäftigkeit in der Abflughalle: Taschen wurden sortiert, Kinder aufgespürt und Gruppen versammelt. Junge, abgehärtete Männer in karierten Hemden und zerschrammten Bergstiefeln, ältere Paare voller Vorfreude, akkurate Geschäftsleute mit schlanken Aktenkoffern, kamerabehängte Touristen in steifer, neuer Kleidung... alle bewegten sich langsam in Reih und Glied den langen Korridor entlang und folgten den Anzeigen für Gate vier, sprachen Englisch, Isländisch und Amerikanisch.

Das Flugzeug, glatt und schimmernd auf dem dunklen Beton, nahm uns alle auf, und wir saßen, wartend, angeschnallt und sahen die Stewardessen ihr Schwimmwestenballett vorführen. Die Hydraulik zischte und Turbinen heulten, als das Flugzeug die Rollbahn entlangdonnerte. Ein mächtiges Gebrüll reiner Kraft erschütterte unsere kleine Welt, als wir die Startbahn entlangrasten, schneller und schneller, Beton trommelte gegen die Reifen; dann hob sich die Nase ein wenig und die Welt war wieder ruhig und glatt. Wir hatten Britannien verlassen. Die Lichter der Spielzeugstadt Glasgow versanken unter uns und waren verschwunden. Vor uns lagen der Nordatlantik und Island. Vor uns lagen Abenteuer und Kampf; aber die Berührung – oh ja – die Berührung; wie mir die Berührung fehlte.

Island ist eine Vulkaninsel, nur wenig größer als Irland, die sich knapp unterhalb des Polarkreises im Nordatlantik befindet. Vor über 200 Millionen Jahren kühlte die Oberfläche des jungen Planeten ab. Den Naturgesetzen gehorchend erstarrte die erkaltende Oberfläche. Die höheren Bereiche wurden zu einer einzigen mächtigen Landmasse und die tieferen sanken unter den kondensierenden Dampf, um zum Meeresboden zu werden. Aber unter der abkühlenden Oberfläche war der Planet noch immer geschmolzen und brodelte mit der Hitze der Hölle. Die dünne Oberfläche zerbrach und das Land teilte sich in verschiedene Kontinente. Einer trieb nach Westen, schwerfällig verdrängt von seinen Nachbarn, als der geschmolzene Kern zur Oberfläche emporstieß. Wasser drang in die mächtige Kluft und kühlte die unausgesetzt fließende Lava. Es entstand der mächtige mittelatlantische Rücken zwischen den Kontinenten, geformt durch die weiterhin aufwärts drängende Glut aus dem Erdinneren. Die Dinosaurier kamen und gingen, Vogelgesang war an Land zu hören. Und immer noch wuchs der Rücken in der Tiefe des Ozeans. Wiederholt bedeckte Eis den Planeten, und affenartige Lebewesen tauchten auf. Schließlich, etwa zur letzten Eiszeit, rund sechzehn millionen Jahre bevor die Menschen den Ozean Atlantik nannten, durchbrach der Rücken die Oberfläche des Meeres. Inmitten von Feuer, Rauch und Dampf erfolgte die stürmische Geburt einer neuen Insel des Nordens.

Da lag das Land, allein und unbewohnt, während der Planet älter wurde. Eis bildete sich auf seinen abkühlenden Hängen. Samenkörner, mitgeführt von vorbeiziehenden Vögeln, freundlichen Winden und günstigen Ozeanströmungen, begannen zu keimen, fügten dem Grau und dem Weiß Grün hinzu.

Im achten Jahrhundert stießen irische Mönche auf der Suche nach Einsamkeit auf das unerwartete Land. Sie hielten dort Schafe, um ein Leben in Mediationen führen zu können. Zu Beginn des 9. Jahrhunderts breiteten sich die Wikinger verstärkt nach Westen aus und bevölkerten den Norden Englands, die Isle of Man, die Färöer und Irland. Die seefahrenden Wikinger fanden auch Island, noch immer nur sporadisch besiedelt von einigen Schafen und Mönchen. Und so brachen von diesen Siedlungen und aus dem skandinavischen Mutterland Siedler auf, um seine grünen Küstenregionen zu bestellen. Die Wikinger, die im Norden Englands blieben, schenkten uns ein linguistisches Erbe, das zum Lancashire- und Yorkshireakzent mit seinen stumpfen Vokalen und harten Konsonanten wurde, und einen reichen Wortschatz, der sich irgendwann, mit englischer, lateinischer und gälischer Unterstützung, zu den stolzen nordischen Dialekten entwickelte. In Island jedoch, isoliert im mächtigen Atlantik, bewahrte die Sprache ihre Reinheit. Die Isländer sprechen noch immer die Sprache der Sagas und können die jahrhundertealten Texte lesen, wie wir einen modernen Roman. Die Sprache der Wikinger, das Altnordische, ist lebendig und wohlauf und lebt in Island weiter.

Aber die Wikinger hinterließen uns weit mehr als das sprachliche Erbe. Sie hinterließen uns ihr Blut. Selbst jetzt noch treten, trotz der Vermischung der Gene, im gesamten Norden die nordischen Eigenschaften hervor in den blauen Augen, der hellen Haut und den lichteren Haartönen.

* * *

Meine frühen Jahre verbrachte ich in Hindley, einer kleinen Stadt von geringer Bedeutung zwischen Leigh und Wigan, kaum groß genug, um eine kommunale Regionalverwaltung zu rechtfertigen. Wir waren das, was die Leute *Arbeiterklasse* nennen, wasimmer auch damit gemeint ist. Angrenzend an den Familiensitz gab es einen kleinen Bach, dekoriert mit ausgedienten Kinderwagen, überflüssigen Backsteinen und alten Fahrradteilen. Seine Nässe, und damit auch meine, bildeten häufig den Grund für mütterliche Zornausbrüche. Diese Wasserstraße war bevölkert von Schmerlen, klein und welsartig, die traurig mit dem Maul schnappend an den Wänden von Marmeladengläsern entlangpaddelten. Es gab Ruderwanzen, Wasserläufer und Wasserspinnen, und er führte zum Meer, vermutlich in Blackpool, denn dort befand sich das Meer. Der Name dieser Wasserdurchgangsstraße war *Borsdane Brook*, und sie kam aus einem sogar noch größeren Wunderland mit dem Namen *Borsdane Wood*. Als ich größer wurde, lernte ich den Wald so gut kennen, wie man nur überhaupt irgendetwas kennenlernen kann. Ich kannte seine Bewohner, von der bescheidenen Ostschermaus bis zum prächtigen Waldkauz, und machte mich durch gründliche Beobachtung mit dem Paarungsverhalten der Weber und Bergarbeiter vertraut.

Eines Tags in meiner Kindheit hielt eine quadratische, polierte Kiste ihren Einzug ins Haus. Ihre Vorderseite war ein verwirrendes Durcheinander von durchbrochenen Verzierungen, Skalen und Knöpfen. Mein Großvater sprach vom *Rundfunkgerät*. Aus ihm erklang ein Knistern, durchsetzt von Bruchstücken menschlicher Stimmen, fremder Stimmen, die ausländische Worte sprachen auf eine fast völlig unverständliche Art, ähnlich den Leuten auf Kinoleinwänden. Auf diese Weise lernte ich, die Englische Sprache zu verstehen, auch wenn ich nicht lernte, sie auch nur mit einer Spur von Erfolg zu *sprechen*, bevor Ihre Majestät meine Anwesenheit in ihren braungewandeten Legionen wünschte.

So wurde mir bewusst, dass meine Muttersprache, was den Wortschatz und auch den Akzent betraf, tatsächlich nur auf einen sehr kleinen Bereich begrenzt war, und sich im Englischen aufzulösen begann, je weiter ich mich von Hindley entfernte. Selbst in Wigan und Bolton wurden die flachen Vokale bereits abgerundet und das harte, dentalen t, das ich wie ein d aussprach, aufgeweicht. Weiter in der Ferne verlor sich der *Dialekt*, lediglich der Akzent, das verschluckte *h* und der Kehlkopfverschlusslaut blieben, um dem gesprochenen Englisch Würze zu verleihen. Es war auch verblüffend festzustellen, dass sich meine eigene Sprache nicht erfolgreich in lateinischer Schrift niederschreiben ließ, der einfach einige meiner Hindley-Vokale fehlten.

Als ich in den Süden reiste, nach Birmingham und in noch weiter entfernte Regionen, nahm jeder an, ich käme aus Yorkshire. Das verursachte ein großes Trauma, da jeder, der aus dem Norden kommt, weiß, dass es in den Rosenkriegen nie zu einem Friedensvertrag gekommen ist. Auch in Yorkshire nahm man an, ich würde aus einem anderen Verwaltungsbezirk, aber nicht aus Lancashire kommen.

Aus Yorkshires Wikingererbe wird eine große Sache gemacht. Das Danelag von Guthrum hatte seinen Sitz in York, bekannt als Jorvik, von wo aus der Norden und Osten Englands verwaltet wurde, während der Rest für Alfred den Nicht-ganz-so-großen übrigblieb. Aber im Distrikt von Hindley herrschte Ruhe. Dort gab es keine Grabungen. Dort gab es keine bekannten Befestigungsanlagen. Ein akademisches Interesse an dieser Region existiert nicht. Die einzigen Beweise für die Besiedlung durch die Wikinger liefern die Sprache, die Ortsnamen und die Bevölkerung selbst. Ich träumte lange von Kriegern mit Flügelhelmen, die ihre Kurzschwerter in Bors*dane* wood handhabten; vom Blut von Wikingern und Nicht-Wikingern, das das Wasser des Bors*dane* brook rot färbte.

Im Wald fand ein Freund ein altes Kurzschwert, die Klinge verrostet und schartig, aber der glänzende Bronzegriff in gutem Zustand. Es wurde verborgen und gehütet und wir nahmen an, dass es von den Wikingern stammte. Gelegentlich wurde es rituell gezeigt, wie das Relikt einer Religion, eine ursprüngliche Verbindung mit dem Erbe; dann wurde es ehrfürchtig geheimgehalten, damit nicht jene, die es nicht verstanden, versuchen könnten, es fortzunehmen.

So begann meine Sehnsucht nach dem Erbe. Mit den Jahren gewann Island gegenüber dem skandinavischen Mutterland die Vorherrschaft als Ziel meiner Wünsche. Die Sprache und das Blut der Wikinger hatten nicht länger ihre Reinheit in Norwegen, Schweden oder Dänemark bewahrt. Sie waren wie ich zu Promenadenmischungen geworden. Aber in Island gab es noch ein gewisses Maß an Reinheit, nahe genug, damit ich Verwandtschaft empfinden und mir eine Begegnung wünschen konnte.

Ah, aber eine Begegnung mit den Menschen war nicht genug. Meine Gedanken eilten in das Land, das ihre freien Geister lockte; das harsche Land, das Feuerland, das Eisland. Sacht formte sich die Idee, dass ich ein wenig von dem erleben würde, was sie erlebt hatten, sie, die in dieses neue Land kamen, die seine geheimen Plätze erforschten und es zu ihrem Land machten. Es genügte nicht, als Tourist zu reisen und nur im Vorübereilen zu sehen, was sie gesehen hatten. Es muss eine Herausforderung geben, eine wirklich Suche, die der ihren ähnelte. In Island gab es reichlich Herausforderung für den Abenteurer, aber eine schien herauszuragen. Während meiner Recherchen wurde deutlich, dass eine Durchquerung zu Fuß, von Küste zu Küste entlang der Ost-West-Achse der Insel und durch ihr Inneres, aller Wahrscheinlichkeit nach noch nie unternommen worden war. Ganz sicher war über eine solche Reise nie berichtet worden. Das Konzept, diese Reise allein zu unternehmen, begann sich zu formen, ließ mir vor Aufregung die Fingerkuppen kribbeln und die Kopfhaut jucken. Ich erwarb Landkarten in großem Maßstab und prüfte sie bis ins Detail, aufgeregt wegen der Hindernisse der Lavawüste, Vulkane, schwarzen Sandwüste und Gletscher entlang der Route. Ich studierte die Logistik einer solchen Reise und hielt sie mit einer gewissen Unruhe für schwierig, aber durchaus durchführbar.

Ich beschloss, die Reise von Seyðisfjörður, einem Fjordhafen an der Ostküste und über eine Straße leicht zu erreichen, nach Reykjavík, der Hauptstadt, im Westen zu machen. Ich wollte zum größten Teil natürlich Talrouten nutzen und auf diesem Weg der Welt größte Lavawüsten von Mývatnsöraefi durchqueren und die große schwarze Sandwüste der Sprengisandur. Wenn es die Umstände erlaubten, würde ich kleine Abstecher machen, um den mächtigen Gletscher Hofsjökull zu überqueren, den aktiven Vulkan Hekla zu besteigen sowie den Wasserfall Gullfoss und die heißen Quellen des Geysir zu besuchen.

Meine Reise würde vom Osten in den Westen gehen, weil der internationale Flughafen, Keflavík, an der Westküste nahe der Hauptstadt lag, und ich sicher sein wollte, mein Flugzeug nach Hause mit meinem Apex-Ticket zu erwischen, das nur vier Wochen gültig war. Zur Check-in-Zeit auf der falschen Seite der Insel festzusitzen, wäre nicht wünschenswert. Der Nachteil dieser Entscheidung war, dass mir der starke vorherrschende Wind während der ganzen Reise ins Gesicht blasen würde. Keine erfreuliche Aussicht. Es würde eine anspruchsvolle und beschwerliche Reise werden, aber eine angemessene Herausforderung und ein passender Art, meine Bekanntschaft mit Island zu schließen, mit dem Land und den Menschen. Ja, dies war der Weg, dem Erbe zu begegnen; nicht nur als Lernender mit dem Verstand, sondern auch als Kämpfer, mit dem Körper und der Seele. Ich würde den Kampf mit der wilden Insel aufnehmen und keine Schonung erwarten.

An diese Dinge dachte ich, als Island näher kam, als der dunkle Nordatlantik unter mir dahinraste; und das Blut längst verstorbener Wikinger regte sich in mir, als das Langschiff der Luft auf dem Flughafen von Keflavík landete.

Es war kalt, nass, windig und elf Uhr nachts, als ich vom Flugzeug zum Terminal ging. Mein Rucksack kam kreiselnd in Sicht. Der darauf vertäute glänzende neue Eispickel verdeckte teilweise den Union-Jack und die Aufschrift *„Edwards Trans-Islandic Expedition 1984“*. Ich hievte ihn auf den Rücken und trug ihn stöhnend durch die Einreisekontrolle, wo eine junge Dame mit ernstem Gesicht nachdrücklich fragte: „Sind sie allein? … Haben sie ein Rückreiseticket? … zeigen sie mir ihr Rückreiseticket!“ Offiziell freudlos entbot sie mir ein Willkommen in Island, gab meine Dokumente zurück und begann die Litanei und Erwiderung mit dem nächsten Passagier. „Sind sie allein? ...“

Dankenswerterweise verlangten die Zollbeamten von mir nicht, das auszupacken, was mich mehr als eine Stunde zu packen gekostet hatte, und ich saß bald in einem Bus auf der halbstündigen Fahrt nach Reykjavík an der Westküste. Der die Windschutzscheibe peitschende Regen wurde, sauber und immer nur für einen Augenblick, von den Scheibenwischern entfernt. Heideland eilte vorüber, öde und unwirtlich, gelegentlich ein eingeschossiges Wohnhaus. Alle Gebäude wirkten neu und vorläufig, eine Beobachtung, die sich während der folgenden Wochen noch verstärken sollte.

Wir kamen am Terminal in Reykjavík an, am Rand eines Inlandsflughafens. Das massive Glas- und Betonbauwerk eines Hotels zeigte ein Design, das meine Brieftasche zu überfordern schien. Der Regen hatte vorübergehend aufgehört, daher verließ ich die Lichter des Hotels auf der Suche nach einem abgeschlossenen Rasenfleck, auf den ich meine reisemüde Gestalt legen konnte. Diesen fand ich problemlos, und hatte innerhalb sehr weniger Minuten mein Biwak errichtet, ein Einmannzelt mit Schlafsackhülle, die ich für Survival-Aids testete, einen führenden Hersteller von Outdoor-Ausrüstung und einer meiner Sponsoren. Kaum hatte ich mich bequem und wasserdicht eingerichtet, setzte der Regen wieder ein, prügelte die Gore-tex Haut des Biwaks wie eine Kesselpauke. Das Bewusstsein schwand dahin, als ich und der Boden von Island in einer tröstlichen Vereinigung miteinander verschmolzen.

Der himmlische Schlagzeuger begann erneut, mein empfindliches Gehör mit seinem Getrommel zu traktieren, als ich aus isolierendem Schlaf auftauchte. *Wo bin ich? Ah, ja! Was ist der Plan für heute?* Mein erstes Problem war, dass ich mich am falschen Ende der Insel befand. Innerhalb von siebenundzwanzig Tagen musste ich wieder hier, an dieser Stelle sein, um meine Heimreise anzutreten. Es gab keine Zeit zu verlieren. Ich musste ohne Verzögerung eine Transportmöglichkeit entlang der Küste in den Osten Islands finden, mich aber zuerst um meine Eingeweide kümmern, die sich über mangelnde Versorgung beschwerten. Ich hatte am Vortag wenig gegessen, da ich den größten Teil davon unterwegs gewesen war. Ich begann zudem die Wirkung meiner *Totenwache* am der Abreise vorausgehenden Nachmittag zu spüren. Die *Totenwache* ist eine von den Iren entliehene Tradition, während der der geliebte Verblichene in einem Raum aufgebahrt wird, mit Sarg und allem, um laut und ausführlich beklagt zu werden, mit der Unterstützung von Alkohol. Da ich es verabscheue, eine gute *Totenwache* zu versäumen, und eine große Wahrscheinlichkeit bestand, dass meine Leiche im Falle meines fernen Ablebens unentdeckt bleiben würde, hatte ich mich dazu entschlossen, die *Totenwache* vor meiner Abreise zu halten. Die Feierlichkeiten hatten sich bis zur Verabschiedung um die Mittagszeit erstreckt, und nun war die Zeit der Abrechnung gekommen.

Der Regen hörte dankenswerterweise auf, und ich entließ mich mit dem Öffnen des Reißverschlusses in den isländischen Morgen. Hohes, nasses Gras umgab mich, Tropfen hingen kristallklar an den Halmen. Der Himmel war der graue nördliche Himmel, den ich von Zuhause kannte, und eine kühle Brise blies. Ich verstaute mein Camp und ging geschätzte vierhundert Meter zum Hotel, das über einen Reiseinformationstresen und eine Cafeteria verfügte. Jeder sprach Englisch; perfektes Südenglisch, aber mit den breiten Vokalen des Nordens, wie Gewerkschaftsfunktionäre aus Lancashire in Fernsehinterviews.

Es gab an diesem Tag und in dieser Stunde einen Bus nach Höfn. Die Fahrt würde den ganzen Tag dauern, und morgen könnte ich von dort nach Egilstaðir fahren, nur sechsundzwanzig Kilometer von meinem letztendlichen Bestimmungsort, der Küstenstadt und dem Hafen Seyðisfjörður. Das war Glück, denn in Island kümmern sich Busfahrpläne eher um Wochentage als um Minuten. Ich hatte Zeit für ein Frühstück. Daher schlenderte ich über den kostbaren Teppich und hinterließ die gemusterten Abdrücke von Wanderstiefeln in meinem Kielwasser. Aus den Regalen der Cafeteria nahm ich ein Käsebrötchen und eine Art flacher, quadratischer Kekse. Ein Becher Tee schien eine gute Idee zu sei, um den Pelz auf meiner Zunge zu reduzieren.

„Ein-hundert-und-zwölf Kronen bitte", sagte die Kassiererin. Ich fummelte mit der unvertrauten Währung herum und setzte mich an einen Plastiktisch. *Ein-hundert-und-zwölf Kronen?* Bei vierzig Kronen pro Pfund waren das fast drei Pfund. Der Pelz auf meiner Zunge schien ein wenig zu wachsen.

Bei dem Tee handelte es sich um die kontinentale Variante; ein Teebeutel an einem Faden räkelte sich in vergleichweiser Sicherheit untergetaucht in lauwarmem Wasser. Ich drückte und knetete ihn mit meinem Löffel und schaffte es, eine transparente graue Flüssigkeit zu produzieren, die dank des Zusatzes von Milch und Zucker sogar noch fader wurde. Ich schabte mit dem Käsebrötchen an dem Pelz auf meiner Zunge.

Der Bus nach Höfn stand hoch auf mächtigen Reifen. Ich verstaute dankbar meinen Rucksack in dem Gepäckfach darunter und bekam einen Fensterplatz auf der linken Seite, der es mir ermöglichen würde, während der Tagesreise das Inland zu sehen und die Sonne aus meinen Augen zu halten. Nach den geschäftlichen Verhandlungen mit dem Fahrer um acht-hundert-und-fünfzig Kronen ärmer, saß ich und beobachtete, wie Reykjavík hinter mir zurückblieb, eine wuchernde Stadt, deren Gebäude auf Grundstücken standen, denen man die niedrigen Preisen ansah. Es schien wenig architektonisch Bedeutsames zu geben, abgesehen von einigen interessanten modernen Kirchen mit Türmen wie umgedrehte Tapeziernägel, die den Himmel pisakten.

Die Gebäude wurden seltener und machten sehr grünem Gras Platz; irisches Grün, saftiges Grün, nasses Grün. Dicke Wolken hingen niedrig, kappten die Gipfel von Bergen. Moose und Flechten krallten sich an Felsen. Ein fremdartiges Terrain kam in Sicht; große, formlos skulpturierte Säulen aus irgendeiner Art von Gestein, mit Moos bedeckt und anscheinend tatsächlich sehr schwer zu überqueren. Meine Landkarte sprach von *stratified lava* (geschichtete Lava). Ich wusste, dass auf meiner geplanten Tour viel davon vorkommen würde. Gehörnte, cremefarbene, dickwollige Schafe sahen uns beim Vorbeifahren zu und sorgten sich um nichts als den Geschmack von Gras. Überall durchschritten Hochspannungsmasten das Land, führten von oder zu verschiedenen Wasserkraftwerken. Heideland gewann die Vorherrschaft, durchnässt und sumpfig. Gab es keine Bäume in Island? Kühe gab es und kleine, zäh aussehende Pferde, aber keine Bäume. Das, überlegte ich, könnte ein Problem sein. All meine Lebensmittel waren gefriergetrocknet und benötigten kochendes Wasser zur Rückverwandlung. Auf all meinen vergangenen Expeditionen, selbst in der Sahara, war Brennstoff zu finden gewesen, mit dem man ein Feuer entfachen konnte. Hier schien es nichts zu geben. Ich hatte ein wenig Festbrennstoff für Notfälle, doch das zusätzliche Gewicht eines flüssigbrennstoff- oder gasbetriebenen Kochers war mir für eine solche ausgedehnte Reise unpraktisch erschienen. Ja, daraus könnte sich ein Problem ergeben.

Wir fuhren ostwärts Route Nummer 1 entlang, die Hauptstraße, die die gesamte Insel umrundete. Es war noch früh, als wir die enge, aber nach isländischen Standards große Brücke von Selfoss überquerten, die über die aufgewühlten Schmelzwasser der mächtigen Inlandsgletscher führte, braun, trüb und gewaltig. Aus dem leisen Radio des Busses sang jemand von vor langer Zeit, „*Night and day, you are the one. Only you beneath the moon and under the sun...*" Rauchen war im Bus nicht erlaubt. Trotz vielfältiger Heimatländer unterhielt sich jeder mit Mitreisenden auf Englisch. „*In the roaring traffic's boom, in the silence of my lonely room, I think of you, night and day.*"

Um die Mittagszeit ging uns der Straßenbelag aus. Von da an wurde die Route Nummer 1 eine Schotterpiste, die den Eindruck erweckte, zu einer entfernten Bergfarm zu führen und zwischen flügelschlagenden Enten zu enden. Von Felsklippen zu meiner Linken stürzten fantastische Wasserfälle, gerade wie frisch gekämmtes Haar. Gelegentlich machte eine Ansammlung von zwei oder drei Farmen tapfer die menschliche Inbesitznahme des Landes geltend. Die Gesamtbevölkerung Islands liegt bei etwa 180.000, geringfügig höher als Salford, und vorwiegend um Reykjavík konzentriert.

Am Nachmittag schien die Sonne ein wenig, und wir fuhren die verschiedenen Gletscherzungen des Vatnajökull an, vermutlich Europas größtem Gletscher, ein merkwürdiger Anspruch, da er sich auf einer Insel befindet, etwa dreihundert Kilometer von Grönland entfernt. Keine zweifelhaften Ansprüche waren notwendig für das prachtvoll schöne Spektakel dieser riesigen Ströme von Eis, die in einem behäbigen, unmerklichen Tempo flossen und in hohen, weißen Wänden endeten, die so schnell schmolzen wie sie heranrückten und flüssig und freudig zurück in die See strebten. Als die Sonne sank, hielt der Bus an einer Eisbergfabrik, am See Jökulsárlón, wo Berge von der Eiswand kalbten und, durchscheinend glühend von innerem Leuchten, ein unausgesetztes Ballett von Wasser und Licht aufführten. Konnte das auf dem gleichen Planeten sein, der noch vierundzwanzig Stunden zuvor mit einem grauen Bahnhof voll grauer Menschen geprahlt hatte, die grauen Beschäftigungen nachgingen?

Höfn bestand aus einem Hotel und einigen Häusern. Ich zahlte sieben Pfund für eine unspektakuläre Mahlzeit, bestehend aus kaltem Lamm, Bratkartoffeln, Salat und Suppe, schlenderte in wenigen Minuten um die Siedlung herum und schlief auf dem Gras der idyllischen Küste, weit entfernt vom offiziellen Campingplatz mit seinem Lärm, seiner Aufregung und seinen Störungen.

„Vor morgen gibt es keinen Bus nach Seyðisfjörður", sagte die blonde Göttin im Hotel von Egilstaðir, wo der Bus am folgenden Nachmittag seine ereignislose Reise beschloss. Ich wollt die Nacht an der Ostküste verbringen und den Treck nach Westen am kommenden Morgen beginnen. Während ich über meinen nächsten Zug nachdachte, holte ich etwas Geld von der Bank und gönnte mir den Luxus von Lammkottelets im Wert eines Zehners. Rechtfertigen konnte ich diese Extravaganz durch die Erwägung vor mir liegender Wochen kulinarischer Freudlosigkeit.

Da Seyðisfjörður jedoch sechsundzwanzig Kilometer entfernt war, beschloss ich, per Anhalter zu fahren, und hielt, die Lenden angemessen gegürtet, auf die Küstenberge zu, die es zu durchqueren galt, bevor die Küste in Sicht kam. Zweiundsiebzig Pfund waren schon auf ebener Stecke eine schwere Last für Jemanden, der einigermaßen übergewichtig war und dessen bevorzugter Sport für über ein Jahr darin bestanden hatte, Glasbehälter gerade mal einige Handbreit von Ellenbogenhöhe an zu heben. Diese Last sechshundert Meter einen Anstieg hinaufzuwuchten, der sich gelegentlich der Vertikalen zu nähern schien, ließ sich nur als ernsthaften Kurs in Charakterbildung beschreiben. Häufige Pau-

Eisbergfabrik Jökulsárlón

sen und keuchende Lungen standen für heute auf der Tagesordnung, als Egilstaðir immer kleiner werdend unter mir zurückblieb. Der Autoverkehr war relativ dicht, doch zögerten die Fahrer zu halten, da dies bedeuten würde, den notwendigen Schwung zu verlieren, um den Anstieg mit Leichtigkeit bewältigen zu können. Meine Stimmung war resigniert philosophisch, als ich mich dem Gipfel näherte, von einem Paar in einer Limousine aufgelesen wurde und mich schnaufend und rotgesichtig auf den Rücksitz plumpsen ließ. Ich bin kein Fitnessfanatiker und betreibe nie körperliches Training für eine Expedition, da ich der Meinung bin, dass, wenn der menschliche Körper grundsätzlich eine Maschine ist, die den Problemen aller Maschinen unterliegt, die Beine nur für eine begrenzte Anzahl von Meilen gemacht sind. Ich hatte nie die Absicht, diese Reichweite zu verschwenden, indem ich durch vertraute Straßen stampfte. Ich habe immer feststellen dürfen, dass mein Körper sich sehr schnell anpasst, in welcher Situation er sich auch befinden mag, nach einer anfänglichen Periode des Schocks. Dies System nenne ich mein *Prinzip der Feuertaufe,* und obwohl es mit anfänglichen leichten Schmerzen verbunden ist, scheint es nicht so gefährlich zu sein wie die Methoden, die von „Fitness"-Fanatikern vertreten werden, denn diese sterben jährlich zu tausenden oder, wenn sie ein hohes Alter erreichen, dann häufig als gebeugtes und abgenutztes menschliches Zerrbild.

Seyðisfjörður, eine Stadt von tausend Seelen, die bunten Häuser verstreut wie Konfetti, lag umgeben von Grün am Ende seines Fjords. An diesen fuhr der Wagen hinab und setzte mich an der Tankstelle ab, die auch als Snackbar und Eckladen diente. Für ein paar Scheine partizipierte ich an einem Hotdog und einem Kuchen, und machte mich am nördlichen Ufer des Fjords entlang auf den Weg, auf der Suche nach einem Platz mit Blick auf die offene See, an dem ich das Gefühl hätte, zu recht behaupten zu können, an der Ostküste Islands zu sein. Eine halbe Stunde später war ich dort. Der Fjord schwang nach rechts, schneegekrönte Hügel senkten sich mit grünen, konkaven Hängen herab, um ihre Füße in das kühle Wasser zu strecken; und jenseits des Fjords ein geometrisch flacher Horizont, der Arktische Ozean, klar und ununterbrochen bis zum tausend Kilometer entfernten Mutterland der Wikinger. Ich war am Startpunkt angelangt.

In der Nacht vor einer gefahrvollen Unternehmung liegt eine Zeit der Ruhe. Es ist eine Zeit des Nachdenkens und der Bestandsaufnahme. Es ist unmöglich, Gefahr zu quantifizieren. Das gleiche Ereignis kann ein abgeschürftes Knie oder den Tod nach sich ziehen, und im Tod gibt es keine Abstufung. In der Ödnis der Wüste, im Eis der Berge oder daheim auf der Hauptstraße ist die letzte Heimsuchung gleich. Alles, was man tun kann, ist, so gut vorbereitet zu sein, wie man es für nötig hält, um dem Erwarteten zu begegnen, was immer es sein mag. Doch viel zu häufig kommt das Unerwartete.

Dann nähert sich der Todesengel auf seinen Schwingen und ist bereit, sich die Seele zu schnappen. Wir kannten uns gut, dieser Engel und ich; so alte Feinde, dass wir fast schon Freunde waren. *Der alte Glatzkopf,* wie ich ihn nannte, mit seinem lippenlosen Grinsen und augenlosen Starren. Ich empfand großen Respekt für den alten Glatzkopf, denn er ist jemand, der es immer wieder probiert, und wir wissen beide, dass er eines Tages nicht allein zurückkehren würde.

Als die Sonne hinter den Hügeln versank, hakte ich im Geiste jede Etappe der Reise ab und katalogisierte, wie weit ich vorbereitet bin.

„Hinter Egilstaðir und vor Reykjavík gibt es Heideland. Ich kenne mich mit Heideland aus. Denn solange ich mich erinnern kann, bin ich durch Heideland gereist. Für den Anfänger kann Heideland den Tod bedeuten, aber ich kenne das Heideland; den Sumpf, den Nebel und die Wolken. Ich habe gebührenden Respekt gegenüber der Heide. Gute Kleidung habe ich, um das Wetter abzuhalten, ganz gleich wie kalt und nass es ist, Karte und Kompass, um mich zu führen, ganz gleich, wie schlecht die Sicht ist. Ja, ich freue mich auf das Heideland."

„Es wird Flüsse geben, tief und reißend. Hierin könnte eine der größten Gefahren liegen. Angeschwollene Flüsse sind immer todbringender als sie scheinen. Ich habe beschlossen, keine Heldentaten an diese Flüsse zu verschwenden. Wenn ich zu dem Schluss komme, dass die Gefahr zu groß ist, werde ich nach sichereren Möglichkeiten der Überquerung suchen, nach Brücken, oder sogar in einem Fahrzeug mitzufahren versuchen. Ein gesundes Urteilsvermögen wird mein Beschützer sein. Ja, ich freue mich auf die Flüsse."

„Es wird Lavawüsten geben. Von einer heißt es, dass sie die größte der Welt ist, wo die Apollo-Astronauten vor ihren Mondlandungen trainierten. Ich habe nie geschichtete Lava überquert. Die einzige geschichtete Lava, die ich je gesehen habe, war die durch das Fenster des Busses in der Nähe von Reykjavík. Sie sah schwierig aus. Sie sah wie ein Terrain aus, auf dem man sich ein Fußgelenk brechen kann. Für einen einzelnen Menschen, in einem Ort, wo sonst niemand hinkommt, kann ein gebrochenes Fußgelenk das Todesurteil bedeuten. Wenn die Schwierigkeiten zu groß sind, werde ich drumherumgehen. Mir bleiben nur fünfundzwanzig Tage,

bis ich in Reykjavík sein muss. Hinsichtlich der Lavawüsten hege ich Bedenken, doch alles in allem freue ich mich.“

„Die große Sandwüste der Sprengisandur erstreckt sich über sechzig Kilometer im Zentrum Islands. Ein Ödland aus schwarzem vulkanischen Sand, wo heftige Sandstürme gegen meine Reiserichtung peitschen. Ich kenne mich mit Wüsten aus, denn habe ich nicht das 'Leere Viertel' der Sahara im vergangenen Jahr allein bezwungen? Fünfhundertsechzig Kilometer wasserloser Ödnis. In der Sprengisandur wird es Wasser geben. Wahrscheinlich wird es zuviel Wasser geben. Es wird physisch und psychisch anspruchsvoll sein, aber ich freue mich auf die Wüste.“

„Im Zentrum der Sprengisandur liegt der Hofsjökull, ein Gletscher von über dreißig Kilometer, sein Gipfel mehr als tausendfünfhundert Meter über dem Meeresspiegel. Dreißig Kilometer gefrorenen Wassers bewegen sich unkontrollierbar und unvorhersagbar; Spalten, glattwandig und tief, aus denen man nur selten entkommt, sollte man in ihre Tiefen purzeln. Das ist neu für mich. Ich habe die Bücher gelesen. Mein ganzes Leben habe ich über die großen Gletscher der Alpen gelesen, die polaren Eiskappen und über den mächtigen Rongbuk Gletscher des Everest. Viele gute und erfahrene Menschen haben ihr Leben an Gletscher verloren. Ich kenne die Theorie. Ich habe wieder die Bücher gelesen. Die Ausrüstung ist hier, kühl und hart unter meinem Griff. Es liegt eine Spur Verrücktheit darin, einen Gletscher allein und ohne praktische Erfahrung anzugehen, aber im Leben braucht man ein wenig Verrücktheit, sonst würde man nie die Sicherheit des Bekannten verlassen und Fortschritte machen. Ja, das Ganze hat auch Elemente von reinem Glücksspiel, wobei der Tod dem Verlierer winkt und Erfolg den Siegreichen. Mit gebührender Vorsicht bei der Ausführung des Vorhabens stehen die Chancen, denke ich, zu meinen Gunsten. Aber ich darf nicht dumm sein! Der alte Glatzkopf hat den Dummen im Blick. Wenn ich ein Problem sehe, das mir zu groß erscheint, wie etwa die Flüsse, werde ich umkehren. Es wird keine Tollkühnheit geben, sondern immer fundierte und wohldurchdachte Entscheidungen. Wenn ich die sich anschleichende Furcht vor dem Unbekannten akzeptiere, freue ich mich auf den Gletscher, wenn auch mit Vorbehalten.“

„Schließlich gibt es die Hekla, den entsetzlichen aktiven Vulkan, noch schwelend von seiner Eruption 1981, vor drei Jahren. Auch das ist neu für mich. Wie wird es sein, die Hänge zu seinem rauchenden Krater zu ersteigen, in einer Höhe von tausendvierhundert Meter? Ich weiß es nicht. Mir fehlen die Vergleichswerte. Aber andere sind auch hinaufgestiegen; schätzungsweise zehn Menschen schauen jedes Jahr in die schwefligen Tiefen, und das werde auch ich tun. Ja, auf den Vulkan freue ich mich.“

Bevor ich England verließ, fragte mich jemand von der Presse, ob dies die erste Solo-Durchquerung Islands sein würde. Ich erwiderte, dass ich nicht *weiß*, ob es so ist, aber dass es mich nicht überraschen würde zu erfahren, dass es stimmt. Solche Betrachtungen schienen unwichtig, als ich in meinem Biwak an der östlichen Küste lag, meine Gedanken erfüllt vom Morgen, denn ganz gleich, wer vor mir gegangen war, es wäre *meine* erste Durchquerung. Das war der letzte Gedanke, bevor mir der Tag in die Erinnerung entglitt.

2

Das Heideland

Gegen drei Uhr rüttelte der Sturm mich wach, warf den Regen unerbittlich gegen meinen kleinen Hafen der Trockenheit. Danach war der Schlaf krampfartig, da der Wind mich von meinem Liegeplatz zu blasen versuchte und der Regen es darauf anlegte, mich Eindringling in den Fjord zu spülen. Die Stunden tickten dahin... vier Uhr... fünf Uhr... sechs Uhr... sieben Uhr... Noch immer wüteten die Elemente. Um halb acht gab es eine Flaute, als sowohl Wind als auch Regen nachließen. Nicht wissend, wie lange diese Atempause anhalten würde, warf ich mich in den kalten, frisch gewaschenen Morgen. Auf und über dem Fjord diskutierten die Möwen die Preise für Fisch und vollführten graurückig unmögliche Kunstflüge, nur Zentimeter über den gekräuselten Wassern. Rasch schüttelte ich das Oberflächenwasser von meinem Unterschlupf und verstaute mein Feldlager in meinem Rucksack; dann, fast bevor es mir richtig bewusst wurde und ganz unzeremoniell begann ich den großen Treck nach Westen.

Innerhalb einer halben Stunde befand ich mich inmitten von Seyðisfjörðurs kargen Behausungen, aus denen Leute hervorzukommen begannen. Sie lächelten ein freundliches Lächeln und gingen ihren Geschäften nach. Die kalte Morgenbrise wehte keinen Abfall über die Gebäude; weder Plastikverpackungen noch Coladosen, weder Bonbonpapier noch Zigarettenpackungen, denn sie sind stolz auf ihre Häuser, meine nördlichen Cousins. Das Café in der Tankstelle war geöffnet, und so ging ich zum Frühstücken hinein, gerade als der Regen wieder begann und sich der Wind erneut erhob.

Eine liebenswürdige junge Frau, hübsch wegen ihrer Jugend, brachte mir ein Hotdog und einen belebenden schwarzen Kaffee, als der Regen gegen die großen Fenster pladderte. Ich war der einzige Gast und das Mädchen hatte Probleme mit dem Englischen, also beobachtete ich die sich über den Küstenbergen walkenden regenschweren Wolken, die mein erstes Problem darstellten, und wartete auf eine Wetterpause. Von Zeit zu Zeit sprang ein anderer Gast aus seinem Wagen zur Tür herein, bepackt mit leeren Colaflaschen, die teilweise als Tausch für volle vorgelegt wurden. Anfangs investierte man in eine bestimmte Menge Flaschen, wobei jede Flasche einen größeren Wert besaß als ihr Inhalt, und behandelte diese Flaschen fortan als marktgängige Währung. Das Resultat war die Einsparung von Ressourcen und keine herumwehenden leeren Dosen. Wirklich einfach.

Das Ende des Regens fiel sehr passend mit dem Hinschwinden meines Hotdogs zusammen, und so winkte ich, meinen großen Rucksack auf meine Schultern wuchtend, dem lächelnden Mädchen zum Abschied und verließ das Café auf Beinen, die noch von den Anstrengungen des vergangenen Tages schmerzten. An der Abzweigung kennzeichnete ein gelbes Schild die Straße zu meiner Rechten als Route 93 nach Egilstaðir, und dieser folgte ich, während ich das Gewicht auf meinem Rücken mit jedem Schritt größer werden fühlte. Für etwa anderthalb Kilometer war die Straße eben und angenehm zu gehen. Der Himmel war grau wie in Salford, aber die Wolken waren höher als die schneescheckigen moorgrünen Gipfel. Die Straße begann die niedrigeren Hänge zu erklimmen und wurde mit jedem Schritt steiler. Seyðisfjörður schrumpfte zu Konfetti, als die Ostküste schrittweise zurückwich. Einmal blickte ich zurück, als ich zum Ausruhen auf einem Felsen am Straßenrand saß, und sowohl der Ort als auch die Küste waren verschwunden, zwischen den Bergen verborgen. Ich war allein, und trotz der von Menschen gemachten und zu Menschen führenden Straße fühlte ich mich unglaublich weltentrückt.

Ich spürte den Felsen, auf dem ich saß. Er war solide und alt; der älteste Fels in Island, von der Erde vor rund sechzehn Millionen Jahren während der Tertiärperiode ausgeschieden und von der neueren Lava nach oben gedrängt, die selbst jetzt noch von den zentralen Bereichen der Insel ausgespien wurde. Es war schwierig, sich die Zeit vor sechzehn Millionen Jahren als relativ kürzlich vorzustellen, aber nach geologischen Maßstäben stimmte das tatsächlich. Meterdicke Schichten, jede von einem vorsintflutlichen Ausbruch herrührend, waren deutlich zu erkennen und verliehen den Basaltbergen das Aussehen einer sahnegekrönten Torte.

Ein Bach rauschte neben der Straße und gelegentlich trank ich von seinem kristallklaren Wasser, frei von reinigenden Verunreinigungen. Manchmal stürzte er von einer Felsklippe oder zwängte sich durch eine tiefe Kluft und murmelte dabei etwas über dieser Unbequemlichkeiten vor sich hin. Die Welt war erfreulich und meine Reise gemächlich, während Regen und Sturm glücklicherweise ruhten. Am späten Morgen war ich auf der Höhe des Passes. Die Straße begann sich hinabzuwinden, anfänglich zaghaft, mit gelegentlichen Bergaufstrecken. Aber es dauerte nicht lange, da änderte sie ihre Meinung und wandte sich entschlossen dem Tal zu. Ich passierte den Punkt, an dem ich am Vortag meine Mitfahrgelegenheit erwischt hatte, und ging jetzt über vertrauten Boden weiter, während ich mich fragte, warum mir die Straße auf dem Weg nach oben so steil vorgekommen war. Egilstaðir kam in Sicht, schien klein und unbedeutend mit dem großen, breiten Fluss Lagarfljót dahinter. Jenseits davon erhob sich die Heide, die durch die Entfernung blaugrün wirkte, und erstreckt sich bis zum Horizont. Dies sollte meine erste Herausforderung sein.

Es begann zu regnen, als ich durch die Außenbezirke der Stadt kam. Nur wenige Menschen waren zu sehen, und diese wenigen scharten sich um den Eingang eines neuen, modernen Supermarktes, umklammerten

Plastiktüten mit Einkäufen oder schoben Einkaufswagen beladen mit Waren und blonden Kindern. Alle trugen wattierte Anoraks, Wollmützen und Halstücher gegen das Nordatlantikwetter. Der Parkplatz des Supermarkts war gefüllt mit geländegängigen Fahrzeugen; deutsche Haflinger, japanische Toyotas, amerikanische Fords und britische Land Rover. Ein zusätzliches internationales Flair verliehen die Flaggen vieler Nationen, die von Fahnenmasten vor dem Supermarkt wehten, wie vor einem Welthandelskongress, was es meiner Annahme nach zu sein schien.

Der Regen begann stetig zu fallen, lief abfallfreie Rinnsteine entlang. Keine Manifestation des Wetters kann so sehr Trübsal auslösen wie der Ausbruch von Regen. Große Stürme können das Blut aufwühlen; aber Regen, ziellos und beiläufig, ist einfach trostlos. Ich betrat ein Café und verschwendete enorme Ressourcen auf eine anständige Mahlzeit, bestehend aus Lammkotelettes. Ich bestellte einen Tee und beobachtete hypnotisiert, wie die ansässige Walküre eine Thermosflasche öffnete und einen unschuldigen Teebeutel mit dem Wasser übergoss. Wie früher Morgennebel hing eine kleine Wolke traurigen Dampfes müde dicht über der Oberfläche und verschwand.

„Haben sie kein *kochendes* Wasser?“ fragte ich höflich und nicht unbegründet. Die Walküre dachte für einen Moment nach, ihre Brauen kräuselten sich vor Konzentration, als sie die Implikation meiner Frage zu verstehen versuchte. Sie sprach.

„Das ist kochendes Wasser“, sagte sie in einem Ton, der ihren Mangel an Verständnis ausdrückte. Der Teebeutel blieb deutlich sichtbar durch die kristallene Flüssigkeit. Ich steckte versuchsweise einen Finger in die Tasse.

„Nein, das ist *warmes* Wasser“, erklärte ich. Wieder furchte sich ihre Stirn.

„Ist das wichtig?“ fragte sie, mit aufrichtig unschuldiger Unwissenheit.

„Ja!“ schrie ich fast. „Das ist sogar sehr wichtig!“

Pflichtschuldig aber kopfschüttelnd ging sie fort, um Wasser zu kochen, ohne sich der Tiefe der großen Enthüllung bewusst zu sein, die ihr zu Füßen gelegt worden war. Minuten später kehrte sie mit einem dampfenden Topf zurück und brühte einen weiteren Teebeutel auf. Verwundert sah sie, wie das Wasser die Farbe dunklen Bernsteins annahm. Dann breitete sich ein Lächeln des Verstehens über ihr Gesicht, als ihr klar wurde, dass der Teebeutel einen anderen Zweck erfüllte, als nur als ritueller Gegenstand zu dienen.

In Island ist es üblich, dass man eine Tasse Tee bezahlt und danach immer wieder kostenlos Wasser über den Teebeutel zu gießen für weitere Tassen. Sobald ich mich dem Tresen für meine zweite, dritte und vierte

Tasse näherte, verschwand mein Protégée in der Küche und kehrte fröhlich mit dem dampfenden Topf zurück, um die Demonstration ihrer brandneuen kulinarischen Fertigkeiten zu wiederholen.

Es war spät am Nachmittag, als der Regen aufhörte. Immer noch war genug Zeit, es ins Heideland zu schaffen, daher wuchtete ich meine große Last auf meinen protestierenden Körper und brach zum Fluss auf. Ich kam an Häusern, Geschäften, Tankstellen und Banken vorüber. Jedes Gebäude in Island schien gegenüber seinen Nachbarn schüchtern zu sein. Es war in die Breite statt nach oben gebaut und hinter riesigen Rasenflächen und Vorplätzen errichtet. Raum war überall und der Horizont war zwischen den Bauten sichtbar. Alles war neu und sauber, so frisch und unverschmutzt wie die lächelnden Menschen. Ich beschloss, Island zu mögen.

Der Wind heulte, als ich die lange, schmale Brücke über den Lagarfljót überquerte. Das Wasser schäumte unter der hölzernen, molenartigen Fahrbahn. Ich ging einige Kilometer weiter die Route 1 entlang und ließ sie hinter mir, als ich eine schmale Straße in Richtung Heideland stapfte. Unterbrochene Schauer kühlen mich ab, als der Feldweg tiefer in das an Derbishire erinnernde Grasland führte. Ein paar cremeweiße Schafe sahen mir beim Vorübergehen zu. Von Zeit zu Zeit stieß ich auf eine kleine Farm, vervollständigt durch schwanzwedelnde Wachhunde, die professionell bellten. Überall gab es Zäune, Wollbüschel hingen im Stacheldraht und flatterten im beständigen Wind. Ich passierte die kleine Grabstätte einer Familie, eingezäunt zum Schutz vor den respektlosen Tieren. Hier, in diesem dünn besiedelten Land, wird man nicht unter Fremden begraben, und die Verbundenheit mit dem eigenen Land setzt sich auch nach dem Tode fort.

Der Feldweg endete auf einem Gehöft. Dahinter lagen eine Steinmauer und der steile Abhang des offenen Heidelandes. Ich sah niemanden, als ich seitlich um das Haus herumging, kam an einer Kinderschaukel und einem leuchtend bunten Ball vorüber und kraxelte über die Mauer. Hier war die Heide, bucklig und mit federndem Gras. Das tote Gewicht meines Rucksacks drückte mich in den Boden und ich begann, die Böschung in Angriff zu nehmen. Es wurde spät und das Licht ließ nach. Die

Wahrscheinlichkeit schien gering, dass ich heute noch die Anhöhe erreichen würde, darum richteten sich meine Gedanken auf die Suche nach Wasser, in dessen Nähe ich zelten konnte. Ich fand einen kleinen Bach in einer geschützten Senke mit einem flachen Rasenflecken für mein aufgespanntes Biwak. Dankbar ließ ich meinen Beckengurt aufschnappen und setzte meine Last auf den Boden. Innerhalb von Minuten waren mein Unterschlupf aufgebaut und der Schlafsack darin untergebracht. Jetzt war es nötig, Wasser zu kochen, um ein gefriergetrocknetes Gericht wieder aufzubereiten. Da es hier keinen natürlichen Brennstoff gab, errichtete ich möglichst viel Schutz für meinen Festbrennstoffkocher und platzierte auf seiner Plattform ein paar der grauen Tabletten.

Eine Stunde lang verwöhnte ich die kleine Flamme des Kochers, indem ich sie vor dem Wind schützte. Einige Tabletten später begann das Wasser, heiß zu werden. Mehr Tabletten, aber noch immer wollte es nicht kochen. Schließlich, bevor ich noch mehr von meinem mageren Brennstoffvorrat aufbrauchte, goss ich das ziemlich heiße Wasser in die zwei Packungen, von denen eine Hühnchen Supreme und die andere Reis enthielt, rührte um und ließ sie einige Minuten zum Quellen stehen. Das sich daraus ergebende Mahl war gewöhnlich ganz genießbar, aber da das Wasser nicht heiß genug gewesen war, erhielt ich lediglich eine nur halbwegs wieder aufbereitete lauwarme Paste voller knackiger Stückchen. Es war ein Zeichen für meinen Hungerzustand, dass ich die ganze abscheuliche Masse aufaß.

Während ich aß, begannen meine Gliedmaßen steif zu werden. Seit dem Morgen war ich vierzig Kilometer gegangen und hatte dabei meine Last sechshundert Meter angehoben, sechshundert Meter hinuntergebracht und weitere dreihundert hinauf. Die durchschnittliche Tagesdistanz, die ich anstrebte, betrug dreißig Kilometer. Ich überlegte, dass dies wahrscheinlich der anstrengendste Tag gewesen sein dürfte, wenn ich die Tatsache berücksichtigte, dass meine Last leichter und das Terrain auf meinem Weg durch Island flacher werden würde. Es hatte etwas Befriedigendes, die Linie zu sehen, die ich auf meiner Landkarte zog und die sich deutlich ins Inland erstreckte, aber ich musste dafür mit dem Verlust an Energie zahlen. Ich war äußerst erschöpft. Wie meine Uhr mir verriet, war es zehn Uhr abends, und das Glühen der Mitternachtssonne verwandelte die Hänge des kommenden Tages in Silhouetten. Ich schlief einen zufriedenen Schlaf, um meine Stärke für die Härte des Morgens wiederzuerlangen.

Ebenso hielt es der alte Kahlkopf!

Um zweiundzwanzig Minuten nach sechs am Morgen des zweiten Tages wurde ich zum Helden. Ich sprang aus meinem herrlich warmen Schlafsack und versenkte meine zerschundenen und pochenden Füße in dem eiskalten Bach. Aus solchen Dingen werden Herzattacken gemacht. Man muss beim Wandern seine Füße jederzeit sauber halten, damit es nicht zu Krämpfen und allen Arten von Schmerzen kommt. Bald wich der anfängliche Schock einer willkommenen Taubheit, als meine Zehen eine interessante rötlichbraune Schattierung annahmen. Der Wind hatte sich gelegt, und so gab es nur wenige Probleme beim Frühstücken von Rindercurry, Reis und Tee. Ich machte ein paar Aufnahmen, sowohl Fotos als auch Film, und stellte mich der Aufgabe, das Gewicht meines Rucksacks zu verringern. Teile meines Körpers, die ich vollständig vergessen hatte, klagten lautstark über Misshandlung. Es musste also etwas wegen dieser Last geschehen.

Ich grub ein flaches Grab und bettete etwa fünf Pfund gefriergetrocknete Lebensmittel zur Ruhe, wobei ich argumentierte, dass viel davon nutzlos für mich war, da es keine natürlichen Brennstoffe zu geben schien und mein Festbrennstoff strikt begrenzt war. Ich hatte den größten Teil meines Lebens in einer an Geldwirtschaft orientierten Gesellschaft verbracht. Darum schmerzte es tief, Waren im Gegenwert von über zehn Pfund wegzuwerfen, aber dort draußen in der Heide war Geld wertlos und der Gegenwert des Geldes hatte sogar noch weniger Nutzen. Ich bestattete auch die Hälfte meiner Toilettenpapierrolle und die ersten drei Viertel von Tom Sharps „Indecent Exposure", während ich den ungelesenen Rest für Notfallgekicher aufhob.

Ich füllte meine Ein-Liter-Aluminiumwasserflasche, Veteran und alter Freund meiner vier Sahara-Expeditionen, ließ den Verschluss zuschnappen und beobachtete mit Bedauern, wie ein dünnes Rinnsal in der Nähe des Flaschenhalses herausspritzte, bis der innere Druck gefallen war. Eine undichte Wasserflasche... genau das brauchte ich! Das bedeutete, ich würde stärker davon abhängig sein, an Bächen zu Zelten. Es bedeutete aber auch, sinnierte ich, dass ich weniger Gewicht zu tragen hätte, was wiederum gut war.

Leichter Bodennebel haftete an den Hügeln, als ich mich den Höhen des Heidelandes zuwandte. Mein Rucksack fühlte sich sehr viel leichter an. Vor mir lagen dreißig Kilometer wegloses Land, durchzogen von zahllosen Bächen und unterbrochen von sumpfigen Abschnitten. Dreißig Kilometer nach Westen würde ich eine Straße erreichen, die mich weitere fünfzig Kilometer westwärts bringen würde, zu einem großen Fluss, hinter dem meine Lavawüste lag. Die Wolken dünnten aus und die Sonne brannte von einem eierschalenblauen Himmel. Ich krempelte meine Jeansbeine und Ärmel hoch, damit die recht kräftige Brise meinen Körper erreichen konnte. Zurückblickend bot sich mir eine Aussicht von der Schönheit eines Panoramas dar, mit dem breiten, silbernen Flusslauf des

Lagarfljót, der an dieser Stelle eher einem langgestreckten See gleichend das Tal füllte. Jenseits davon erhoben sich die blaugrauen Küstenberge, einer oder zwei von offensichtlich vulkanischem Ursprung. Diese Schönheit musste auf Film festgehalten werden.

Ich probierte eine neue Halterung aus, um Selbstaufnahmen zu machen. Da ein Stativ sperrig ist und zusätzliches Gewicht bedeutet, hatte ich ein Loch in die Klinge meines Eispickels gebohrt und ein Kameragewinde mit einem Universalanschluss angebracht. Ich befestigte meinen Fotoapparat am Eispickel, rammte dessen Spitze fest in den Boden, richtete die Aufnahme ein und zog den Selbstauslöser auf. Als ich soweit zufrieden war, betätigte ich den Auslöser, rannte zu der vorgesehenen Stelle in der Landschaft, setzte mich, ließ wie beiläufig den Blick über die Landschaft schweifen und posierte drauflos. Zufrieden wiederholte ich den Vorgang mit der Filmkamera. Da ich nur eine geringe Menge Film transportieren konnte, musste jede Aufnahme akribisch vorbereitet werden und jedes Einzelbild zählte. Es durfte keine unüberlegte Verwendung von Filmmaterial in der Hoffnung geben, das Gesetzt des Zufalls würde schon etwas Gutes zustandebringen. Sich selbst auf Zelluloid zu verewigen ist ein großer Zeitfresser. Es kann mehr als eine halbe Stunde nötig sein, um zwanzig Sekunden Film zu produzieren. Wenn es ums Vorankommen geht, verbuche ich die mit Filmen verbrachte Zeit immer als offizielle Ruheperiode, weil davon eher der Geist als der Körper beansprucht wird.

Nur wenig später befand ich mich auf dem Hochplateau des Heidelandes. Der Wind wehte sehr stark aus Südwesten, und ich hatte die Absicht, westwärts zu meinem nächsten Ziel zu gehen, einem kilometerlangen See mit dem Namen Sandvatn, der nach meiner Schätzung etwas drei Kilometer entfernt liegen musste. Es war nicht so, dass ich mir besonders wünschte, den See zu sehen, doch er war das nächste erkennbare Merkmal auf meiner Route. Wenn ich ihn fand, würde ich meine exakte Position auf der Landkarte wissen. Um meine Position zu prüfen, nahm ich Kompasspeilungen auf mehrere Berggipfel vor und stellte durch Ziehen der entsprechenden Linien auf meiner Karte fest, dass ich exakt in der Mitte des Sees stand. „Irgendetwas stimmt nicht", dachte ich. Ich prüfte alles nochmal, dann nochmal mit einem anderen Kompass, mit dem gleichen Ergebnis. Es konnte nur eine Erklärung geben. Irgendetwas im Boden, wahrscheinlich Eisenerz, wirkte sich störend auf die Kompassnadeln aus und machte sie unzuverlässig.

Ich war nicht übermäßig besorgt, da die Sicht hervorragend war und ich meinen ungefähren Aufenthaltsort aus der Position der fernen Berge mit Bezug auf meine Karte ableiten konnte. Ich ging westwärts und fand mich nach etwas mehr als einer Stunde am Ufer des Sandvatn, schwarz, kalt und unwirtlich, umschlossen von dem schwarzen vulkanischen Sand, dem er seinen Namen verdankte. Meine Stiefel hinterließen formlose Spuren in der unberührten Oberfläche des Sandes. Als ich rastete, näherten sich Schmarotzerraubmöwen, furchtlos und prüfend, nicht ahnend, dass Menschen gesundheitsgefährdend sein können. Ich war umgeben von der Walliser Landschaft, aber der Horizont war der der Schweiz, mit gezackten, schneebedeckten Gipfeln, wie die Zähne eines mächtigen Deutschen Schäferhundes.

Ein Fluss musste überquert werden. Ich ging an die Stelle, wo er in den See mündete und sah mich um. Die Mündung war etwa hundert Meter breit, das Wasser floss recht langsam und schien nicht tiefer als etwa einen Meter zu sein. Nicht gefährlich und kein wirkliches Problem, aber da nasse Füße keine bequemen Füße sind, ging ich auf der Suche nach einer Stelle, wo man trockenen Fußes queren konnte, flussaufwärts. Eine solche Stelle war schnell gefunden, mit Trittsteinen, die zu einer kleinen Insel und darüber hinaus führten. Meine Route sorgsam wählend, hüpfte ich von Stein zu Stein wie ein balletttanzender Gibbon. Als ich gerade von einem Stein abspringen wollte, stürzte eine wuchtige Graugans trompetend aus ihrem Versteck hervor. Etwa fünf Meter von mir entfernt entfaltete sie die enorme Spannweite ihrer Flügel, schleppte ihre gewaltige Masse über die Wasseroberfläche und erhob sich in den blauen Himmel. Aufgeschreckt verlor ich meinen sicheren Stand, mein rechter Fuß rutschte von dem Felsen und kam erst auf dem Grund des Flusses, ein gutes Stück unter der Wasseroberfläche, wieder zur Ruhe. Philosophisch fühlte ich das kalte Wasser durch die Stiefeloberseite sickern und in jeden Spalt eindringen, der nicht bereits von Fuß oder Socken ausgefüllt war. Das fliegende Festmahl mit sehr unschmeichelhaften Begriffen bedenkend, wurschtelte ich mich zum jenseitigen Ufer durch, zog den überlaufenden Stiefel und vollgesogenen Socken vom Fuß und wrang so viel Wasser wie möglich aus.

Erst da realisierte ich, wie übel dieses kleine Missgeschick hätte ausgehen können. Die Gegend mochte so aussehen wie meine heimatlichen Walliser Moore, aber es *waren nicht* die Walliser Moore. Dies war das Heideland, das nur wenige Menschen je besuchten. Wahrscheinlich war seit Monaten oder sogar Jahren niemand hier gewesen, und es konnte ebensoviel Zeit vergehen, bevor wieder jemand vorbeikam; tatsächlich war es vorstellbar, dass niemand *jemals* hier gewesen war. Mit dem Gewicht auf meinem Rücken könnte ein unter normalen Umständen nur verstauchter Knöchel sehr leicht ein gebrochener sein. Ein gebrochener Knöchel in einer Gegend ohne Chance auf Rettung konnte gut eine Fahrkarte zum Schlupfwinkel des alten Kahlkopfes bedeuten. „Riskier nicht Deinen Hals, Ted", sagte ich mir. „Sei vorsichtig.... Sei *verdammt* vorsichtig!"

Der Untergrund war eben und sumpfig geworden mit Flecken baumwollgekrönter Pflanzen wie Pusteblumen, die sich im starken Wind bogen. Nur ein sehr kleiner Teil von Island ist mit Vegetation bedeckt, vorwiegend in Küstennähe. Aufgrund seiner isolierten Lage gibt es nur rund 400 Arten von Stängelpflanzen, in Britannien im Vergleich dazu über 2.300. Üppig vertreten sind hingegen, dank der konstanten Feuchtigkeit, Moose, Flechten und Pilze mit mehr als tausend Arten, von denen viele erst noch katalogisiert werden müssen. Zur Zeit der frühen Besiedlung Islands, so wurde aufgezeichnet, überzogen ausgedehnte Birkenwälder die Küstenebenen, aber Entwaldung und der Einfluss von Schafen haben dazu geführt, dass sie sich in einige wenige geschützte Täler und Ebenen zurückgezogen haben. Zehn Meter aufragende Birken sind noch immer die höchsten Bäume auf der Insel, zusammen mit wenigen Eibenblättrigen Weiden und Vogelbeerbäumen, die unter ihnen verstreut stehen. Doch die einzigen Bäume, die ich in Island sah, war eine Handvoll verkrüppelter Zwergbirken in den Niederungen.

Ich ermittelte meine Richtung durch die Anwendung der alten Pfadfindermethode, den Stundenzeiger meiner Uhr auf die Sonne zu richten und den Winkel zwischen ihm und der Zwölf zu halbieren. Da die Uhr auf Greenwich Mean Time eingestellt war, erfuhr ich so, wo Süden lag. Mit dieser Information war es eine einfache Angelegenheit, meine Reiserichtung zu schätzen. Es gab einen Berg am Horizont in dieser Richtung, den ich daher als meinen Festpunkt nutzte, indem ich ihn zu meiner Karte in Beziehung setzte. Diese Methode, auch wenn sie grob erscheinen mag, ist überraschend genau. Die Entfernung wurde geschätzt, indem ich zuerst meine normale Geschwindigkeit mit vollem Gepäck auf mäßigem Terrain ermittelte. Dann berücksichtigte ich die Unebenheit des Geländes, das Gewicht meiner Last und alles Übrige, das sich auf meine Geschwindigkeit auswirken konnte, wie starker Wind, körperliche Verfassung und sogar meine Stimmung. Mit all diesen Faktoren im Hinterkopf war eine wohlbegründete Vermutung über die zurückgelegte Entfernung in der vorgegebenen Zeit möglich. Übung erlaubt es, mit dieser Methode über einen bestimmten Zeitraum absolut punktgenau zu sein.

Mein unmittelbares Ziel war eine Straße, die meinen Marschrichtung etwa fünfundzwanzig Kilometer vom Sandvatn entfernt kreuzte. Zwei Stunden, nachdem ich sein Ufer verlassen hatte, stand ich auf einer Anhöhe, hinter der sich ein Felsabhang von etwa dreiunddreißig Meter befand. Der Wind heulte und wirbelte und versuchte, mich zu Boden zu werfen.

Dankbar ließ ich meinen Rucksack fallen und sank auf einen Stein, um mich auszuruhen. Der Himmel war noch immer blau und wolkenlos. Ich lutschte ein Pfefferminz und trank ein wenig Wasser, befriedigt, dass nur sehr wenig durch das Loch in der Flasche geleckt war. Die Hundezahnberge waren in allen Richtungen klar am Horizont zu sehen, außer... Dann sah ich, dass sie im Südwesten verschwunden waren. Eine Wand niedriger Wolken bewegte sich mit dem Wind auf mich zu, umschlossen das Plateau und näherten sich schnell.

„Sie werden innerhalb einer Stunde hier sein", sagte eine Stimme höhnisch irgendwo in meinem Kopf. Der alte Kahlkopf, den niemand je wirklich loswird, war letztlich wieder aufgetaucht. Die Wolke sah ziemlich dicht aus. Ich musste mich schnell entscheiden, ob ich sie aussitzen sollte oder besser versuchte, aus dem Heideland herauszukommen. Ich wusste, dass niedrige Wolken tagelang bleiben können, und bei diesem Wind war es unmöglich zu kochen. Ich hatte ein bisschen Käse und Brot für Notfälle, aber nicht genug für mehrere Tage. Meine Karte verriet mir, dass es acht Kilometer nach Norden ein Tal gab, durch das Route 1 verlief. Der Rand des Plateaus war an seinem nächsten Punkt grob fünf Kilometer in dieser Richtung entfernt. Ich entschied, mich dorthin aufzumachen. Wenn ich den Rand des Abhangs erreichen konnte, bevor die Sicht verhüllt war, dann sollte ich mit einiger Vorsicht den Grund des Tals erreichen können. Etwa fünfzig Kilometer in Richtung Norden gab es an einem Berg ein großes dreieckiges Schneefeld. Ich schnappte meinen Rucksack und wandte mich diesem Schneefeld zu, wobei ich meinen Weg behutsam am abschüssigen Hang zwischen glattrandigen Basaltbrocken suchte, mit dem ständigen Gedanken, „Pass auf!... pass auf!... pass auf!... „ um den alten Kahlkopf fernzuhalten.

Etwas mehr als eine Stunde später hatte die Wolke mich eingekreist. Innerhalb von Sekunden war die Sicht von über fünfzig Kilometern auf unter dreißig Meter gesunken. Es war kalt, mit einer Klammheit, die durch Kleidung und Fleisch in die Knochen zu sickern schien, um sich mit dem Mark zu vereinen. Das Schneedreieck war verschwunden. Ich konnte nicht viel mehr als eine Stunde vom Rand des Plateaus entfernt sein und beschloss daher weiterzugehen. Dabei hielt ich mich auf Nordkurs, indem ich den spürbaren Wind an meinem linken Ohr als eine Art Sonar nutzte.

Der Untergrund wurde buckelig, sodass ich von einem Buckel zum nächsten springen musste, eine potenziell gefährliche Prozedur, aber unter den gegebenen Umständen vermutlich weniger gefährlich, als hier länger herumzulungern. Die Sicht fiel auf zwanzig Meter und dann auf zehn, auf fünf. Mein Sonar prüfend hielt ich mich in diesem Pfadfinderalbtraum weiter Richtung Norden, wohl wissend, dass irgendwo in diesem Nebel der alte Kahlkopf mit mir Schritt hielt und darauf lauerte, dass ich über eine verborgene Klippe stürzen oder mir ein Bein brechen würde. Um bei guter Laune zu bleiben, sprach ich in meinen Cassettenrecorder, ein kleines, leichtes Gerät, das ich in meiner Brusttasche verwahrte.

Anscheinend gab es nicht viel mehr, was noch hätte schiefgehen können, aber darin irrte ich mich – natürlich. Der alte Kahlkopf wollte seinen kleinen Spaß haben. Und so erhob sich in meinen Eingeweiden ein beharrliches Rumoren, dessen Auftreten nur eins bedeuten konnte – Diarrhö! Dieser kristallklare Bach, von dem ich am vergangenen Abend und an diesem Morgen meinen Anteil gehabt hatte, musste auf seinem Weg wohl irgendwo ein Schaf, entweder lebend oder tot, passiert haben. Nun war er entschlossen, auch mich schleunigst zu durchqueren. Wenn man sich unter solchen Umständen Erleichterung verschaffen muss, ist es schwierig, sich unerschrocken zu fühlen. Später setzte ich meinen Weg in Richtung Norden fort, sehr darauf bedacht, Auf- und Abbewegungen auf ein absolutes Minimum zu reduzieren und so vorsichtig wie möglich aufzutreten. Von irgendwo ganz nah in der Wolke, könnte ich schwören, kam ein schwaches Kichern.

Ich fand einen Bach, der eine flache Rinne hinabsprang und -gurgelte. Es war, als würde man eine Schnellstraße finden. Die Böschung hinabsteigend folgte ich ihm abwärts, über moos- und flechtenbedeckte Felsen rutschend. Sein Gefälle wurde steiler und die Rinne tiefer. Nach einer Weile entschied ich, an ihrem Rand entlangzulaufen, für den Fall, dass sie zu tief werden würde, um sie verlassen zu können. Das ganze Gelände neigte sich nun sacht und ich wusste, ich hatte den Rand des Plateaus erreicht.

Plötzlich war ich unterhalb der Wolke und konnte unter mir das Tal sehen, mit dem silbernen Fluss, der sich die Talsohle entlangwand. Ich verglich seinen Verlauf mit meiner Karte und stellte fest, dass ich genau dort war, wo ich sein wollte. Ganz gleich, wie häufig ich das mache: Es überrascht mich doch immer wieder. Ich ging weiter bergab und ließ den alten Kahlkopf murrend und Pläne schmiedend in den Wolken zurück.

Eine Stunde später war ich auf dem Talgrund und folgte, den Fluss zu meiner Rechten, einer Schotterpiste. Ich war wirklich sehr müde, und Hunger begann sich bemerkbar zu machen. Wäre ich in England, gäbe es in der Nähe ein freundliches Pub, wo man Pasteten und Erbsen oder Eintopf essen konnte und riesige Mengen schäumenden Biers absorbieren, serviert mit einem herzlichen Lächeln des Wirtes, der sich lang und breit über den Stammbaum seiner Windhunde auslassen konnte. Hier war jedoch nicht England, und das Land der Sagas, wo Geschichten von Valhalla einst durch die Täler klangen, ist nun in jeder Hinsicht trocken. Selbst ein Straßencafé ist eine Seltenheit.

Der Wind fegte das Tal herunter, viel zu stark, um mir das Kochen zu gestatten. Ich machte eine Rast und aß mein Brot und meinen Käse. Ich lutschte mein letztes Uncle Joe's Pfefferminz, um mich bei Kräften zu halten. Route 1 war wirklich die einzig praktikable Route nach Westen, und Route 1 verlief auf der anderen Seite eines Flusses, so breit, tief und schnell, dass auch nur der Gedanke, ihn anders als auf einer Brücke zu überqueren, schierer Wahnsinn gewesen wäre. Eine Stunde entfernt gab es eine solche Brücke. Das war also mein nächstes Ziel. Es war eine neuere, stabilbaukastenartige Konstruktion, provisorisch, wie jede andere Brücke, die ich in Island gesehen hatte. Als ich sie überquerte, begann es zu regnen. Ich hatte eine Lionheart-Jacke dabei, gestiftet von Survival Aids, die mich auch mit meinem Biwak und einer Überhose ausgestattet hatten. Als der Regen beharrlicher wurde, legte ich meine Rüstung an und ging weiter. Trübsal war vorherrschend. Der Umstand, dass ich unter meinem Gore-Tex trocken und warm war, trug wenig dazu bei, meine Stimmung aufzuhellen. Ein endloses graues Tal auf einer steinigen Piste entlangzustapfen bei Wind und Regen aus der Gegenrichtung und mit einem großen Packen auf den Schultern, sowas Meile um Meile um Meile zu tun, ohne dass die Aussicht wechselt, und mit nichts, um die Monotonie zu mildern, war nicht schön. Es gab weder eine herrliche Aussicht noch ein Gefühl des Vorankommens, um meinen Mühen Bedeutung zu verleihen. Knirsch... knirsch... knirsch... knirsch... knirsch... knirsch... knirsch... machten meine Stiefel in unaufhörlichem Rhythmus... links... rechts... links... rechts... links... rechts... links. Der einzige Platz, um dieser Eintönigkeit entfliehen zu können, lag in mir drin, und so überließ ich meinen Körper dem Kampf gegen die Elemente, während ich mich in die Vergangenheit zurückzog.

Der Takt der Stiefel brachte mich zurück auf den Exerzierplatz vor den Baracken, nach Kinmell Park, Rhyl, wo mir als blutigem Anfänger die hochwichtigen Feinheiten des Drills durch einen frischgebackenen jungen minderen Gott vermittelt wurden. Dieser trug einen einzigen Winkel, um seine Überlegenheit gegenüber der Mehrheit und sein Minderwertigkeit innerhalb des Pantheons anzuzeigen. Er konnte stehen, gerade wie ein Ladestock, und solch obskure Befehle bellen wie „Trupp rechtsum in Dreiergruppen! Links schwenkt... *Marsch!*... Links! Und! Links! Und! Links! Und! Links!" Wir stampften pflichtbewusst, wirbelten herum, schlugen an die Gewehre, kreisten und ruderten mit den Armen wie demente Windmühlen. Gelegentlich gelang uns das auch gleichzeitig, und bei der Abschlussparade vor denen da oben marschierten wir vorbei mit einheitlich geraden Daumen und die Schultern auf einer Höhe. Und wir taten das mit Stolz. Obwohl ich immer Individualist war, erkenne ich doch große Würde in absolutem Gleichklang von Handlungen. Weder die Handlung selbst noch die zugrundeliegende Absicht spielen in diesem Zusammenhang eine Rolle. Es ist der Gleichklang der Handlungen, ob es nun ein Tanz ist, ein Choral, ein Kriegsgesang oder die absolute Demut eines Gebets in der Gemeinde, die Stolz weckt und so hilft, das schwache Individuum auf die Ebene der Bedeutsamkeit des Ganzen zu heben.

Der Klang eines Dieselmotors hinter mir riss mich aus meiner Träumerei. Ein Sattelschlepper schoss die Piste herab, ließ seine Fanfare zum Gruß dröhnen und brauste schwankend nach Westen. Vor mir lag eine kleine Ansammlung von Gebäuden. Sollte dort etwas Essbares zu bekommen sein? Als ich mich dem ersten Haus näherte, versorgte dort eine ältere Dame den Garten. Ich wünschte ihr einen guten Abend und fragte, ob es in dieser Ortschaft ein Restaurant geben würde.

„Hier gibt es kein Restaurant. Das nächste ist in Möðrudalur", strahlte sie, in zögerndem, aber perfektem Englisch.

„Gibt es hier einen Laden?"

„Nein. In Möðrudalur."

Ich dankte ihr und ging meinen Weg weiter. Möðrudalur war fünfundvierzig Kilometer entfernt. Ich würde es heute nicht erreichen. Der Wind lachte mich aus. Während er blies, konnte ich keinen Festbrennstoff verwenden, und ich hatte den ganzen Tag keinen natürlichen Brennstoff gesehen. Daher waren meine einzigen brauchbaren Lebensmittel ein halber kleiner Brotlaib, ein winziges Stück Käse und einige wenige Bonbons. Die Lage war nicht allzu rosig, zumal der kommende Tag ein Sonntag war und der Kaufmann in Möðrudalur, zweifellos ein guter Lutheraner, sicher nicht die Absicht haben würde, den Sabbat zu entweihen. Doch *Es ist genug, daß ein jeglicher Tag seine eigene Plage habe.* Darüber würde ich mir morgen Sorgen machen. Jetzt war es wichtig, nach Westen zu kommen, also ging ich weiter die steinige Piste entlang, links, und, links, und, links, und, links!

Meine Straße begann sich steil aufwärts zu winden, und als der Tag zur Neige ging, fand ich mich wieder hoch im Heideland. Die Wolkendecke lichtete sich und der Abendhimmel wurde durch die Silberstreifen sichtbar. Ein Bach floss unter der Straße hindurch, tief in einer Rinne, und es gab einen kleinen flachen Bereich, groß genug, um darauf zu liegen. Ich baute mein Lager auf und begann, steif zu werden. Auf der Straße fand ich einen hölzernen Markierungspfahl mit einem kleinen Reflektor an der Spitze. Er war etwa einen Meter lang und an seiner Befestigung abgebrochen, wo ein Fahrzeug ihn umgepflügt hatte. Nie wieder würde er für seinen ursprünglichen Zweck verwendet werden, aber ich hatte eine kurze Zukunft für ihn. Er brannte gut unter meiner Pfanne, und bald aß ich würziges Rindfleisch mit Kartoffelbrei und spülte es mit heißem, süßen Tee hinunter. Ich war unglaublich müde, denn an diesem Tag hatte ich, meiner Karte zufolge, über fünfzig Kilometer zurückgelegt. An meiner rechten Ferse gab es eine offene Stelle, die medizinischer Fürsorge bedurfte. Für den zweiten Tag war die Schlacht vorüber. Es gab keine Zeit, über die Vorkommnisse des Tages nachzudenken, denn ich legte mich nieder und war sofort eingeschlafen.

Die Wikinger waren keine Nation, sondern ein lose geknüpfter Verbund skandinavischer Völker. Wissenschaftler streiten sich noch immer über den Ursprung dieses Namens, doch im Wesentlichen war ein Wikinger ein Ritter des Meeres mit eigenen Regeln und nicht schlechter als jeder andere Krieger des Mittelalters. Und doch stürmte dieses Mischmasch unabhängiger, autonomer Völker die Grenzen der Kunst, gab der Welt eine große Literatur und erforschte die Erde bis nach Russland im Osten und Nordamerika im Westen. Wohin auch immer sie kamen, wurden sie gleichermaßen bewundert wie gefürchtet, und sie hinterließen ein Erbe, das noch immer die Herzen freier Menschen rührt. Früh im siebenten Jahrhundert veranlasste eine Bevölkerungsexplosion entlang der skandinavischen Handelsroute, bekannt als *Norvegur*, der Nord Weg, die Völker dazu, sich in unwirtlicheren Landesteilen anzusiedeln. Dieser Druck wurde stärker und belastender, als das achte Jahrhundert kam, mit politischem Druck, hervorgerufen durch das Entstehen aufstrebender Königshäuser.

Zufällig brachte die Technologie des nordischen Schiffsbaus das Langschiff hervor, das beste seetüchtige Fahrzeug, das die Welt je gesehen hatte. Es war flink und geschmeidig, angetrieben durch ein großes quadratisches Segel und Reihen von Rudern. Es war groß genug, ein Überfallkommando zu befördern und mit Beute beladen zurückzukehren. Die jungen Männer, tapfer durch das Blut der Jugend, plünderten die Küsten Skandinaviens und Europas, um ihre mageren Ressourcen zu vermehren. Die tapfersten fuhren über die westliche See, um die Hebriden, die Shetlands und die Färöer zu entdecken. Am 8. Juni 793 Anno Domini plünderten sie die Benediktinerabtei auf der heiligen Insel Lindisfarne, gerade vor dem Festland von Northumbria, und damit begann die Wikingerära in Britannien.

Den plündernden Pionieren folgten die Siedler. Sie kamen auf den schweren *Knörrs*, auf Frachtschiffen, mit ihren Familien und ihrem Vieh, und der Geist der Freiheit begleitete sie.

So kam es, dass im Jahre des Herrn 860 das Langschiff eines gewissen Naddod, auf dem Weg zu der Siedlung auf den Färöern, durch einen Sturm vom Kurs abgetrieben wurde. Als der Wind nachließ, fand er sich im Süden eines Landes voller Gletscher und Schnee wieder. Er war nicht beeindruckt.

Als er jedoch schließlich auf den Färöern anlegte, verbreitete er die Kunde von dem Land, das er *Schneeland* nannte. Zur gleichen Zeit war ein Schwede namens Gardar Svavarsson auf dem Weg zu den Hebriden, als auch er zu diesem Land des Schnees geweht wurde. Er ging an Land, um es zu erkunden, und steuerte dann an der Südküste entlang westwärts, um die Westküste und zum ungastlichen nördlichen Eis. Dort war er zu überwintern gezwungen. Im Frühling vervollständigte er seine Umrundung, vergewisserte sich so, dass es sich bei diesem Land um eine Insel handelte, und setzte seine unterbrochene Reise zu den Hebriden fort, wo auch er seine Geschichte erzählte.

Die Kunde verbreitete sich, und gut zwei Jahre später verließ ein Norweger mit Namen Floki samt Frau, Kindern und Rindern Norwegen, um zu den Shetlands und Färöern zu segeln. Von dort legte er ab zu diesem Land, von dem er gehört hatte. In einem Käfig hatte er drei Raben bei sich – der Grund dafür, warum er in der Geschichte als Raben-Floki bekannt ist. Er war sich nicht sicher über die Entfernung zur Insel und hatte nur eine vage Vorstellung, in welcher Richtung sie lag. Darum sollten die Raben seine Kundschafter sein. Als die Färöer hinter dem Horizont verschwanden, ließ er einen der Raben frei. Dieser flog auf und sah von seiner erhabenen Position die heimatlichen Färöer, zu denen er glücklich zurückkehrte. Später, als Floki einen anderen Raben freiließ, kreiste dieser eine Weile, kehrte aber, weil er kein Land sah, sehr vernünftig zum Schiff zurück. Noah, scheint es, hatte mit ähnlichen Problemen zu kämpfen.

Dann eines Tages entließ er den Vogel abermals. Dieser flog hinauf und verschwand schließlich nach Westen. Floki folgte ihm und landete etwa dort, wo Gardar vor ihm angekommen war. Für zwei Jahre rang er ums Überleben, aber er war ein besserer Ornithologe als Farmer und kehrte, nach dem Hinscheiden seiner letzten Kuh, mit seiner Leidensgeschichte zurück. Er war es, der der Insel den Namen Island – Eisland – gab.

Wenige Jahre nach Flokis Exkursion versuchte ein Despot mit dem Namen Harald Schönhaar ganz Norwegen unter seiner Regentschaft zu vereinen. Viele flohen nach Westen, und einer von ihnen, ein Häuptling namens Ingolf, der Harald besonders erzürnt hatte, segelte nach Island. Als die Küste in Sicht kam, nahm er die kunstvoll geschnitzten Pfeiler seines Hochsitzes, einer Art Thron, und schleuderte sie in die See. Ingolf verehrte Thor, den Gott des Donners und des Krieges, dem die Pfeiler geweiht waren, und schwor, dass er seine Siedlung dort errichten würde, wo sie an Land kämen. Offenbar hielt Thor große Stücke auf Ingolf, denn die Pfeiler trieben im besten Hafen der Insel an Land. Er war geschützt und verdankte der geothermalen Aktivität in dem Gebiet den Namen Rauchbucht, *Reykjavík* im Altnordischen.

Dort blieb Ingolf und gelangte zu Wohlstand. Als bekannt wurde, dass Island bewohnbar war, gab es einen Ansturm auf das Land aus all den nordischen Siedlungen, in denen Harald Strafüberfälle hatte durchführen lassen. Von den Shetlands, den Färöern und den Hebriden kamen sie; von Irland, England, Schottland und dem Inselkönigreich Man kamen sie gesegelt und brachten ihre braunhaarigen keltischen Frauen mit. Sechzig Jahre nachdem Naddod aus dem Kurs geweht worden war, gab es zwanzigtausend freie Seelen in Island, die Landwirtschaft betrieben, fischten und das Fundament für die nächsten Generationen legten. Zehn Jahre später, im Jahr 930, errichtete dieses freie Volk, das keinerlei König wollte, den Isländischen Freistaat, eine vom *Althing* regierte Republik, das erste wirkliche Parlament der Welt, fast dreihundert Jahre bevor die Magna Charta in Runnymede besiegelt wurde.

Ab und zu war ich mir in der Nacht bewusst, dass es heftig regnete. Ich erhob mich während einer frühmorgendlichen Atempause, ließ den Bach meine Füße violett färben und brach die Straße entlang auf, als der Regen wieder einsetzte, frühstückte fades Brot und Käse während des Gehens. Die Heide hatte schwarzer Schlacke Platz gemacht, mit großen vulkanischen Schlackehaufen, die sich kahl vom Himmel abhoben. Das waren lang erloschene Vulkane aus dem Plio-Pleistozän, was bedeutet, dass sie vor rund anderthalb Millionen Jahren ausbrachen, ausgestoßen von den Eingeweiden der Erde, und die älterer Lava an der Küste meerwärts schiebend. Kleine Regenkanäle hatten sich in das gänzlich öde Land gegraben, tot mit dem absoluten Tod der Totgeburten. Es war ein Land, das ich gut kannte, denn ich war in einer solchen Umgebung aufgewachsen in meiner Heimat Lancashire. Ich hob eine Handvoll der toten Erde auf. Es war das gleiche Material: schwarzer, klammer, abstoßender Abraum, vermischt mit scharfem Grus, für immer ohne Leben. Selbst in den großen Sandwüsten der Erde gab es keine solche Trostlosigkeit. Dies war eine natürliche Landschaft, aber wir aus Lancashire hatten unsere eigene schaffen müssen, mussten sie aus der Erde graben und mit der nützlichen Kohle die unfassbar tiefen Minenschächte hinaufbringen. Ausgeworfen in eindrucksvollen Haufen verbreiteten Regen und Wind sie über das Land. Einige Haufen errichteten wir aus Eisen- und Stahlschlacke, dem nutzlosen Abfall der Brennöfen. Viele Jahre hatte ich damit verbracht, diese toten Haufen aufzuschütten mit dem Fleisch und Blut toter Arbeiter, der Würde völlig beraubt.

Der Regen ließ nach, der Himmel nahm ein wolkiges Blau an, ein Firmament der Schönheit über der darunterliegenden Hässlichkeit. Ich stieg in ein grünes Tal ab mit einem großen, breiten und silbernen Fluss, der nach Norden dem Meer zuströmte. Das war die mächtige Jökulsá á Fjöllum, gefüllt mit Schmelzwasser des Gletschers Vatnajökull. Irgendwie musste ich diesen Fluss überqueren, um in die dahinter liegende Lavawüste zu gelangen. Und dort ruhte auch Herðubreið, diese steilwandige, flachgipflige Geburtstagstorte von einem Berg, eine einzige Kerze als Spitze in seiner Mitte und Zuckerguss, der in die Lavaebene tausendfünfhundert tiefer hinabtropfte. Herðubreið würde meinen Horizont für viele kommende Tage dominieren.

Um die Mittagszeit gelangte ich nach Möðrudalur; ein Haus, eine kleine nette Kirche und eine Hütte als Café, alles strahlend weiß gestrichen und beherrscht von einem glänzenden, roten Coca-Cola Zeichen. Das einzig Lebendige war ein kleiner rotblonder Hund, freundlich und froh, der eher zur Begrüßung als zur Warnung bellte. Schafe grasten hinter Stacheldrahtzäunen, deren hölzerne Pfosten sich in skurrilen Winkeln neigten. Es war Sonntag, und die Menschen würden zweifellos in der Kirche sein oder anderswo zu Besuch. Sie waren nicht zu sehen in Möðrudalur. Nichts schien angebaut zu werden; weder Getreide noch Hackfrüchte. Keine Pflüge standen in den Scheunen, keine Hacken in den Schuppen, keine Traktoren auf dem Hof. Dies war Schafland, das Weidegras klammerte sich ans Leben in den Ablagerungen des Flusses. Es schien wenig Sinn zu haben zu bleiben. Darum ging ich weiter die Straße entlang.

Ich hatte erwogen, an diesem Punkt geradewegs über die Felder zum Fluss zu gehen, da ich meine Durchquerung der Lava genau jenseits davon beginnen wollte, armselige elf Kilometer entfernt. Unglücklicherweise waren die Felder größtenteils Sumpf und Flussauen, nicht gerade das günstigste Terrain für eine Traverse. Ich bezweifelte ohnehin, dass sich eine Durchquerung des Flusses als brauchbare Idee erweisen würde, nachdem ich von oberhalb des Tals seine Breite gesehen hatte. Etwa dreißig Kilometer nach Norden die Straße entlang gab es eine Brücke. Darum beschloss ich, dorthin zu gehen und dabei auf jede Möglichkeit zur Durchquerung zu achten, die sich unterwegs bieten würde.

Noch immer heulte der Wind. Der Nachmittagshimmel wurde wieder einmal grau und der Regen hing als streifiger grauer Vorhang im Westen, kam näher und schloss mich ein. Es war Zeit für eine Entscheidung. Unter diesen Umständen und mit meiner Ausrüstung gab es offenbar keine Möglichkeit, Wasser zu erhitzen. Wenn ich kein Wasser erhitzen konnte, dann konnte ich nichts essen, da ich mein Brot und meinen Käse verzehrt hatte. Auf meiner vor mir liegenden Route gab es keine Möglichkeit, an Lebensmittel zu kommen. Nach den letzten wenigen Tagen zu urteilen, bestand nur eine verschwindend geringe Chance, natürlichen Brennstoff zu finden. Daher musste ich dorthin gehen, wo ich Lebensmittel bekommen konnte, die nicht aufbereitet werden mussten, oder einen besseren

Kocher erwerben. Diesbezüglich blieb mir kaum eine Wahl. Ich war bei meiner Planung von einigen Fehlannahmen ausgegangen, die korrigiert werden mussten. Die nächstgelegene Stadt war Égilstaðir, von wo ich vor zwei Tagen aufgebrochen war. Ich musste dorthin so schnell wie möglich zurückkehren, um mich neu auszustatten.

Von Zeit zu Zeit raste ein Fahrzeug die Piste entlang. An diesem Tag waren es zwei oder drei gewesen. Ich beschloss zu versuchen, in dem nächsten, das nach Osten fahren würde, eine Mitfahrgelegenheit zu bekommen. Dann ging alles ganz schnell. Ein Lieferwagen kam und hielt. Der Fahrer sagte, er würde mich nach Égilstaðir mitnehmen, und ich zwängte mich auf den Rücksitz. Schon fuhren wir los, hüpften über die hart erkämpften Meilen zurück in die Zivilisation. Ich wusste, dass dies kein Aufgeben bedeutete, sondern nur einen strategischen Rückzug; trotzdem machte sich in meinem Kopf der Gedanke breit, dies sei häufig nur ein Euphemismus für *Niederlage*. Es hinterließ einen unangenehmen Geschmack im Mund, als der Lieferwagen auf der Holperpiste der Route Nummer 1 ostwärts schlingerte.

Möðrudalur

3
Die Asche

Rentier und Pommes mit Erbsen und Karotten, gefolgt von Tee, akribisch zubereitet mit kochendem Wasser, sind bestens geeignet, um die Stimmung zu heben. Vor einigen Weihnachten war ich in einem großen Kaufhaus als Weihnachtsmann aufgetreten, komplett mit Grotte und Plastikrentier. Ich war sicher, die Kinder, die mit großen Augen ihre Geheimnisse mit mir geteilt hatten, würden es nicht gutheißen, wie freudige ich jetzt dem toten Wild zusprach. Die Tee-Walküre begrüßte mich und führte ihren neuen Tee-Trick vor.

Als ich das Café in Égilstaðir verließ, begann es für die Nacht abzukühlen. Auf dem offiziellen Campingplatz herrschten Lärm und allgemeines Treiben. Darum schlug ich mein Zelt außerhalb des Ortes auf und schlief den lächelnden Schlaf des Wohlbehagens. Die Nacht war recht mild, ebenso wie der Morgen. Ich machte den Supermarkt ausfindig und begab mich in die Campingabteilung, auf der Suche nach einem passenden Kocher. Es gab keinen. Sie hatten dort nur einen einzigen Kocher, und der wurde mit Gaskartuschen betrieben und war bei Wind annähernd so nutzlos wie Festbrennstoff. Ich kaufte Brot, Kekse, Sardinen, vakuumverpackte Salami und Schokolade, ausreichend für eine magere siebentägige Diät, vorausgesetzt, ich würde an einigen der vor mir liegenden Orte Wasser kochen können. Im Café verschlang ich gierig Hotdogs und eine Flasche Bier, das stolz von sich behauptete, alkoholfrei zu sein, und somit Schande über seine deutschen Brauer brachte.

Ich bekam eine Mitfahrgelegenheit zurück über die Route 1, die am jetzt geöffneten Coca-Cola-Café in Möðrudalur hielt. Dort erkundigte ich mich nach der Möglichkeit, den Fluss zu durchqueren. Die Einheimischen schärften mir eindringlich die Unmöglichkeit eines solchen Unterfangens ein. Es ist meine Gepflogenheit, das Wort *unmöglich* als Fanfarenruf zum Handeln anzusehen, da es gewöhnlich bedeutet, dass die Aufgabe für den *Sprecher* zu schwierig ist, um ihre Bewältigung in Erwägung zu ziehen. Ich hatte den Fluss jedoch gesehen, und bei dieser Gelegenheit erklangen die Trompeten nicht. Es wäre vielleicht möglich, aber die Wahrscheinlichkeit, das andere Ufer lebend zu erreichen, war sehr gering und gehörte nicht zu der Art von Wahrscheinlichkeit, die ich schätze.

Dieser Fluss, die prächtige Jökulsá á Fjöllum, war der mächtigste Fluss Islands. Zweihundert Kilometer lang begann er sein Leben als heiße Quelle unter dem Gletscher Vatnajökull im Süden. Entlang seines Verlaufs gab es kraftvolle Stromschnellen, große Schluchten und vier Wasserfälle, von denen einer, der Dettifoss, der größte Europas sein soll. Vor einem Jahr hatte die von Paul Vander-Molen aus Britannien geleitete „Iceland Brakethrough Expedition“ die gesamte Länge des Flusses von den Gletscherhöhlen bis zum

Arktischen Ozean erforscht, dabei Kajaks für den größten Teil des Stromes genutzt und die Boote mit Ultraleichtfliegern über die selbstmörderischen Abschnitte transportiert. Diese Kombination von Fortbewegungsmitteln war hier erstmals benutzt worden. Sie verloren beinahe einen professionellen Kanuten in dem Wildwasser. Ich entschied zur Brücke zu gehen, trotz der Tatsache, dass es einen zweitägigen Weg nach Norden und zurück bedeutete.

Acht Kilometer hinter Möðrudalur verließ ich meine Mitfahrgelegenheit und begann zu laufen. Das zusätzliche Gewicht meiner neuen Lebensmittel war lähmend schwer, und so warf ich zum Ausgleich noch mehr gefriergetrocknete Lebensmittel raus. Zum Glück legte sich der Wind und verebbte zu einer erfreulichen Brise. Das Land war eingezäunt und von pastoralem Grün. Weiße Wolkenherden zogen gleichmäßig über den blassblauen Himmel. Es war eine Art stiller Tag; ein Sonntag, so eine Art von Tag der dreieckigen Sandwiches; die Art von Tag, an dem Ereignisse immanent, aber nie manifest sind. Ich erinnerte mich solcher Tage in meiner Kindheit, wenn ich es müde war darauf zu warten, dass sich Dinge ereigneten und deshalb dafür sorgte, dass sie geschahen. Die Schule mit ihren Beschränkungen war nichts für solche Tage. Es waren Tage, um auf Bäume zu klettern und Stichlinge zu fangen. Tage, um ins wilde Ince Moss mit seinen Sümpfen und schreienden Vögeln zu wandern, Tage, so überbordend von Abenteuern und Entdeckungen, dass die unvermeidlichen Unterrichtsstunden und der elterliche Zorn zu vergleichsweiser Bedeutungslosigkeit verblassten. Das waren die Tage, an denen wirkliches Lernen stattfand.

Der frühe Abend ertappte mich beim Betreten des Weilers von Grimstaðir. Meine Landkarte verriet mir, dass er über eine Tankstelle und einen Flugplatz verfügte. Meine Hoffnung war, er könnte auch über ein Café verfügen. Die halb-erhoffte Minimetropole offenbarte sich als Ansammlung von zwei Häusern und ein paar Benzinpumpen. Es gab einen weißhaarigen alten Herrn, der lächelnd bestätigte, dass die Aussichten in Grimstaðir tatsächlich grimmig waren. Er bot mir die Gastfreundschaft seines Feldes, was ich großzügig ablehnte. Schließlich war ich nur noch fünf Kilometer von der Brücke entfernt und wollte sie überqueren, um den mächtigen Fluss vor dem Schlummer der Nacht zu sehen.

Route 1 bog gleich hinter dem Haus scharf nach links ab. Dies war der nördlichste Punkt des gesamten Trips. Tatsächlich war ich nie weiter nördlich gewesen, nur noch hundert Kilometer vom Polarkreis entfernt. Für mich straften das saftig grüne Gras, die grasenden Schafe und das warme Juwel der Sonne die Vorstellung lügen, die Schuljungen über arktisches Ödland hegen. Etwa eine Stunde später erschienen zwei weiße Pylone in der Ferne. Es kam mir merkwürdig vor, dass dort nur zwei sein sollten, vermutete jedoch, der Rest der Reihe wäre hinter den entfernten schwarzen Schlackehaufen verborgen. Kurze Zeit später wurde mir klar, dass es sich dabei um die Zwillingstürme einer Hängebrücke handelte. Zwei große weiße Pi-Zeichen aus Beton hoben sich gegen das vulkanische Schwarz ab.

Ich hörte den Fluss, bevor ich ihn sah; ein rauschendes, gurgelndes, brüllendes, anschwellendes weißes Getöse von einem Geräusch, das die Sinne kribbeln ließ aus Angst vor der Macht der Natur. Dann sah ich ihn, braun und weiß gefleckt, dahinströmend zum fünfundzwanzig Kilometer weiter nördlich gelegenen Wasserfall Dettifoss, und wütend über die Verspätung. Die monumentale Brücke, ihre gespannten Stahlseile gebogen in mathematischer Schönheit, kündeten von der vorübergehenden Herausforderung der Menschheit gegenüber der Bastion der Natur. Ich passierte die massiven Verankerungen, die Stahlseile tief vergraben im schweren Beton, und ging die übermäßig ausgefahrene Schotterstraße über die wirbelnden Wasser unter mir entlang. An dieser engsten Stelle des Flusses waren es 123 Meter zwischen den Pfeilern. Für jemanden, der die Hängebrücken über den Firth of Forth, Clifton oder Humber gewohnt ist, mag das nicht als große Entfernung erscheinen, aber es war sicher die beachtlichste Struktur, die ich in Island sah. Sie einsam in der Landschaft aufragen zu sehen, allein mit ihrer Verwegenheit zu sein und daher eine persönliche Beziehung aufzubauen, war eine profunde Erfahrung, die ans Religiöse grenzte.

Die Sonne ging unter. Ich hatte kein Verlangen, die Brücke zu verlassen, und sah mich daher nach einem Platz zum Zelten um. Der Boden war überall von schwarzem vulkanischen Sand bedeckt, fein genug, um als Ruß bezeichnet zu werden. Über seine ebene Jungfräulichkeit zu laufen hieß, ihn zu besudeln. Aber ich besudelte ihn und errichtete mein Lager zwischen einigen grasgekrönten Dünen zum Schutz vor der sanften Brise.

Trockenes Gras von der Spitze der Dünen nährte mein Feuer und bald verschlang ich ein heißes Abendessen, gefolgt von einem Becher süßen Tees. Gegen Mitternacht erhob sich ein nur wenig mehr als halbvoller Mond über den niedrigen östlichen Hügeln in einen fast klaren Air-Force-blauen Himmel. Der Fluss hatte ebenfalls ein passendes Blau angenommen und auch der Wind hatte sich zur Ruhe begeben. Ich stand oben auf einer Düne und blickte nach Westen auf eine goldene Wolkenlandschaft, Tannenwedel, zugespitzt wie rennende Windhunde, stürmten nach Norden, die Scheibe der Sonne nicht ganz sichtbar hinter niedrigen Hügeln und Wolken. Ich studierte meine Landkarte in dem dafür ausreichenden Licht. Noch nicht geneigt zu Bett zu gehen, saß ich einfach auf der Düne und verschmolz für eine Weile mit dem Universum, genoss die unbeschreibliche Freude, einfach am Leben zu sein.

Es sind solche Momente großartiger Sanftheit, in denen man über Kosmologie nachdenkt; das Warum und Wozu der Existenz. Dann verlangt das große Enigma der Schöpfung selbst Antworten auf unklare Fragen. Ich spielte mit dem bekannten judäischen Schöpfungskonzept und dem christlichen Ansatz der Dreieinigkeit, um die Natur und Ankunft der Göttlichkeit zu erklären, indem Er Ihn zu seinem eigenen Sohn machte. Aber, überlegte ich, es gab andere Konzepte. Nicht weniger gültig, deren Wurzeln gleichermaßen fest in der Vorzeit verankert waren und, vielleicht, mit einer edleren Herkunft...

„Wie...?" fragte der Junge... und „Warum...? Wann..? Wo...? Und wer?"

Der Mann, dessen Name – vielleicht – Olaf war, lehnte des Jungen Kopf an seine Brust und sammelte seine Gedanken, um davon zu erzählen, was war und was gewesen war.

„Zu Anfang", sagte er, und seine Stimme klang gedämpft, „als es nichts gab, weder Land noch Meer, nicht einmal eine Wolke, denn es gab keinen Himmel, in dem sie hätte fliegen können, tat sich ein großer leerer Spalt im Nichts auf. Er war länger, als man sich vorstellen kann... und unermesslich breit... und seine Tiefe erstreckte sich endlos... und der Name der Spalte war Ginnunga-Spalte.

In der Ginnunga-Spalte hatten alle Dinge ihren Ursprung, und die Zeit selbst wurde dort geboren, sodass es ein Gestern, ein Heute und ein Morgen gab. Zu jener Zeit herrschte Dämmerung, und in der Dämmerung war der All-Vater, der über alle Dinge herrscht, ganz gleich, wie klein und ganz gleich wie groß sie sind. Und was der Wille des All-Vaters ist, geschieht."

„Der erste Wunsch des All-Vaters war, dass es im Norden einen Ort der Dunkelheit und des Eises geben sollte; und da es sein Wunsch war, geschah es so. Und diesen Ort nannte er Nifelheim, Nebelheim."

„Und der zweite Wunsche des All-Vaters war, dass es im Süden einen Ort des Lichts und der Wärme gab; und da es sein Wunsch war, geschah es. Und er nannte ihn Muspelheim, die Heimat er Helligkeit."

„Es geschah, dass von der schrecklichen Kälte Nifelheims giftige Ströme von Eis voll Schrecken und Bösem ausgingen. Die Ströme drängten nach Süden, und große Eisberge schwankten und krachten ineinander über der Ginnunga-Spalte, als sie in Richtung Muspelheim brandeten."

„Dann geschah es, dass von Muspelheim mächtige Strahlen der Hitze entsprangen, voller Schönheit und Güte. Die Strahlen schienen nach Norden über die Ginnunga-Spalte und fielen auf die Ströme des Eises, und sie besänftigten den kalten Zorn mit ihrer Wärme."

„Wassertropfen begannen von dem Eis zu fallen und sammelten sich in einem Ozean. All-Vater wollte es so, und da er es wünschte, wurden die Ozeane zu Lehm und der Lehm wurde zu einem mächtigen Riesen, die ungezähmte Kraft der Natur."

„Er war ein mächtiger Riese und er hatte mächtigen Hunger. All-Vater wollte es; und weil er es wünschte, wurde mehr Wasser zu Lehm, und der Lehm wurde zu einer riesigen Kuh, von der große Ströme von Milch ausgingen, die den Riesen nährten und bewirkten, dass er in tiefen Schlaf fiel. Und als er schlief, nahm All-Vater den Schweiß von seiner linken Achselhöhle und formte daraus eine Frau, und der Name der Frau war Bestla."

„Doch für die Kuh, die große Nährerin, gab es nichts zu grasen. Darum leckte sie das Eis von dem Eis-Felsen. Am dritten Tag, als sie dort leckte, entsprang dem Felsen ein Jüngling von großer Schönheit an Körper und Geist. Er war der erste der Götter, und sein Name war Buri. Viele Götter folgten dem göttlichen Buri und strahlten in Herrlichkeit von ihrem Heim in Asgard."

„Der Sohn von Buri war Bör, und er verliebte sich in Bestla, die Tochter des Lehmriesen. Drei Söhne gebar sie: Hörnir, den Gott des Wassers und des Wollens, und Loki, den Gott des Feuers und des Bösen; aber der Erstgeborene war Oðin, der König der Götter. Oðin, der Gott des Krieges, der den Sturm bringt und den Blitz als Schwert handhabt; seine Dienerinnen, die Valkyren, segneten Helden mit dem Kuss des Todes und trugen sie fort nach Asgard, dem Sitz der Götter. Zuerst wurden sie nach Hell gebracht, wo die Götter Recht sprechen und die Unwerten zurückweisen, dann weiter nach

Walhalla, die Halle der Tapferen, um dort ewig zu feiern in Gegenwart des mächtigen Oðin selbst, in dem die Essenz all dessen wohnte, das ist und je sein kann; denn er ist All-Vater Oðin – der Schöpfer der Schöpfung und seiner selbst."

So endete die Geschichte, erzählt von dem Mann, dessen Name, vielleicht, Olaf war. Er blickte auf den Kopf des Jungen hinab, der an seiner Brust schlief, und dachte über die Dinge nach, die er gesagt hatte. Waren alle Realität? Er wusste es nicht... Er wusste nicht, ob die Götter wirklich waren oder weise Geschichten, um zu erklären, was schwer zu verstehen war. Aber was Oðin betraf, war er sich sicher. Es musste einen Oðin geben. Selbst die Christen, die tote Männer verehrten, selbst sie hatten einen lebenden Oðin. Ja... es musste einen Oðin geben... oder es würde nichts geben... überhaupt nichts...

* * *

Während der Nacht vergoss der Himmel ein wenig Regen. Der frühe Morgen war bewölkt, aber gelegentlich erlaubte ein blauer Fleck der Sonne, den schwarzen, dampfenden Sand zu erhellen und machte die Luft feucht. Ich aß eine heiße Mahlzeit und begann, entlang des Flussufers südwärts zu wandern. Vor mir, beschattet durch ferne Regenvorhänge, erhob sich Herðubreið aus der Ebene, fünfzig Kilometer entfernt. Die Welt war eine Welt aus Schwarz, Weiß und Grau. Meine Füße knirschten auf der toten Weite aus zerbrochener schwarzer Lava, kleinen geometrischen, scharfkantigen Steinen. Hier und da gab es große Platten erstarrter Lava, die Grate, entstanden am Übergang von flüssig zu fest, nun bewahrt und so permanent, wie etwas auf dieser Insel der geologischen Gewalt nur sein kann. Es war eine Mondlandschaft mit einem vulkanischen Horizont in allen Richtungen. Die Apollo-Astronauten hatten hier ein wenig trainiert, da dieser Ort den Bedingungen auf dem Mond so nahe kam, wie es ihr Heimatplanet nur bieten konnte. Mir ging mit einem verschmitzten Lächeln durch den Sinn, warum sie sich dann überhaupt die Mühe gemacht hatten hinzufliegen, wenn sie schon wussten, was sie hier finden würden. Natürlich wusste ich, dass sie aus dem selben Grund gehen mussten, aus dem ich nach Island gekommen war. Weil die Menschheit, wenn sie aufhört, die nächste Grenze zu überschreiten, sei es im physischen, intellektuellen oder spirituellen Universum, als Spezies zum Untergang verdammt wäre.

Bevor es Nacht wurde, wollte ich dreißig Kilometer nach Süden laufen. Dort würde ich den Angriff auf die größte Lavawüste der Erde planen. Der Karte zufolge gab es dort eine Art Piste, die grob in meine Richtung verlief. Irgendwann würde ich zweifellos an irgendeiner Stelle darauf treffen, aber gegenwärtig hatte ich genug Pisten. Es gibt offenbar eine primitive

Begeisterung dafür, allen Schwierigkeiten zum trotz seinen eigenen Weg zu finden, seine eigene Furche zu ziehen, die niemals ersetzt werden kann durch die Leichtigkeit einer Passage auf gut erprobten Routen. Aus Freude an der Leistung des Tages begann ich zu singen; zuerst in Gedanken, dann für mich allein und schließlich für die abwesende Weltbevölkerung, um sie an meiner Freude teilhaben zu lassen. Die trägen Noten schwebten kakophonisch über der Ebene, als ich alte Music-Hall-Stücke sang, wobei ich die Worte vergaß und sie durch alles ersetzte, was mir in den Sinn kam, als ich meine Sorgen in meinen alten Seesack packte und lächelte – lächelte – lächelte den ganzen langen – langen Weg nach Tipperary.

In der Mitte des Morgens hatte der Wind die Richtung geändert, blies kalt aus dem Norden und trieb mich sanft nach Süden. Ich hielt an, um auf einem Lavabrocken auszuruhen, und sah nach Norden. Die Sonne war durch die Wolken in dieser Richtung gebrochen und hatte den Boden in einem solchen Ausmaß erwärmt, dass sich ein großer, hitzeflimmernder Fata-Morgana-See, wie ein Spiegel, über zahllose Quadratkilometer erstreckte, übersät mit Lavainseln. Am Horizont trieben Vulkane in diesem enormen, nicht existierenden Binnensee und spiegelten sich perfekt in seiner Oberfläche. Ich hatte viele solcher Trugbilder in den heiße Wüsten beobachtet, war jedoch angenehm überrascht, eine so nah am Polarkreis zu sehen.

Im Süden und Westen jedoch zeigte sich ein völlig anderes Bild. Dicke schwarze Wolken schwebten in der Luft, schwer von Wasser, das in langen Schlieren auf die darunterliegende Wüste fiel. Herðubreið und der Berg hinter der Lavawüste waren vollständig verschwunden. Trotz des Windes, der auf Bodenhöhe aus Norden kam, zielte der gesamte Sturm auf mich und wurde getragen von Südwinden auf etwa tausend Meter. Ich hievte mir den Rucksack auf meinen Rücken und ging los, um mich ihm zu stellen.

Bald befand ich mich auf einer Piste, die diese Bezeichnung kaum verdienen dürfte, da sie aus einem gelegentlichen Holzpflock und einigen Jeepspuren bestand, die in unterschiedlichen Abständen meanderten. Der Regen und mangelnde Sicht brachen über mich herein. Daher beschloss ich, eine Weile auf der Piste zu bleiben. Meine Kompassablesungen hatten sich wieder einmal als fehlerhaft erwiesen. Dies, hatte ich durch emsige Nachforschungen erfahren, war auf das magnetische Vulkangestein zurückzuführen.

Weiter im Süden erschienen zwei Punkte, flirrten ein bisschen und wurden schrittweise größer. Als wir uns näher kamen, wurden sie zu zwei jungen Männern. Töpfe und Kessel schepperten aneinander und ein Schlafsack hing in merkwürdigem Winkel an einem Strick. Eben-

Herðubreið

falls festgebunden war über jedem Rucksack eine Plane aus schwarzem Plastik, die sich dahinter blähte wie ein quadratisches Wikingersegel, als sie sich nach Norden gegen den Wind vorankämpften, mit gebleckten Zähnen und dünnen Lippen in leidvollen Gesichtern. Ihre ganze Erscheinung erweckte den Eindruck, als wären sie gänzlich außerhalb ihres Elements, wie Fische, die in der Luft zu schwimmen versuchten; zwei ehemals kühne Männer, die *Lust auf einen Spaziergang* gehabt und dafür den Inhalt eines Katalogs erworben hatten. Sie hatten nicht das kleinste Vergnügen an ihrem Urlaub.

„Guten Morgen", sagten sie in schwerem, deutschen Englisch, und zwangen sich zu rituellem Lächeln. Ich antwortete auf gleiche Weise.

„Wie weit ist es bis zur Straße?" wollten sie wissen.

„Etwa zwölf Kilometer", sagte ich ihnen. „Der Untergrund ist gut. Ihr solltet in drei Stunden dort sein." In ihren Gesichtern zeichneten sich vertikale Furchen ab. Offensichtlich hatten sie ihre Geschwindigkeit überschätzt.

„Wie weit ist es zum Fluss?" fragte einer von ihnen.

„Einen halben Kilometer". Ich wies nach links.

„Ist er auf dieser Seite des Hügels oder auf der anderen?"

Ich sah zu dem fraglichen Hügel, gut sechsmal so weit entfernt wie der Fluss, und hegte meine Zweifel an ihrer Zukunft als Männer der Wildnis.

„Auf dieser Seite", sagte ich, und mit aus Unverständnis erwachsender Lustlosigkeit taumelten sie in Richtung des Wassers, während sich ihre Plastiksegel gewaltig hinter ihnen blähten, als sie, Kesselflickern gleich, ihren Weg entlangschepperten. Die wilden Gegenden der Welt werden häufig von solchen Menschen durchquert. Einige lernen aus Erfahrung, Dinge richtig zu machen, und eignen sich das Wissen im Umgang mit der Wildnis an; die meisten jedoch reihen Fehler und Patzer in mehreren Reisen aneinander und beschließen, dass Bed und Breakfast sowohl bequemer als auch – auf länger Sicht – billiger für sie sind, als es auf die „Harte Tour" zu machen; wieder andere wagen sich gerade ein kleines Bisschen zu weit vor, vielleicht mit ungeeigneter Ausrüstung, Mangel an Grundwissen oder ungeübt in angemessener Vorsicht. Letztere werden häufig Opfer von – oder entgehen gerade noch – dem alten Kahlkopf, und sind Gegenstand überwältigender öffentlicher Entrüstung. Mir scheint immer, trotz ihrer Inkompetenz, ihres Mangels an Vorbereitung und ihres geradezu allgegenwärtigen Unverstandes, dass ihre schiere Verwegenheit und Entschlossenheit sie über die gackernden Hennen setzt, die fett, dumpf und fröhlich in ihren halb überdachten Batterien hocken. Gelegentlich war ich an Bergrettungen beteiligt, gewöhnlich als Retter, aber einmal als Geretteter. Nie habe ich von den Beteiligten ein Wort der Klage gehört, weder ausgesprochen noch implizit. Wir kümmern uns um die Unseren, und zwar gern.

Ich lief weiter mit dem Wind, der in meinem Rücken stärker wurde. Manchmal konnte ich einen der Markierungspfosten am Boden liegen sehen wie einen bewusstlosen Soldaten, der bei der Parade umgekippt war. Diese richtete ich wieder auf und hämmerte sie mit einem Lavaklumpen in den Boden, als Art moderner Version davon, einen Stein auf die Spitze einer Steinpyramide zu legen und so die lokalen Götter zu beschwichtigen.

Diese Götter sollten nicht auf die leichte Schulter genommen werden, und ganz gewiss nicht in dieser besonderen Stimmung, wenn die Natur in latentem Zorns grollt. Fünfzig Kilometer im Süden, vor und rechts von der Geburtstagstorte Herðubreið, erhob sich der gezackte Horizont, den die Berge des Dyngjufjöll bildeten, dominiert von dem sehr aktiven Vulkan Askja. Sein letzter Ausbruch, ein kleinerer, hatte 1961 stattgefunden, aber der letzte große Zorn begann sich im Februar 1874 zu manifestieren, als extrem dichte Dampfwolken von ganz Ostisland aus zu beobachten waren. Der Riss, auf dem er steht, erstreckt sich von der Eiskappe des Vatna-Jökull achtzig Kilometer nach Norden bis über den Dettifoss hinaus. Dieser Riss weitete sich wie ein Ginnunga-Spalt der letzten Tage. Den ganzen Dezember jenes Jahres hindurch erschütterten große Erdbeben den Norden, und am Neujahrstag 1875 mischte sich Rauch mit dem Dampf. Am zweiten Januar bebte die Erde häufiger, und am dritten wurde Feuer ausgestoßen.

Am 18. Februar tat sich die Erde entlang der Spalte fünfzehn Kilometer zu meiner Rechten auf – da ich nach Süden ging – an einem Platz mit Namen Sveinagjá, und spie für mehrere Monate Lava. Zu dieser Zeit besuchten vier Bauern aus dem Norden sehr mutig die Askja und berichteten, dass kochender Schlamm und Dampf aus dem Krater strömten.

Am 29. März um halb vier morgens fiel Tephra, verdichtete vulkanische Asche, eine Stunde lang bis siebzig Kilometer östlich, dann flaute es ab, und die Luft klarte ein wenig auf. Später an diesem Morgen setzte die Haupteruption ein. Die Luft war erfüllt von hellbraunem Bims, kaum größer als Schrotkörner zusammen mit Kügelchen glühendheißen Glases und basaltischem Sand. Die Hölle besuchte die Erde bis zum Mittag in den entfernten bewohnten Gebieten, zog sich jedoch später zum Krater zurück, wo Asche herabregnete bis zum Mittag des folgenden Tages.

Im nächsten Jahr wurde der Krater besucht. Sein Inneres war eingestürzt, vermutlich in eine Lavakammer. So entstand eine als *Caldera* bekannte Höhlung, die um die fünf Kilometer von Westen nach Osten und anderthalb von Nord nach Süd reichte und sich später teilweise füllte, um den Öskjuvatn genannten See zu bilden. Irgendwer berechnete, dass bei diesem Ereignis rund vier Kubikkilometer ausgespien worden sei, eine der größten Eruptionen in Island in geschichtlicher Zeit.

Nein, dies war kein Platz, es sich mit Göttern zu verderben. Ich hämmerte einen weiteren Markierungspfosten ein.

Der Nachmittag brachte wieder einmal Regen. Wasser fiel in Strömen vom Himmel und rauschte in rasenden Reihen durch Rinnsale. Ich erreichte den angestrebten Punkt, der angeschwollene Fluss schäumte kraftvoll vorbei, an die vierhundert Meter breit. Von ihm nahm ich tiefe Schlucke, da mir gegen Mittag das Wasser ausgegangen war. Es war kühl und erfrischend, als es durch meine Rohrleitungen rann und meine Nasengänge angenehm taub machte. Der Regen zeichnete einander durchdringende Kreise auf die Wasseroberfläche und lief in Strömen von den Säumen und Aufschlägen meiner Regenjacke.

Am Berghang entdeckte ich plötzlich eine kleine Steinstruktur mit einer Holztür. Ich ging sie untersuchen. Es war eine nicht auf meiner Karte verzeichnete Nothütte, mit Wellblechdach und mit einem Strick verschlossen, um Tiere draußen zu halten. Ich löste den Strick und trat ein. Es gab nur einen Raum, etwa zweieinhalb Meter im Quadrat und anderthalb Meter hoch mit einem Lehmboden und Nägeln in den Dachbalken,

um Gegenstände daran aufzuhängen. Der Boden war trocken und sauber, und in einer Ecke fand ich einige wenige trockene Stöcke, freundlich zurückgelassen vom vorherigen Bewohner? Es war ein herrschaftlicher Wohnsitz von einem Haus, und für diese Nacht gehörte er mir.

Eine Stunde später hatte ich mich in meinem neuen Heim eingerichtet. Die Regenkleidung hing von Nägeln, mein Schlafsack war auf meiner Isomatte ausgerollt und ein Stapel nasses Holz lag zum Trocknen in einer Ecke. Der Regen hatte nachgelassen, und ich saß in der Vordertür und hütete mein Feuer. Bald aß ich ein heißes Mahl und schlürfte dampfenden Tee, blickte hinaus über den nächtlich beschienenen Fluss, orange und blau wie der Himmel darüber. Es war ein so erfreuliches Ende eines beschwerlichen Tages, wie man es sich nur wünschen konnte, und als der letzte Funke verglommen war, legte ich mich zur Ruhe, zufrieden mit meinem Los.

Im fernen Deutschland, in Nachbarschaft der schönen Stadt Detmold, gibt es die gewaltige Statue eines alten, flügelbehelmten Kriegers. Das ist das Hermannsdenkmal, zum Gedächtnis an einen Hermann, einen längst verstorbenen, zweifellos für viele mutige Taten verantwortlichen Helden. Seine Metallstruktur ist grün vom Alter und übersät mit Einschusslöchern der RAF. So blickt Hermann von seinem fichtenbestandenen Hügel hinaus über die Landschaft. „Hermann the German" ist groß. Hermann the German ist solide. Hermann the German ist unverrückbar. 1960 war ich kurz als ein Bollwerk zwischen Westeuropa und den Russischen Horden unter Hermanns festem teutonischen Blick stationiert. Als ich die Stadt verließ, ahnte ich nicht, dass ich diesen mächtigen Mann der Tat jemals wiederzusehen würde; aber genau das geschah!

Es war Mitte des Morgens, als die Himmelsströme aufgehört hatten auf das Blechdach meiner Behausung einzutrommeln. Ich hatte beschlossen, dort noch eine Nacht zu verbringen und mich mit Kleiderwaschen zu beschäftigen, dem Reinigen und Ausruhen des Körpers und der Bestandsaufnahme. Die Sonne schien, als ich Stöckchen für mein Feuer sammelte, und Herðubreið erhob sich nur fünfundzwanzig Kilometer entfernt. Ein Punkt bewegte sich die Piste unterhalb des Berges entlang. Er wurde größer und größer und größer. Nach einer Weile bekam der Punkt Beine und Arme und einen Kopf über breiten Schultern. Der Riese, denn riesig war er, stürmte auf mich zu, ruhig in seinen Bewegungen, und doch die Meilen verschlingend.

In meinem Geist tauchten unaufgefordert die Worte *„Fee! Fie! Fo! Fum!"* im Takt seiner Schritte auf. Er hielt vor mir an und witterte offenbar Menschenfleisch.

Gut einen Meter achtzig über seinen Sieben-Meilen-Stiefeln tat sich sein Mund zu einem breiten Lächeln auf. Seine Augen, auf noch etwas höherem Niveau, waren sanfte und freundliche Augen, und sein Leib war mächtig wie eine Eiche. Er sprach.

„Gut Mornink!"

Der volle, tiefe Bass hallte von den Bergen wider und verursachte hoch auf dem Herðubreið Erdrutsche.

„Guten Morgen", bestätigte ich, mein unangemessener Tenor klang im Vergleich ganz entschieden nach Falsett.

„Ach! Ju ar Inglisch?" fragte er. Spalten taten sich auf im Land und lang erloschene Vulkane wurden wieder aktiv.

„Ja. Und aus welchem Land kommst Du?" fragte ich, die Antwort ganz genau wissend.

„Ei äm Tschermän", sagte er und veranlasste die Menschen in Égilstaðir, besorgt zum Himmel zu blicken. Hätte er behauptet, irgendeiner anderen Nationalität anzugehören, hätte ich ihm tatsächlich nicht geglaubt. Er verriet mir nie seinen Namen, aber er war so offensichtlich der wiedergeborene Hermann, dass es blasphemisch gewesen wäre, etwas Anderes vorzuschlagen. Mühsam fantasievolle Gedanken an Verbindungen zu Lehmriesen unterdrückend, fragte ich höflich nach dem Gewicht seines Rucksacks. Dieser war, wie er mir sagte, in etwa so schwer wie meiner, wirkte aber an Hermann wie ein Schulranzen. Wir tauschten kurz unsere jüngeren Erlebnisse und nächsten Pläne aus. Er wanderte und trampte über die Insel und war nun unterwegs zum Mývatn, einem vulkanischen See im Norden. Ich erwähnte meinen Plan, die Lavawüste zu durchqueren, und ein Ausdruck ehrlichen Schmerzes ging über sein Gesicht.

„ßer will bi nju Lawa. It iß ferri diffikillt. Ei heff bien on nju Lawa. It will katt ap jur buuts". Er zeigte auf seine Sieben-Meilen-Stiefel, als ein unerklärlicher Sturm die östliche Küste Grönland peitschte. Die Stiefel wiesen über und über tiefe Schrammen auf, sowohl an der Sohle als auch an der Oberseite. Es waren gute Stiefel gewesen, doch wirkten sie jetzt traurig und hinfällig, obwohl es keine alten Stiefel waren, denn oberhalb der Knöchel schienen sie noch immer neu. Es konnte kaum Zweifel bestehen, dass es sich um Stiefel auf ihrer letzten Reise handelte.

„On ße nju Lawa ei mejk onli wonn kilometer in wonn auer. Sammteims not so matsch. It iß ferri dejnscheriss", warnte er, als Seismologen auf Ölplattformen in der Nordsee ihr Mittagessen ausfallen ließen. Ein Kilometer pro Stunde hieß grob eine halbe Meile pro Stunde. Die Wüste war rund vierzig Meilen breit. Wenn das alles neue Lava war, würde es bedeuten, achtzig Stunden zu gehen, bevor der Fluss auf der anderen Seite erreicht war. Ich hatte keine Vorstellung davon, wie neue Lava aussah, aber ich war dankbar, dass Hermann es erfahren hatte und noch lebte. Wenn er das konnte, konnte ich es auch. Wie eine erwachende Schlange rührte sich in mir die Furcht vor dem Unbekannten.

Nach der Lava würde Sprengisandur kommen, die schwarze Sandwüste des Landesinnern. Ich fragte Hermann, ob er sie kannte. Er sagte, dies sei der Bereich der stärksten Winde der Insel, der höchsten Niederschläge, der niedrigsten Wolken – und dass jetzt die schlimmste Zeit des Jahres wäre. Was wusste er über den Gletscher Hofsjökull, wollte ich wissen. Er erzählte von zwei erfahrenen Kletterern, die er kürzlich getroffen hatte, nachdem sie sich vom mächtigen Vatnajökull wegen unsicherer Schneebrücken über Spalten zurückgezogen hatten. Finsternis und Verhängnis ragten drohend vor mir auf.

Hermanns Rucksack begann zu klingeln. Es war ein beständiges Klingeln, ein insistierendes Klingeln, das keine Unentschlossenheit dulden würde. Hermann schaute traurig resigniert und schwang mit müheloser Leichtigkeit seinen bleiernen Packen von den Schultern auf den Boden. Die Abdeckklappe anhebend versenkte er seinen Arm in die Tiefen und suchte blindlings herum, wie ein Armeekoch, dessen falsche Zähne in den Eintopf gefallen waren. Für einige Zeit tastete er herum und schließlich, mit einem Ausruf des Triumphs, würdig der Pfeifenorgel einer Kathedrale, zog er seine Hand wieder hervor, die einen kleinen elektrischen Wecker umklammerte. Theatralisch betätigte er einen Schalter, und die Welt war wieder still, bis auf das Rumoren des Flusses. Er verpackte seinen Zeitmesser wieder, dann, ohne sichtbare Anstrengung, hob er seine schwere Bürde mit einer Hand und warf sie auf seinen Rücken.

„ßo!“ sagte er schließlich mit einem Lächeln, „ei will go nort. Gut lack mit der nju Lawa!“ Ein spatenartiges Anhängsel aus Fleisch, Knochen und Sehnen schlang sich flink um meine Hand und schüttelte sie behutsam. Dann schritt Hermann the German beschwingt, mit einem Lächeln und einem Winken nach Norden, während angesehene Professoren in ganz Skandinavien emsig lange gültige Theorien der Geomorphologie revidierten.

Für den Rest des Tages werkelte ich herum. Mehrere Wegmarkierungen wurden aufrecht eingehämmert und ein oder zwei große Felsen von der Piste gewuchtet, um ihren Kontakt mit Auspuffanlagen zu verhindern. Der Hauptfluss war über achthundert Meter entfernt jenseits von Schlammflächen hinter dem nahen Flüsschen. Entschlossen mich ihm zu nähern, sprang ich von Stein zu Stein über die Ebene und schlenderte auf das Flussufer zu. Auf dem Fluss gab es Eiderenten, die Abstand hielten. Ich erreichte das Ufer und ließ fröhlich flache Steine über die kabbelige Oberfläche flitschen, wie ich es als Junge getan hatte. Vor vielen Jahren war ich den soliden und bedächtigen Erwachsenen vorgestellt worden, aber es hatte nicht gefruchtet. Bis zum heutigen Tag sehe ich Erwachsene als Menschen, die auf ihren Wegen festgefahren sind, ohne Sinn für Abenteuer oder Wunder, und wenig geneigt, einfach nur Spaß zu haben. Für viele kehrt die suchende Unschuld der Jugend mit dem Ruhestand wieder, aber für die meisten ist sie leider für immer verloren, wenn sie sich selbst sagen, dass sie groß geworden sind. „Arme Schweine", dachte ich, als ich einen weiteren Kiesel flitschen ließ und sein Platsch-platsch-plopp beobachtete.

Plötzlich verschwand mein linkes Bein bis zur Wade im Treibsand. Ich warf mich zurück, lag auf dem festen Grund und löste das Bein langsam aus dem klammernden, haftenden Zeug. Treibsand bedeutet keine Gefahr, wenn man ihn wie dickes Wasser behandelt. Im Gegensatz zur allgemeinen Überzeugung hat er nicht die Macht, seinen glücklosen Gefangenen runterzuziehen. Wenn man sich hineinlegt, wird man treiben und rausschwimmen können. Wenn man hingegen dem fehlbaren Instinkt gehorchend stehen bleibt, wird man, wie im Wasser, untergehen. Mein Körper war auf gutem, festen Sand und es war die Arbeit etwa einer halben Minute, mein Bein zu befreien. Unglücklicherweise ist mein linkes Knie kein gesundes Knie. Von Zeit zu Zeit beschließt es ganz von selbst, mir Probleme zu bereiten. Während des Extraktionsprozesses hatte ich es ziemlich übel verdreht, und es begann wie wild zu protestieren. Das verhieß nichts Gutes für die Unbill der nächsten Tage.

Doch solche Probleme gehörten zum Spiel. Als ich mein Feuer entfacht hatte, um mein Abendessen zu kochen, waren alle Befürchtungen verschwunden. Ein Feuer kann das bewirken. Es ist weit mehr als eine funktionale Angelegenheit: Sein therapeutischer Wert ist unschätzbar. Ein Feuer muss behütet und am Leben erhalten werden, gelegentlich angefacht und gefüttert werden, und im Gegenzug schenkt es sein Leben seinem Schöpfer. Ich kann betens verstehen, warum Feuer verehrt wurde. Ich aß und trank Tee, als der Mond über den Bergen auftauchte, und in zügelloser Stimmung setzte ich noch einen Topf Wasser für eine zweite Tasse auf. Dann saß ich einfach da und erfreute mich am Feuer, legte gelegentlich Holz nach und lauschte dem Knistern. Als die Funken verglühten, dachte ich darüber nach, dass ein Feuer viel mit einem Hund gemein hat, insofern es Wärme und Gesellschaft gibt. Tatsächlich war es besser als ein Hund, da es nicht zur Türschwelle anderer Menschen geführt werden muss, um die Aktivität seiner Blase zu fördern.

4
Die Lavawüste

Ich hatte Cornflakes zum Frühstück; große schwarze Cornflakes, höher als ein Mensch. Es war später Morgen, als ich sie, sich weit in die Ferne erstreckend, sah. Ich saß oben auf einer zehn Meter hohen Lavaklippe, überblickte das Problem und machte mir Sorgen.

An diesem Morgen war ich von meinem Haus in einen klaren blauen Tag gesprungen. Der alte Kahlkopf und ich hatten uns, wie früher Gladiatoren, sorgfältig auf das anstehende Duell vorbereitet. Eine abschließende symbolische Handlung war es gewesen, mich mit meines Vaters Schwert zu gürten, einem Fahrtenmesser mit Hirschhorngriff, das mir mein Vater hinterlassen hatte und das mich auf jeder Reise begleitete. Es gefiel mir, an seine Macht zu glauben, mit ihm meine Feinde abwehren zu können, und wie meine Wikingervorfahren hielt ich an dem urzeitlichen Glauben fest, mit dem Schwert in der Hand sterben zu müssen, wenn ich nach Walhalla in Asgard eintreten und für immer mit Oðin feiern wollte.

Ich hatte mich bis zum Punkt der Sättigung hydriert, sodass ich vorsichtig, mit zurückgelegtem Kopf gehen musste, damit ich nicht überschwappte. Mein Kompass hatte sich erneut als fehlerhaft erwiesen. Wie schon in der Heide musste die Navigation also nach Sicht und Gehör durchgeführt werden. Dreißig Kilometer nach Westen, hinter der geschichteten Lava, lag das Bergmassiv des Bláfjall. Über 1.100 Meter hoch und spärlich bedeckt mit Schnee, brütete es flach über dem Horizont vor sich hin. Hier würde ich mein nächstes Wasser finden, ein Schmelzwasserrinnsal. Jahre des Wüstenreisens hatten mich gelehrt, Anzeichen für Wasser auf Karten, oder *Papierwasser*, wie ich es nannte, zu misstrauen. Wenn die Quelle klein zu sein schien, war es besser davon auszugehen, dass die nächste Wasserstelle ausgetrocknet sein würde, und entsprechend zu handeln. Es schien jedoch eine begründete Vermutung, dass es am Fuß des Bláfjalls Wasser geben würde. Falls nicht, war sicher etwa fünfundzwanzig Kilometer weiter, in einem großen Fluss namens Skjálfandafljót, Wasser zu finden.

Ich ließ mein kleines Haus hinter mir, drehte dem breiten Fluss, meinem Begleiter für vier Tage, den Rücken zu und brach in die Lava auf, mit der zu meiner Linken aufragenden Herðubreið. Wieder in Bewegung zu sein fühlte sich gut an. Es war der Morgen des siebenten Tages und dank meines zweitägigen Umwegs zur Brücke und meines Ruhetags befand ich mich nur elf Kilometer von dem Punkt, den ich am dritten Tag schon erreicht hatte. Nun bewegte ich mich wieder nach Westen und war so froh darüber, als würde ich irgendwie eine Ehrenschuld begleichen.

Der Untergrund glich ziemlich dem am Flussufer: Sand und Kies gesprenkelt mit schwarzer Kuhfladenlava. Es ging also recht flott voran. In weniger als zwei Stunden hatte ich acht Kilometer geschafft und war zufrieden mit der Welt. Dann fand ich mich oberhalb der Zehn-Meter-Klippe wieder, mit Blick auf die Cornflakes. Der Alte Kahlkopf grinste.

Lava kommt in zwei unterschiedlich aussehenden Formen vor, von Geologen aus bestimmten Gründen in hawaiianischer Sprache beschrieben, als *Aa* (gesprochen ah-ah) und *Pahoehoe.* Beiden sind chemisch identisch, aber während die Oberfläche von Pahoehoe dazu neigt, flach zu sein mit einigen strickartigen Formationen, wo die plastische Oberflächenhaut vor der Erstarrung Falten geworfen hat, ist die Oberfläche der *Aa*-Lava durch explodierende Gasblasen zerrissen und aufgeworfen. So entstanden schartige Lavablöcke von LKW-Größe bis zur handlichen Taschenausgabe. Diese Cornflakes waren ursprünglich flache *Pahoehoe*-Lava, doch mit dem Erstarren der Oberfläche musste sich die Fließgeschwindigkeit der Lava geändert haben. Die Folge war, dass die Oberfläche aufbrach und sich die Fladen in einer vollständig ungeordneten, musterlosen Masse übereinander türmten. *Aa* lässt sich übersetzen als „eine Oberfläche, über die man *nicht* barfuß gehen *kann*", während *Pahoehoe* bedeutet „eine Oberfläche, über die man barfuß gehen kann". Letzteres sagt viel über die Qualität hawaiianischer Füße aus. Als das ganze Feld abgekühlt war und sich zusammengezogen hatte, waren große Spalten quer zu meiner Reiserichtung aufgebrochen und ganze Abschnitte, im Umfang von Kilometern, sanken ein und bildeten Grabenbrüche. Vom Rand einer solchen Spaltenklippe aus, entstanden während der großen Eruption von 1875, betrachtete ich die Szene absoluten Chaos'. Ich befand mich nun am Rand der gewaltigen Askjaspalte, und elf Kilometer vor mir lag die Sveinagjá, aus der vor einem Jahrhundert all diese Lava gesickert war, in geologischen Zeiträumen also erst gestern.

Für eine Weile saß ich einfach nur da und starrte. Ich war während meines Lebens auf Reisen zu abgelegenen Plätzen auf einige ziemlich raue Territorien gestoßen, hatte aber nie etwas gesehen, das so rau aussah wie dies hier. Es schien kein definiertes Grundniveau zu geben, also würde das Vorankommen nur langsam vonstatten gehen. Ich filmte und fotografierte ein wenig, um mich später an meine erste Begegnung mit dem Problem erinnern zu können. Dann sattelte ich auf und ertastete behutsam meinen Weg die spröde Klippenseite hinab auf der einfachsten Route, die ich finden konnte. Alle Felsen waren scharfkantig und lose, und trotz meiner Sorgfalt rutschte ich mehrmals aus. Ich erreichte die Cornflakes und inspizierte sie. Sie schienen aus schwarzem Basalt zu bestehen, dünn, scharfkantig und spröde, und jede einzelne erweckte den Anschein, lose auf anderen zu balancieren. Die Fladen, von denen einige eine halbe Tonne wiegen mussten, lagen alle in den verrücktesten Winkeln. Vorsichtig betrat ich eine große horizontale Platte, an die zwei Meter breit. Mit einem Knirschen und einem Krachen und einem Rumpeln neigte sie sich mir zu und dröhnte hohl in eine andere Position. Meine Arme instinktiv ausgestreckt, um Gleichgewicht bemüht, bewegte ich mich vorwärts. Der Fladen krachte zurück in seine frühere Position und kam zur Ruhe, als eine kleinere, aber ebenfalls schwere Platte auf die Stelle fiel, an der ich gerade noch gestanden hatte, und laut krachend in mehrere Stücke zerbrach. Ich sprang auf eine weitere Platte, die seitlich wegrutschte. Ich griff nach einem anderen Fladen, um meine Balance zurückzugewinnen, und hielt ein Stück davon in der Hand. In die Luft greifend erlangte ich mein Gleichgewicht zurück, nur um es wieder zu verlieren, als die sich bewegende Platte unter mir in einem völlig neuen Winkel zur Ruhe kam. „Das ist verdammt gefährlich!" kommentierte ich die Situation, mit Bewunderung für meinen knochenköpfigen Gegenspieler. Gewöhnlich hat das Überqueren zerrissenen Landes viel von Balletttanzen, insofern man über eine Reihe mehr oder weniger solider Punkte balanciert, präzise von einem zum nächsten trippelt, auf so delikate Art, wie es Bergstiefel nur eben erlauben. Hier hatte das Vorankommen viel mehr mit Jonglieren gemein. Der verlockende Gedanken an Rückzug tauchte auf, bestärkt durch ein Quentchen gesunde Furcht vor einem einsamen Unfall, aber meine angeborene Dickköpfigkeit gewann an diesem Tag. Vorsichtig, sehr vorsichtig, schritt ich über die nächste Lavaplatte.

Bald hatte ich den Dreh raus. Der Trick war, die Knie gebeugt zu lassen und Bewegungen in jeder Richtung vorauszuahnen. Ich schätzte, dass ich mit etwa anderthalb Kilometern pro Stunde vorankam. Wenn dies die neue Lava war, von der Hermann the German erzählt hatte, dass er sie nur mit halber Geschwindigkeit überwinden konnte, stand die Sache insgesamt nicht allzu schlecht.

Doch dann kam ich zur ersten Spalte, einem großen Riss im Boden, etwa anderthalb Meter breit und offenbar bodenlos. Ich konnte seine glatten Wände rund dreißig Meter hinabsehen. Danach ging es abwärts weiter, höllenschwarz und erschreckend unsichtbar. Sie verlief im rechten Winkel zu meiner Reiserichtung und schien sich endlos nach Norden und Süden zu erstrecken. Ich wusste, dass ich anderthalb Meter ganz bequem überspringen konnte, selbst mit dem Gewicht meines Rucksacks, das mich zurückhalten würde, aber dieses Wissen hatte wenig Bedeutung angesichts dieses großen, gähnenden Schlundes, auf dessen Grund mein lippenloser Gegenspieler wartete. Vorstellungen sind so unendlich stärker als Wissen oder Willenskraft. Ich machte mich nach Süden auf und suchte nach einer schmaleren Stelle. Ein meterbreiter Abschnitt der Spalte kam in Sicht und, das Herz vor Angst klopfend, stellte ich mich dem Problem, flog über das Hindernis und landete dankbar auf der anderen Seite. Während der folgenden Stunden waren zwei weitere zu überspringen, von denen jede weniger Schrecken bereithielt als die vorangehende, weil aus meiner Vertrautheit mit dem Phänomen langsam Geringschätzung erwuchs.

Dann hielt mich eine fünfzehn Meter hohe Klippe auf, scharfkantig und geradewegs zu den Cornflakes darunter hinabführend. Ich überlegte, meinen Rucksack an dem dünnen Ende Seil, das ich genau für eine solche Eventualität bei mir hatte, zum Grund der Klippe hinabzulassen, entschied dann aber, noch ein Stück nach Süden zu gehen, um zu sehen, was sich ergab. Ich fand eine sehr heikle und lose Stelle, wo ich schließlich mit verschwitzten Handflächen und schwer atmend über die Lavaplatten rutschte und stolperte. Der Wind hatte sich zu beträchtlicher Stärke erhoben, natürlich aus der mir entgegengesetzten Richtung.

Gegen Mitte des Nachmittags war ich mehrere Fünfzehn-Meter-Klippen hinauf und hinunter gekommen und befand mich etwa sechzehn Kilometer von meiner Hütte am Fluss. Beide Hände bluteten an den Handflächen und -rücken aus Schnitten und Kratzern, die die scharfe Lava verursacht hatte. Meine Stiefel waren tief zernarbt und ich war äußerst erschöpft, aber es stand außer Frage, jetzt schon Feierabend zu machen. Der Bláfjall und mein nächstes Wasser waren immer noch sechzehn Kilometer entfernt. Ich musste noch viel näher kommen, bevor ich mich mit einem Gefühl zur Ruhe begeben konnte, das Seelenfrieden auch nur nahe kam.

Cornflakes zum Frühstück

Um vier Uhr erlaubte ich mir zum ersten Mal, seit ich den Fluss verlassen hatte, etwas zu trinken. Mit Zufriedenheit stellte ich fest, dass nur sehr wenig Wasser aus meiner Flasche geleckt war. Ich nahm lediglich einen kleinen Mundvoll, obwohl ich tatsächlich viel mehr wollte. Aber mir war klar, am nächsten Tag würde ich es viel nötiger brauchen.

Ich hatte jetzt Sveinagjá erreicht, die Quelle all meines Übels. Es gab keine offensichtliche Austrittsstelle der jahrhundertealten Lava. Die endlosen Cornflakes bedeckten den Boden eines kilometerbreiten Grabenbruchs, vor mir begrenzt von einer weiteren Fünfzehn-Meter-Klippe, die letzte, laut meiner Karte, die sich furchterregend auftürmte und, wie die Große Chinesische Mauer, scheinbar endlos weiterging. Ich suchte nach einer Lücke in der Festung und begann den Anstieg, als ich etwas fand, das nach einer möglichen Route aussah. Diese Kletterei wäre auch schwierig gewesen, hätte ich nicht unter Höhenangst gelitten. Angst vor Höhe hat mich den größten Teil meines Lebens begleitet. Ich hatte als Kind das Baumklettern und als Jugendlicher das Felsenklettern angefangen, um mich und andere davon zu überzeugen, dass ich keine Angst vor hohen Plätzen hatte. Und tatsächlich: Weil ich diese Angst überwunden und diese Dinge geschafft hatte, hatte mich die Angst verlassen. Aber nur so lange, wie ich mich ihr weiter stellte. Vor zwanzig Jahren hatte mich ein zerschmetterter Wirbel nach einem Kletterunfall für einige Jahre von dieser Beschäftigung abgehalten. Ich war nie zu ernsthafter Felsarbeit zurückgekehrt, weil Klettern in der Zwischenzeit zu einem Sport geworden war. Ich hasste Sport. Als Folge war akute Höhenangst in dem Maß zurückgekehrt, dass es für mich schon besorgniserregend war, auf einem Stuhl zu stehen, um eine Glühlampe zu wechseln.

Mit aus meiner Furcht geborener Vorsicht erstieg ich langsam diese Basaltwand, prüfte jeden Hand- und Fußhalt und rief mir vergangene Fähigkeiten wieder ins Gedächtnis. Der Boden entfernte sich immer weiter und Hände und Beine schmerzten vor Anspannung, als ich Zentimeter um Zentimeter diese mächtige Bastion eroberte. Ewigkeiten schienen vergangen zu sein, als ich mich selbst und meinen Rucksack über den Rand und auf die flache Spitze zog. Ich lag dort für einige Minuten um Atem ringend und überblickte die zerrissene Lava, die ich endlich überquert hatte. Dann stand ich in gerechtfertigtem Triumph da – nur um zwischen mir und dem Plateau eine große, über drei Meter breite Spalte zu sehen. Ich hatte gerade viel Zeit sowie psychische und physische Energie darauf verwandt, eine Platte zu erklimmen, die drei Meter von der eigentlichen Klippe entfernt war, und der einzige Weg vorwärts bestand darin, wieder zurück nach unten zu gehen. Zufriedenheit fühlte sich anders an; deutlich anders!

Als ich schließlich das Plateau erreichte, bemerkte ich einen deutlichen Anstieg der Landschaft, nicht steil, aber beständig und daher besonders dazu geschaffen, noch verbliebene Energie auch noch aufzusaugen. „Aufwärts!“ war der Befehl, mit dem ich meinen widerstrebenden Körper antrieb, den Ansturm fortzusetzen. Die Sonne stand strahlend und flach über dem Horizont vor mir und schien mir blendend in die Augen, als eine andere Spalte auftauchte, nur einen oder anderthalb Meter breit. Ich hatte inzwischen gut zehn von dieser Sorte übersprungen und war hinsichtlich dieser ganzen Angelegenheit mittlerweile etwas blasiert. In einen watschelnden Trott verfallend näherte ich mich der Kante und stieß meinen linken Fuß hart auf, um so zu meinem Sprung anzusetzen. Der alte Kahlkopf schlug zu!

Mein Fuß rutschte unter mir weg und ich befand mich plötzlich mitten in der Luft, in Zeitlupe eine Drehung auf den Rücken vollführend. Alles geschah unglaublich langsam, als mein Verstand, sich der extremen Gefahr bewusst, in eine niedrigere Wahrnehmungsrate schaltete, um schnellere Reaktionen zu erlauben. Ich erhaschte einen Blick in die gähnende Tiefe und stellte mir vor, wie ich aufschlagend und rutschend tief – tief – tief stürzte. Mein Rucksack traf den Rand des Schlunds auf der Absprungseite und ich griff wild mit meiner rechten Hand nach etwas, an dem ich mich festhalten konnte, während ich gleichzeitig fühlte, wie ich auf den Abgrund zuschlitterte. Meine Hand fand einen Halt und mein Arm zog – zog – zog mich weg von der Kante. Einen Zentimeter oder zwei – nur einen Zentimeter oder zwei würden genügen und die Balance zugunsten des sicheren Bodens wiederherstellen. Der Griff hielt und ich erstarrte.

Unangemessenerweise sagte ein völlig eigenständiger Teil meines Bewusstseins ziemlich gelassen, „schalte den Cassettenrecorder ein und nimm das auf. Es ist wichtig!“ Das Gerät war in meiner rechten Brusttasche und meine linke Hand ganz in der Nähe. Also tat ich es *„Scheiße!“* sprach ich hinein. Jede Bewegung, die ich von da an machte, beschrieb ich auf dem Band mit wirklich sehr aufgeregter Stimme.

Rasch überschlug ich die Situation. Ich lag auf meinem Rucksack, damit durch Schulter- und Beckengurte verbunden. Meine rechte Hinterbacke und mein rechtes Bein befanden sich auf dem Rand des Bruches, aber meine linke Hinterbacke und mein linkes Bein hingen in der Luft. Alles unter mir war lose. Mein Herz schlug wie eine Basstrommel, und mir wurde klar, dass ich das Atmen eingestellt hatte. Vorsichtig entließ ich die aufgestaute Luft aus meiner Lunge; sehr langsam sog ich mehr Sauerstoff ein, als ich über meinen nächsten Zug nachdachte.

Meine Balance neigte noch immer dem Abgrund zu, darum musste ich von ihm weg auf meine rechte Seite rollen. Dazu war es nötig, den schweren Rucksack loszuschnallen, der aus diesem Winkel nicht zu bewegen war. Langsam tastete meine linke Hand hinüber zu dem Schnellverschluss des Hüftgurts und ließ ihn aufschnappen. Der Verschluss flog seitwärts und die leichte Bewegung stieß einen Stein an, der fiel, gegen die Seitenwände der Spalte schlagend, sehr lange, bis das Anprallen zu weit weg war, um es noch hören zu können. Ich bemerkte, dass mein Mund trocken war, und irgendwie schien das sehr wichtig.

Als Nächstes musste ich meinen linken Schultergurt entfernen. Er lag stramm und fest an meiner Schulter. Ganz eindeutig musste er gelockert werden. Meine rechte Hand, mein einziger Anker, begann zu ermüden, als meine linke an dem Stellverschluss herumfummelte. Der Gurt lockerte sich. Ganz bewusst und unter vielem Stöhnen schob ich meine Hand durch die Gurtschlaufe und ließ sie über meine Schulter gleiten, bis sie sich befreit hatte, wobei ich meine Bewegungen mit zögernder Stimme meinem Cassettenrecorder mitteilte.

Dann, Grad um Grad, drehte ich mich nach rechts, mit meiner rechten Hand ziehend und zufassend. Plötzlich war's geschafft. Ich kniete auf festem Grund. Mein Rucksack, sein rechter Gurt immer noch um meinen Arm, glitt auf den Abgrund zu, aber es war kein Problem, ihn zurückzuziehen. Große Schlucke von Luft strömten in meine ausgehungerte Lunge, als ich meine Erleichterung in den Cassettenrecorder brabbelte.

„Scheiße!... Der Mistkerl ist tief!... Okay! Ich habe mich von der Kante weggerollt... verdammter Mist!... Ich werde unvorsichtig. Ich bin übermüdet und ich werde unvorsichtig. Ich habe die Absprungstelle nicht geprüft... ich brauche eine anständige Rast. Das ist gefährlich... Gott, war das nah dran... Ich werde eine Rast machen...“

Der Alte Kahlkopf hatte seinen Zug gemacht und hatte ihn wieder verpatzt. Ich lag auf dem Rücken neben dem Spalt, die Brust hob sich, die Wasserflasche in meiner blutverschmierten Hand, starrte hinauf zum Abendhimmel und grinste mein bescheuertstes Grinsen.

Nachdem ich ausgeruht war, schnallte ich meine Last wieder auf und sprang über den Abgrund, der fast mein Grab geworden wäre. In die Sonne blinzelnd ging ich weiter nach Westen, jetzt aktiv nach etwas suchend, wo ich die Nacht verbringen konnte. Ein merkwürdiger Flecken Landschaft erstreckte sich vor mir, hellgrün und sich von links bis rechts dehnend soweit der Blick reichte. Ich hielt an seinem Rand an. Wenn das bisherige Terrain Cornflakes gewesen waren, war dies Puffreis. Jedes Korn variierte in der

Größe zwischen Tennis- und Basketball. Eine Decke aus Flechten überspannte sie alle, sodass die Kontaktpunkte unklar waren. Ich berührte sie mit meinem Stiefel, und sie knirschten wie Koks. Es gab keinen sichtbaren Weg drumherum, also würde ich sie überqueren müssen. Mit Gedanken an mögliche verborgene Spalten darunter betrat ich das Unbekannte. Mein erster Eindruck von Koks bestand fort, als die losen Schlackeklumpen unter den Flechten sich unter meinem Gewicht verschoben. Einige bildeten mannshohe steile Haufen, wie Skulpturen von Henry Moore, längst vergessen in einer fernen Zukunft.

Für etwa zwanzig Minuten suchte ich stolpernd meinen Weg durch diese fremdartige Landschaft, zaghaft wie eine Katze im Schnee, und gelangte schließlich auf die andere Seite. Die Cornflakes waren verschwunden, um durch solide Lavaplatten ersetzt zu werden, mit schwarzem Sand und Kies dazwischen. Hier und da war der Sand zu Kämmen zusammengeweht, scharfkantig und an Afrikas treibenden Sand erinnernd. Nun kam ich schneller voran, als ich auf die immer weiter sinkende Sonne zuging. Der Wind wirbelte Sand auf und ließ es zwischen meinen Zähnen ungemütlich knirschen.

Etwa gegen neun Uhr stellten meine Beine die Arbeit für den Tag ein. *„Bis hierher und nicht weiter!“* sagten sie mir und ließen keinen Einspruch gelten. In der Nähe gab es eine geschützte Höhlung mit drei Meter hohen Lavawänden drumherum und einem Boden aus Sand und Kies. Das sollte mein Heim für die Nacht sein. Bald war mein Biwak errichtet und alles picobello bereitet. Überraschend klammerte sich ein wenig Begrünung eng an die Krume. Hier und da gab es ein paar winzige Zweige toten Holzes für ein kleines Feuer. Nicht genug, um ein Mahl zu kochen, selbst wenn ich ausreichend Wasser für ein solches Unterfangen gehabt hätte, was nicht der Fall war. Es gab jedoch genug von beidem, um der vakuumverpackten Salami und dem drei Tage alten Brot eine gute, starke Brühe folgen zu lassen, eine exzellente Mahlzeit. Dann gab es die üblichen Rituale, die darin bestanden, die neuesten Ereignisse aufzuzeichnen und die Filme in den Kameras zu wechseln, bevor ich einschlief, auf halbem Weg durch einen kleinen Riegel Schokolade.

Ich schlief zehn Stunden lang tief und fest. Die Schokolade der vergangenen Nacht war verputzt, zusammen mit einem anderen Riegel und ein paar Schlucken Wasser. Noch mehr zu essen wäre keine gute Idee, da mir nur noch etwa ein Viertelliter Wasser blieb, ohne Aussicht, dass sich daran vor Mittag etwas ändern würde, und essen bedeutet, Durst auszulösen. Die Dehydrierung wurde offenkundig, als mein Mund austrocknete. Das wenige, das ich trank, spülte ich in meinem Mund herum, drängte es zwischen den Zähnen hindurch und wusch den Belag von der Zunge, bevor ich es runterschluckte. Um neun Uhr war ich wieder auf meinem Weg an diesem kalten und windigen Morgen. Bald erreichte ich die Spitze der Erhebung und konnte, zum ersten Mal, die volle Höhe des Bláfjall sehen, wie ein großer gestrandeter Wal, zehn Kilometer entfernt. Der Schnee auf seinem Gipfelgrat war spärlich und ich konnte gerade den Abfluss ausmachen, durch den das Schmelzwasser herabfließen musste. Das Gehen war viel leichter, da das Land sich jetzt senkte. Herðubreið war nun hinter Bergen zu meiner Linken verborgen und meine Welt wurde von hier an dominiert vom sich ausdehnenden Bláfjall und seinem Schmelzwasserversprechen.

Ich sah drei Schafe, warm in cremeweiß strahlendem Fell durch die Wüste ziehen. Schafe müssen regelmäßig trinken, also gab es entweder eine Oase mit Wasser in dieser Wüste, oder es waren drei sehr durstige Schafe. Ausgetrocknet wie ich war, widerstand ich der Versuchung, nach diesem spekulativen Wasser zu suchen und hielt mich weiter an die sicherere Aussicht.

Die Wolken waren schwer und schwebten genau über dem Bláfjall als ich weiter über dieses kalte, große und kahle Land zog. Nachdem das Prinzip der *Läuterung durch Feuer* abermals seinen Wert bewiesen hatte, war die morgendliche Steifheit der Glieder verschwunden, aber ich fühlte mich sehr müde und schwach. Die Anstrengungen des vergangenen Tages hatten ihren Preis gefordert, und mein Körper wollte nur noch ausruhen. Mein Verstand wusste aber, dass auszuruhen ganz einfach zu sterben bedeutete. Ich war fast ohne Wasser, und ohne Wasser stellt der menschliche Organismus die Funktion ein. Ich würde meinem Körper nicht erlauben, die Bedingungen zu diktieren; auch wenn er nicht ganz Unrecht hatte. Ich ließ mich auf den Kompromiss ein, fünfundvierzig Minuten zu gehen und fünfzehn Minuten zu rasten, und war absolut pedantisch hinsichtlich des Timings.

Der Gipfel des Bláfjall verschwand und die dicke Wolke begann unaufhaltsam seine Flanken hinabzukriechen, als sich die Wolkendecke über mir senkte. Das war besorgniserregend, denn als ich mich dem Bláfjall näherte, erwartete ich, dass der Berg den anhaltenden Wind von mir abschirmen und die Richtung des Windes ändern würde, woher der Wind auch immer blies. Da meine Kompassmessungen unzuverlässig waren, bekam ich ernsthafte Navigationsprobleme, wenn die Sicht verdeckt war und der Wind nicht länger konstant wehte. Ich erlaubte mir, mich ein wenig zu sorgen, und beschleunigte mein Tempo, um die Höhe zu verringern.

Mit dem Fortschreiten des Morgens wurde Sand mehr und mehr zum vorherrschenden Merkmal der Landschaft. Es gab große Lavaknollen, an die sieben Meter hoch, die halb geschmolzen von der kochenden Lava darunter herausgeschleudert worden waren, aber zwischen diesen war treibender Sand zu Dünen aufgetürmt, oder wie gigantische Schneeverwehungen gegen Basaltkämme.

Glücklicherweise begann sich die Wolke zu heben, und schließlich wurden die Berggipfel wieder sichtbar. Plötzlich senkte sich das Land rapide, und ich konnte die ganze Ausdehnung der Landschaft zwischen dem Bláfjall und mir sehen. Auf etwa anderthalb Kilometer erstreckte sich eine sandige Ebene, und dann kamen noch mehr zerbrochene Lava-Cornflakes. Vom Gipfelschnee tropfte ein unterbrochenes silbernes Rinnsal herab zur Wüste, wurde schwächer, als er an Höhe verlor und schließlich, etwa hundertfünfzig Meter über der Ebene, ausdünnte, aufgesogen vom durstigen Fels. Ich brachte mein wortreiches Missfallen in fließendem Angelsächsisch zum Ausdruck.

Es war Zeit für die Entscheidung. Ich hatte nur noch einen Mundvoll Wasser bei mir, und der Durst begann zu wüten. Eine weitere genaue Überprüfung der Karte zeigte die Möglichkeit von Wasser etwa sechs Kilometer nach Nordwesten, an der Basis des Bláfjall zu meiner Rechten. Eine kleine, dünne Linie Blau durchschnitt einen winzigen Bereich Grün auf meiner Karte und deutete einen Bach und einen überraschenden Bereich Weideland an. Ich blickte in die Richtung, über anderthalb Kilometer Cornflakes hinweg, und sah nichts als grau und schwarz. War das noch mehr Papierwasser? Ich hatte keine Möglichkeit, es mit Gewissheit zu sagen. Der einzige Weg es herauszufinden bestand darin, hinzugehen. Was bedeutete, dass ich um die rechte Seite der Berges gehen musste und etwas hinabsteigen, das wie Dreihundert-Meter-Klippen zur Ebene darunter aussah, keine erfreuliche Aussicht, gefolgt von dreißig Kilometern sehr vagen Terrains bis zum Skjálfandafljót. Die Alternative, links um den Berg zu gehen, sah kürzer und einfacher aus, aber mit sogar noch weniger Aussicht auf Wasser.

Ich entschied, zum Weideland zu gehen. Da es wenig sinnvoll schien, einen Mundvoll Wasser herumzutragen, trank ich es, langsam und mit Genuss. Bis jetzt war mein Zustand der Austrocknung noch nicht wirklich lebensbedrohlich, aber ich wusste aus Erfahrung, dass die nächsten paar Stunden nicht angenehm sein würden, und falls es bei dem Weideland tatsächlich kein Wasser gab, dann würde ich anfangen, Probleme zu haben.

Eine schnelle Film- und Fotosession wurde in meine Ruhepause eingeschoben, und schon war ich wieder unterwegs, den steilen Hang aus weichem Sand hinab, zu den ersten Cornflakes. Bald wiederholte ich meinen Balanceakt und öffnete neue und alte Schnitte in meinen Händen. Eine Stunde später war Durst zur wichtigsten Sache in meinem Kopf geworden, viel wichtiger als Müdigkeit und Schmerz. Mein Knie, das ich im Treibsand verdreht hatte, schmerzte den ganzen Tag sehr. Unter normalen Umständen wäre dieser Schmerz entsetzlich gewesen, aber in meinem Verstand gab es keinen Platz für Schmerz; es gab nur Raum für Durst.

Ein Minzbonbon zu lutschen half, doch bald war selbst das keine Erleichterung mehr, als der Speichel zähflüssig wie Teer wurde. Wegen meiner schweren Last und der physischen Anstrengungen dehydrierte ich wesentlich schneller, als ich vorausgesehen hatte. Meine Haut war feucht und klamm, und kalt im aufkommenden Wind.

Während einer Ruhepause sah ich in der Ferne, wo das Weideland sein sollte, einen leuchtend weißen Punkt. Es konnte kein natürliches Phänomen sein, also musste es von Menschenhand stammen. Ich erinnerte mich an die Menschheit und dass ich ein Mitglied dieser Spezies war. Es war ein interessanter Gedanke. Mein ganzes Sein konzentrierte sich auf diesen weißen Punkt. Diesen weißen Punkt zu erreichen war alles, was in der Welt zählte. Meine Hand auszustrecken und das Werk von Menschen zu berühren, war ein verzweifeltes Bedürfnis, und zu diesem Zweck bewegte ich mich über die Lava. Alles würde gut sein, der Durst würde verschwinden, wenn ich nur diesen Heiligen Gral von einem weißen Punkt am Fuße des Berges erreichen konnte.

Der weiße Punkt wurde zu einem weißen Quadrat, ein weiterer Beweis für seinen menschlichen Ursprung. Aber wie ich auch ging, er wollte nicht näher kommen, sondern bewegte sich immer aufreizender aus meiner Reichweite. Das Terrain bestand nun aus soliden, einzeln stehenden Lavainseln, die überstiegen werden mussten, Hügel um Hügel festen kalten Steins, kantig, zerbrochen und schwarz. Dann gab das weiße Quadrat die Jagd auf und wurde zu einer würfelförmigen Hütte inmitten einer grasigen Weide mit Punkten weißer Schafe überall; und aus der Seite des Berges, wie geschlagen von Moses' mächtigem Stab, trat Wasser hervor.

Es war ein karges Tröpfeln von Wasser, kühl und klar, eine kleine Furche, im feuchten Sand herunterlaufend, flankiert von hellgrünem schwammigen Moos. Ich füllte vorsichtig meinen Becher, um den Sand nicht aufzuwühlen, und trank die Flüssigkeit des Lebens. Die feinsten Weine hätten nicht süßer schmecken können als dieses Wasser, das die Bergflanke in der Wüste herabrann. Dankbar trank ich meinen Teil und füllte meine Flasche. Wie vorhergesagt, verschwanden Durst, Schmerz und Müdigkeit augenblicklich, um zu einer bitteren Halberinnerung zu werden. Die Welt war ein wundervoller Ort, an dem uneingeschränkte Freude herrschte.

Die weiße Hütte lag fünf Minuten entfernt. Also ging ich sie untersuchen. Es war der hintere Teil eines Lieferwagens, komplett mit zwei Fenstern mit Vorhängen und verschlossener Tür. Durch die Fenster spähend sah ich zwei Schlafbänke, einen Schrank und einen mit Teppich ausgelegten Boden, alles frisch und nett. Eine Namenstafel an einem Pfosten verkündete „Barð", ein peotischer Name für ein idyllisches Arrangement. Und idyllisch war es fürwahr. Dies war Shangri-La, anderthalb Quadratkilometer saftig-grüne Wiese mit Klee, mit lila und weißen Blumen, die in einer sanften Brise nickten. Die Sonne kam heraus, machte das Grün grüner und das Weiß strahlender. Die Schafe grasten zufrieden, ihre Wolle sauber und hübsch arrangiert. Wenn ich ein Hochlandschaf wäre, hier würde ich meine Tage verbringen wollen. Rundum, in allen Richtungen, lag das schwarze und unwirtliche Ödland, aber dieser Ort gewährte einen kurzen Blick ins Nirwana, ins Eden, ins Nimmerland der Legende, in dem Milch und Honig flossen.

Ein weiterer Bach, größer als der erste, floss an „Barð" vorbei. Ich saß an seinem Ufer und aß Sardinen und altes Brot. Es war um die Mitte des Nachmittags, und ich war bereit für eine ordentliche Rast. Nach gut einer Stunde, deutlich erholter und voll neuen Lebens, schied ich von „Barð" und brach nach Norden auf, um den Berg zu umgehen. Ein Landrovertrack durchschnitt die Weide, und es schien eine gute Idee, ihm eine Weile zu folgen. Die Schafe wünschten mir Lebewohl, als ich vorbeizog. Eine halbe Stunde später fanden das Gras, der Klee, der Bach und die Schafe ein Ende. Mein Traum war vorüber und ich war zurück in der harten Realität der Lavaplatten und des schwarzen Gerölls. Tatsächlich hätte es gut ein Traum sein können, wäre da nicht meine Wasserflasche als Beweis gewesen, voll und schwer in meiner Tasche.

Die Fahrzeugspur mäanderte hin und her, um das schwierige Terrain zu vermeiden. Ich spielte also wieder nach Gehör, folgte ihr manchmal und manchmal schnitt ich durch ein wenig Klettern über eine große Schleife ab. Etwa gegen fünf Uhr erklomm ich eine Anhöhe und sah den Mývatn, den Mückensee, etwa zehn Kilometer im Nordwesten. Er beanspruchte fast mein ganzes Gesichtsfeld in dieser Richtung, mit Inselchen, die seine Oberfläche tupften und Vulkanen an seinem fernen Ufer. Dahinter, fünfzig Kilometer entfernt, verbargen die schneegekrönten Küstenberge die Arktische See und nichts als ein kleines Stück von Grönland versperrte den Weg zum Nordpol selbst.

Der See lockte mich zu sich – und ich ging. Kurze Zeit später stieß ich auf einen großen Canyon, in die Lava gehöhlt durch Millionen von Frühlingsströmen. Es war eine heikle Arbeit, den losen, rotgetönten Schiefer zum trockenen Flussbett hinabzusteigen und dem Kanal mit seinen durch die Macht und Beharrlichkeit der Natur abgeschliffene und in fantastische glatte Skulpturen geformte Felsen zu folgen. Mehr als dreihundert Meter stieg ich vorsichtig hinab zur Ebene, und es war fast sieben Uhr, als ich schließlich vom Berg in die Ebene trat. Ich wurde von den Fliegen begrüßt.

Es gab keinen Wind am Fuß des Berges, und die Fliegen begannen sich um meinen Kopf zu sammeln. Anfänglich war es nur ein mildes Ärgernis, als die kleinen schwarzen buckeligen Fliegen an Augen und Ohren vorbeiwuselten. Sie bissen weder noch stachen sie und ich wedelte sie beiläufig weg. Natürlich verschwanden sie nicht, sondern schickten einfach nach ihren Freunden, die noch dichter heransummten und über meine Brillengläser liefen. Ich blieb stehen, wühlte ein Insektenmittel hervor und gab davon etwas in meine Hand. Mehrere Fliegen landeten auf dieser Hand, sammelten sich um die Pfütze klarer, öliger Flüssigkeit und begannen zu trinken. Zahlreiche andere tauchten in das aromatische Zentrum der Pfütze und hauchten freudig ihr Leben aus. Das ließ nichts Gutes ahnen für mein künftiges Wohlbefinden.

Ich verteilte das Zeug über Gesicht und Haar und, entgegen der Gebrauchsanleitung, gelang es mir, einiges in Augen und Mund zu bekommen. Unvermeidlich geriet ein Bisschen auch auf mein Brillengestell, und die Plastikteile begannen zu schmelzen; aber noch immer kamen die Fliegen, torkelten in einer festen Formation herum, bis Geschwader um Geschwader sich herauslöste und Kamikaze-Sturzflüge auf das Hauptquartier der Invasion unternahm. Tausende toter Fliegen klebten in dem Schutzmittel auf meinem Gesicht, auf meiner Brille und in meinem Bart, zappelten ihr Leben aus für die Ehre Islands. Und noch immer kamen sie, wanden sich und summten in meinem Haar, krabbelten in brennende Augen und über brennende Lippen in den brennenden Mund. Es kribbelte in den Nasengängen, geräuschvolle Versuche wurden unternommen, Zugang zum Mittelohr zu erlangen. Der Himmel war schwarz von sich bewegenden Punkten, die durch ihre schiere Zahl meine Sicht beeinträchtigten.. Mir übers Gesicht zu wischen hieß, hunderte zu zerdrücken. Je mehr Insektenmittel ich auftrug, umso mehr brannte es in Augen und Mund, und umso mehr Fliegen kamen. Sie waren nicht länger ein Ärgernis, sondern eine definitive Bedrohung für Leib und Leben. Es war schwierig, meine Nase von ihnen frei zu halten, um atmen zu können. Ich schnäuzte sie und schnäuzte sie wieder, ohne darauf zu achten, wohin die Mischung aus Schleim und Fliegen flog. Meinen Mund hielt ich fest geschlossen, da der Geschmack von zerdrückten Fliegen und Insektenmittel schrecklich war. Ich befand mich wieder auf zerbrochener Lava. Das Vorankommen gestaltete sich unglaublich langsam und gefahrvoll aufgrund der verminderten Sicht. Angst und Frustration stellten sich ein, eine sichere Kombination, um in den Wahnsinn zu führen. Ich begann zu schwitzen, und der Schweiß trug noch mehr Insektenmittel in meine Augen. Mein rechtes Auge schloss sich vor Schmerz und wollte sich nicht wieder öffnen. Ich stolperte vorwärts, unsicher, in welche Richtung ich mich bewegte, doch ich musste weitergehen in dem sicheren Wissen, dass es irgendwo dort draußen einen Platz gab, der fliegenfrei war, und in der Überzeugung, dass ich ihn erreichen würde, wenn ich in Bewegung blieb. Emotionen veränderten sich. Blanker Schrecken blitzte von Zeit zu Zeit auf und Zorn, schwarz und selbstgerecht böse, brüllte durch meine Seele. Ich bat vehement um Glauben an den großen Gott Oðin, damit ich ihm meinen Hass ins Gesicht schreien konnte. Ich versuchte einen solchen Gott zu erfinden, um von ihm Flut oder Sturm oder vulkanisches Feuer zu fordern, oder sonst irgendetwas, das mich von den Fliegen befreien würde, den Fliegen, den Fliegen.

Logisch zu denken war schwierig geworden, da mich pure, wogende Emotion in ihrem Griff hielt. Ich verabscheute diese Insel mit ihrer Hässlichkeit der Wüste, ihren teuren lebensnotwendigen Bedarfsgütern, ihrer Wasserlosigkeit und ihren Fliegen. Meine Stärke verebbte, als Zorn der Depression wich. Ich *musste* anhalten und rasten. Also setze ich mich auf eine Lavaplatte und stützte meinen Rucksack auf eine andere Platte, um meine Schultern zu entlasten. Aus der Position der umgebenden Berge bestimmte ich meine ungefähre Position auf der Karte. Wenn ich auf den über tausend Meter hohen Berg namens Sellandafjall zuging, in dessen Schatten ich mich befand, schien ich die Lava zu verlassen und eine Kiesebene zu erreichen. Die Lava war sogar noch schlimmer gewesen als alles, worauf ich bisher gestoßen war, und, mit der fähigen Unterstützung der Fliegen, zerstörte sie meinen Körper und meine Seele. Es war gegen neun Uhr abends und ich hatte wenig Wasser. Etwa zehn Kilometer entfernt gab es die Aussicht auf Wasser, da, meiner Karte zufolge, ein kleiner Bach über die Kiesebene nach Norden Richtung Mývatn floss. Ich beschloss, diesen Bach vor dem Schlaf heute Nacht zu erreichen.

Meinen Rucksack hochwuchtend führte ich mein Gefolge in Richtung des Berges, taumelnd und stolpernd und fluchend. Die Luft war schwarz von Insekten und angefüllt mit Schmähungen, da wieder einmal meine Hände zu bluten begannen. Insektenmittel gelangte in die Wunden und brannte wie

Wespenstiche. Vielleicht eine Stunde später stand ich auf der Kiesebene und wandte mich dem Wasser zu. Eine Landrover-Spur tauchte auf. Es könnte die gewesen sein, der ich einige Zeit von Shangri-La gefolgt war. Auf jeden Fall ging sie grob in meine Richtung. Ich folgte ihr. Sie ersparte mir die Mühe, zu denken und bewusst zu überlegen. Halte nur eine Reifenspur auf jeder Seite und marschiere gedankenlos vorwärts, eins-und-eins-und-eins-und!

Als die Sonne tiefer sank und die Nacht sich schon mit Halbdunkel ankündigte, kam eine sanfte Brise auf. Sie war wunderbarerweise stark genug, um die Fliegen fortzublasen. Ein- oder zweihundert, entschlossener als der Rest, blieben noch eine Weile, aber bald waren auch sie verschwunden. Nie war ich so dankbar für Einsamkeit. Die Fliegen in meinem Mund spie ich aus, zusammen mit so viel von dem widerlichen, brennenden Insektenmittel, wie ich konnte, und spülte ein bisschen von meinem kostbaren Wasser um Zähne und Zunge, um so viel wie möglich von dem schrecklichen Zeug loszuwerden. Eine kleine Debatte folgte, ob ich das nun mit Chemikalien vermischte Wasser schlucken oder ausspucken sollte. Meine Wüstenerfahrung drängte mich dazu, keinen Schluck zu verschwenden, aber dann entschied ich doch, selbst die Aufnahme einer kleinen Menge des Giftes nicht zu riskieren. Mit einem großen Gefühl des Verlustes spuckte ich den Esslöffelvoll in den Kies, wischte mit meinem Taschentuch soviel des Mittels von meinem Gesicht und meinen Augenlidern wie möglich und stellte fest, dass ich, wenn auch unter Schmerzen, mein rechtes Auge zum ersten Mal seit Stunden wieder öffnen konnte. Schlagartig wurde mein Sehen wieder dreidimensional.

Die Tracks wanden sich zwischen niedrigen Aschehügeln, zuerst links, dann rechts. Ohne jeden Richtungssinn musste ich mir schließlich eingestehen, mich verlaufen zu haben. Verbissen folgte ich dem Weg, davon ausgehend, dass er irgendwohin führen musste, ohne mich wirklich noch länger um das Wohin zu kümmern. Um zehn vor zehn gab ich es auf, mich abzumühen. Völlig demoralisiert ließ ich mich, mit Rucksack und allem, einfach auf den Kies plumpsen und lag dort leicht keuchend, körperlich, psychisch und seelisch äußerst erschöpft. Nach einiger Zeit konnte ich mich wieder genug rühren, um mein Lager aufzubauen und hineinzukriechen, wie ein verwundeter Köter in eine Hundehütte, und meine Regenjacke auszubreiten, um jeden Regentropfen aufzufangen, der während der Nacht fallen könnte. Dann schlief ich.

Ein Sandsturm schlug auf mein Biwak ein, als ich zurück ins Bewusstsein schlingerte. Die Körner prasselten in heftigen Böen auf die Plane. Es war kalt und die Welt außerhalb meiner Zuflucht hatte nur wenig Einladendes. Jedes Glied, jeder Muskel, jede Sehne schmerzte. Einen Riegel Frühstücksschokolade kauend, studierte ich meine Karte. Ich kannte meine ungefähre Position und schätzte, dass mein nächstes Wasser etwa drei Stunden entfernt sein würde, wenn es existierte. Die Schokolade war zäh in meinem Mund und klebte meine Zunge an den Gaumen. Vergangene Nacht hatte ich meine Wasserflasche, die vielleicht noch ein Weinglas voll Wasser enthielt, draußen in einiger Entfernung vom Zelt abgestellt, um mich davon abzuhalten, es vor dem Morgen auszutrinken, wenn ich es, wie ich wusste, am nötigsten brauchen würde. Aber bis auf Stiefel und Socken war ich immer noch völlig bekleidet, da ich vergangene Nacht weder die Kraft noch die Neigung verspürt hatte, mich auszuziehen. Die Depression lastete jetzt schwer auf mir, und in dieser kleinen Höhle relativer Behaglichkeit zu bleiben, war eine höchst erstrebenswerte Sache. Doch der Durst trug den Sieg davon, wie er das immer tat, und ich kroch hinaus in die graue, beißende Welt von Wind und Kälte.

Als ich meine Socken und Stiefel anzog, bemerkte ich, dass meine Füße rot und geschwollen waren, wie zwei kleine, für den Markt verschnürte Schweinchen. Als ich aufstand, protestierten sie heftig dagegen. Ich trank die Hälfte meines sehr kalten Wassers, wunderbarer Nektar des Lebens, und verstaute alles. Die Nacht hatte keinen Regen gebracht und meine ausgebreitete Regenjacke war daher knochentrocken. Ich beschloss, dass es genug Depression für eine Woche gewesen war, zwang mich daher zu einem Grinsen, das die Dimensionen meines Gesichts zu sprengen drohte, und sang die blödsinnigsten Lieder, die mir einfallen wollten, während ich weiter den Landrover-Track entlangstapfte. Die dicken Wolken hingen fast tief genug, um sie berühren zu können, und ließen durch ihre Nähe die Luft klamm werden. Manchmal folgte ich dem Track, manchmal kürzte ich einen Bogen ab. Es dauerte ewig, bis die große, wolkenverhangene Masse des Berges sich merklich zu entfernen begann. Periodisch machte ich Rast, dann ging es wieder weiter durch das Grau von Asche und Lavaplatten, während ich an Wasser dachte, das in Bächen rieselte, über Felsbrocken sprudelte, über Felsvorsprünge stürzte und Täler hinabdrängte. Nach zwei Stunden trank ich den Rest meines kleinen Wasservorrats und zog weiter – weiter – weiter in Richtung des Baches.

Es war Mittag, als ich ihn fand, ein müdes Rinnsal in einer tief eingegrabenen Rinne. Er war wundersam und ein Lebensspender. Fröhlichkeit war nicht länger künstlich hervorgerufen, sondern echt und kam von Herzen. Ich trank, wusch Gesicht und Füße, wusch mir Fliegen aus Bart und Haar, wurde ernsthaft nass und kostete es richtig aus. Eine halbe Stunde später verließ ich den Bach und schritt, mit voller Flasche und vollem Herzen, westwärts zum mehr als fünfzehn Kilometer entfernten Fluss. Nun, da ich wusste, dass es dort Wasser geben würde und ich ausreichend eingedeckt war, Es gab es keine Eile mehr. Pausen waren erfreulich häufig und lang. Die Landschaft hatte sich abgeflacht zu einer leicht zu querenden gewellten Ebene aus Kies und flachen Lavaplatten. Bald nach dem Bach hatten die Landrover-Spuren nach Norden abgedreht. Darum hatte ich sie zugunsten eines direkten Wegs zum Fluss verlassen und hielt meinen geradlinigen Kurs bei, indem ich mich an den entfernten Bergen im Westen orientierte.

Um vier Uhr nachmittags brach die Ebene plötzlich ab. Vor mir lag der Skjáljandafljót, vierhundert Meter breit und sich nach Norden durch das Tal wälzend. Dahinter befand sich die Piste zur mächtigen Sandwüste der Sprengisandur im Südwesten, und im Norden, eine Stunde entfernt, eine stabile Hängebrücke, um mich dorthin zu bringen. Die Lavawüste lag hinter mir. Die größte Lavawüste der Erde, und das übelste Terrain, das ich je erlebt hatte, war bewältigt. Mit dieser tiefen Zufriedenheit, die nichts mit Trost zu tun hatte, ging ich triumphierend beschwingten Schrittes in Richtung der großen geschwungenen Abschlusspfeiler der Brücke.

5
Der Sand

Begleitet von Blättergeraschel sickerte ich in den Wachzustand. Beim Sonnenuntergang der vorangehenden Nacht hatte ich fünf Kilometer südlich der Brücke einen Wald entdeckt, der die Piste auf beiden Seiten umschloss. Totes Holz im Überfluss bedeutete ein heißes Mahl und zufriedenen Schlaf mit vollem Bauch. Nun war der Schlaf vorüber und kleine Vögel zwitscherten „steh auf! Steh auf! Steh auf!"

„Zieht Leine! Zieht Leine! Zieht Leine!" erwiderte ich, aber sie insistierten mit der unbestreitbaren Autorität von Mutter Frigga selbst.

Der angeschwollene und wirbelnde Skjálfandafljót war nahe und es gelang mir, für das Frühstück fast klares Wasser zu besorgen. Bald ruhte die schulterzermürbende Last wieder auf mir und ich wandte mich nach Süden einem zunehmenden Wind entgegen, der von sich auftürmenden Sturmwolken gekrönt wurde. Vor mir lag die Aussicht auf hundert Kilometer von ich-weiß-nicht-was; mein Bestimmungsort war eine Hütte in der Mitte der Sprengisandur, der großen vulkanischen Sandwüste, die das Zentrum von Island bedeckt. Dort würde ich meinen nächsten Zug beschließen, das heißt, ob ich es mit dem Gletscher Hofsjökull versuchen oder den Weg für weitere hundert Kilometer durch Wüste fortsetzen sollte. Aber das lag in der Zukunft, einer Zukunft, die noch drei Tage entfernt war, so entfernt und unerreichbar, wie Weihnachten im Juli erscheint. Jetzt hieß es erstmal: Sprengisandur. Und morgen würde es Sprengisandur sein, und am Tag danach wäre es, sehr wahrscheinlich – Sprengisandur.

Geologen beschreiben die Sprengisandur als eine periglaziale Wüste. Das heißt, dass zu der Zeit, als die großen Gletscher der Eiszeit dieses Land zur Gänze bedeckten, ihr fortgesetztes schwerfälliges Fließen den unter ihnen liegenden schwarzen vulkanischen Basalt zu Sand zermahlen hatte, wie die große Mühle Gottes. Als sich das Eis auf die verbleibenden Gletscher zurückzog, ließ es im gesamten zentralen Island ein schwarzes, sandiges Plateau zurück, tausend Meter über dem Nordatlantik. Das Schmelzwasser der verbleibenden Gletscher hatte tiefe Kanäle in das schwarze Ödland gefurcht, durch die es vom Frühlingstauwetter bis zum Herbstfrost eilte.

Ich folgte den Fahrzeugspuren nach Süden, Pisten, die sich so tief in die Erde gefurcht hatten, dass sie in England schon fast den Status eines Feldwegs zu einer selten besuchten Farm verdient hätten. Dieser Piste hatte ich gegenwärtig zu folgen beschlossen, da sie die günstigste Route über diese weite Ausdehnung zu sein schien. Meine Bäume wurden immer spärlicher und verschwanden, und mit ihnen mein Brennstoff. Einige Stöckchen waren noch an meinem Rucksack festgezurrt, genug für eine einzige Mahlzeit, aber danach würde es wahrscheinlich nur kaltes Fleisch und schales Brot zum Lebensunterhalt geben. Ich kam an einer kleinen Ansammlung stiller Häuser vorüber, ging durch das Gatter eines Bauernhofs, das die Piste versperrte, dann weiter in eine tote Landschaft gewellter schwarzer Asche, die sich in monotonem Auf und Ab bis zu einem grauen Horizont erstreckte.

Der Track ging steil bergauf, dann steil bergab. Die Steigung schwankte zwischen etwa neun und zweiundzwanzig Grad. Hin und wieder kam es vor, dass ein Paar Reifenabdrücke von der Hauptpiste abwich und eine unabhängige Furche pflügte, der ich manchmal folgte, doch immer, wie reuige verlorene Söhne, kehrten wir zum Weg der rechtschaffenen Mehrheit zurück. Der Wind wurde stärker, der Himmel dunkler und die Luft kälter. Die meisten Böschungen führten aufwärts, sodass der Untergrund letztlich mit den niedrigen Sturmwolken zusammentraf und von ihnen verschluckt wurde. Ich folgte dem grauen Band der Straße, die aus wirbelnden grauen Wolken dreißig Meter vor mir kam, unter meinen Füßen dahinzog und hinter mir in grauen, dreißig Meter entfernten Wolken verschwand. Meine Welt bestand aus einem Sichtkreis von sechzig Metern, dunstig an den Rändern, mit dem Track als einzigem Bezugspunkt. Bald wurden aus den dreißig Metern zehn, und noch immer nahm der Wind zu, drängte die Feuchtigkeit der Wolken in meinen Körper und schwemmte jegliche verborgenen Freuden fort. Ich erinnerte mich an Hermann the Germans Beschreibung des Wetters im Sprengisandur. Die stärksten Winde, niedrigsten Wolken und höchsten Regenfälle der Insel hatte er versprochen. Wie aufs Stichwort hatte der Regen seinen Auftritt und stellte sich mir energisch vor. Da ich mich in der Wolke befand, war es feiner Regen. Seine kleinen Tropfen vermischten sich mit der Luft und bildeten einfach einen feuchten Wind. Meine Kleidung hielt mich trocken, aber da der Wind direkt von vorn kam, bedeckte der feine Sprühregen meine Brillengläser, trotz meines gewöhnlich Schutz bietenden Mützenschirms. Das führte dazu, dass die Innenseite der Gläser beschlug und sehr effektiv alle Sicht auslöschte in dieser elenden Manifestation von Frustration, die nur dem Brillenträger vertraut ist. Den Anschein von Sicht konnte ich erwecken, indem ich ständig mit den Fingern über die Linsen wischte, aber zumeist war es so, dass ich einfach den vage unterschiedlichen Grauschattierungen folgte, von denen ich wusste, dass sie die Piste waren.

Der Wind nahm noch etwas zu, sodass ich selbst dann, wenn es steiles Gefälle hinabging, trotz meiner schweren Last ordentlich Schubkraft aufbringen musste, um überhaupt voranzukommen. Die Luft war massiv, und sie zu durchdringen war, als würde man ständig eine schwere Stahltür aufdrücken. Zudem kam sie in Böen, sodass man nie nachlässig werden konnte. Mehrmals warf sie mich fast zu Boden, aber immer gelang es mir, mich taumelnd wieder zu fangen. Meine Kraft verebbte, und das führte dazu, dass die Pausen länger und häufiger wurden. Gegen Mittag ging ich fünfundvierzig Minuten und rastete fünfzehn. Das ließ sich den Umständen anpassen, denn wenn ich eine Felsformation oder eine Mulde in der Asche fand, irgendetwas, das die Kraft des Windes verringerte, kroch ich für eine kurze Erholung hinein. Während einer dieser Pausen schnallte ich sogar meine sperrige Isomatte und das Feuerholz hinten auf dem Rucksack in solcher Weise fest, dass es entlang seiner vertikalen Achse ausgerichtet war, um den Windwiderstand zu verringern. Es schien einen recht günstigen Effekt zu haben.

Das Land wurde eben, womit ich sagen will, dass sich das Auf und Ab grob die Waage hielt. Das einzig Gute an meiner Situation war das Fehlen von Fliegen, und in dieser Erkenntnis fand ich großen Trost. Der geringfügig über dem Gefrierpunkt liegende Wind ließ niemals nach; und er heulte und brüllte und kreischte wie das düstere Klagen von Hel, der Königin der Toten. Plötzlich drang ein neuer Ton in mein Bewusstsein, ein merkwürdiger, unheimlicher Klang, mit Unterbrechungen, aber beharrlich. Ich schob die Kapuze von einem Ohr, um die Richtung bestimmen zu können. Es kam von hinten. Ich wirbelte herum, und da war Hel selbst, der Alte Kahlkopf in seiner nordischen Manifestation, die Augen leuchteten durch die wirbelnden Wolken und die Stimme rief den Verdammten zu, meine Seele zu empfangen. Ich wischte den Beschlag von meinen Brillengläsern und sah die Scheinwerfer des Land-Rovers, dessen Durchfahrt ich blockierte. Als der Fahrer erkannte, dass ich ihn bemerkt hatte, hörte er auf zu hupen. Er war Deutscher und bot mir eine Mitfahrt in dem ohnehin schon überfüllten Inneren an, aber ich lehnte zögernd ab. Das verwirrte ihn offensichtlich, doch meine Entscheidung auf den wohlbekannten Masochismus der Engländer zurückführend, verabschiedete er sich mit einem Winken.

Während der ganzen Zeit, die ich in Island war, erwähnte ich niemals irgendjemandem gegenüber den Wohltätigkeitsaspekt meiner Reise für das Kinderkrankenhaus. Doch das war der Grund dafür, dass ich einige Mitfahrgelegenheiten ablehnte. Später analysierte ich meine Gefühle in dieser Hinsicht und gelangte zu dem Schluss, dass es mir, weit entfernt von Gründen des selbstbewussten Altruismus', um etwas Anderes ging. Insgeheim schämte ich mich, weil solche Art der Wohltätigkeit in meinem Land notwendig war, einem der reichsten Länder der Erde, wo es als politisch zweckdienlich gilt, der Zerstörung von Leben weitaus größere Priorität einzuräumen als der Förderung der Jugend.

Um die Mitte des Nachmittags wurden die Wolken dünner und hoben sich. Die Sicht dehnte sich bis zum diesigen Horizont. Es gab wenig zu sehen. Die wogenden Dünen grauschwarzen Sandes wogten weiter und weiter und weiter, kalt, dunkel und öde.

Sprengisandur – Sprengisandur.
Verdammt großer Aschehaufen, Sprengisandur!

Es gab nur die Piste. Gelegentlich tauchte eine Pfütze grauschlammigen Wassers auf, untrinkbar trüb, die Oberfläche gepeitscht vom beständigen Wind. Zusammen mit den Wolken war der Regen fast verschwunden, sodass der Wind schließlich trocken war. Die Landschaft schien hässlich und monoton und unglaublich eintönig. Kilometer um Kilometer um identischen Kilometer ging ich weiter, weiter, weiter. Die Sonne war unsichtbar, und nicht einmal ein Schimmer wies ihre Richtung hinter den sich wie wild neu formierenden Wolken.

Irgendetwas neben der Piste fing meinen Blick ein, vielleicht vierhundert Meter entfernt, und war verschwunden. Dort lag etwas. Ich war sicher, etwas sehr Kleines und entschieden nicht in die Landschaft Passendes gesehen zu haben. Ich ging weiter, das Land peinlich genau absuchend. Da war es wieder, leuchtend rot und winzig, wie ein flüchtiger Blick auf den Mars in einer klaren Nacht. Ich beschleunigte meine Schritte und hielt darauf zu. Da war es plötzlich, vor meinen Füßen, nass und glänzend wie ein Rubin auf schwarzem Samt. Ich hob es auf und las die Beschriftung an der Seite.

„ZWANZIG ZIGARETTEN", verkündete die zerknüllte Packung unter dem zerrissenen Zellophan. Freudig las ich den Namen des Herstellers und den Standort der deutschen Fabrik, wo die fehlenden Zigaretten produziert worden waren. Dann las ich die Aufschrift wieder und wieder, froh wie ein Kind am Weihnachtsmorgen, und alle Gedanken an Langeweile waren verschwunden. Ich kam zu dem Schluss, dass Island das einzige von mir je bereiste Land war, das durch Abfall gewinnen konnte.

Die Anstiege des Piste wurden zunehmend flacher und die Landschaft verwandelte sich in eine sogar noch monotonere Ebene ohne jeden wie auch immer gearteten Schutz vor dem Wind. Es schien die Anstrengung einfach nicht wert, etwas zu essen, da damit die Gehroutine durchbrochen würde: ruhen, gehen, ruhen, gehen, ruhen, gehen. Mein Tagesziel waren dreißig Kilometer gewesen und ich erwartete, die Hütte im Zentrum der Wüste in drei Tagen zu erreichen. Ich passierte den Dreißig-Kilometer-Punkt und ging weiter, nun die fünfzig Kilometer anvisierend, da meine Verfassung ganz annehmbar war und ich keinen Wunsch verspürte, meine Reise über die Sprengisandur auch nur eine

Stunde länger dauern zu lassen, als unbedingt notwendig war. Sie bot weder Freude am Kampf noch ein Empfinden für die Leistung angesichts der zurückgelegten Kilometer; nur ein automatisches Setzen des einen Fußes vor den anderen in dem Bewusstsein, dass irgendwann das Ende der Reise kommen würde. Am Anfang der Sprengisandur hatte ich ein Foto gemacht und einige Meter Film aufgenommen, nur aus dokumentarischen Gründen. Es schien wenig Sinn zu haben, meine Kameras nochmal zu benutzen. Auch mein Cassettenrecorder blieb unbenutzt, da es nichts zu sagen gab. Es war einfach einer dieser Tage.

Sprengisandur – Sprengisandur.
Verdammt großer Windtunnel – Sprengisandur!

Allmählich ließ das Licht nach, und mit ihm der Wind. Etwa gegen acht legten alle Faktoren meiner Existenz nahe, dass ich für die Nacht rasten sollte. Mein Körper musste dazu gezwungen werden, das Gehen einzustellen, wie man bei einem Wagen den Gang rausnimmt und auf die Bremse tritt. Es war für einen Moment befremdend, statisch zu sein. In einer Mulde, die ein wenig Schutz bot, errichtete ich mein Biwak, mit den Füßen in Windrichtung, wobei ich mich vergewisserte, dass keine Fahrzeugspuren die Stelle kreuzten. Es könnte unerfreulich sein, unter einem Land-Rover zu erwachen. Das Abendessen bestand aus Salami und schalem, inzwischen übelriechendem Brot, runtergespült mit der Hälfte meines nun verbleibenden halben Liters Wasser. Vor einem dreiviertel Kilometer hatte es ein feuchtes Bachbett gegeben, das auf meiner Karte blau verzeichnet war. Noch mehr Papierwasser. Der Morgen versprach mehrere Möglichkeiten, aber jetzt gab es erstmal die Aussicht auf Schlaf. Meine Füße waren wieder geschwollen und, da sie nicht länger gequält wurden, begann das Empfinden zurückzukehren. Scharfe Nadelstiche schossen durch die Sohlen wie bei der Rückkehr der Durchblutung in kältestarre Hände. Die Beine wurden steif, und ebenso die Schultern. Bald ließ sich der Schlaf nicht länger fernhalten und ich erlag ihm...

Ich schlief zehn volle und ungestörte Stunden, ich, der gewöhnlich froh war über ein wenig mehr als sechs Stunden. Gegen acht, den Bauch teilweise besänftigt mit etwas nicht ganz Einwandfreiem, war ich wieder auf meinem Weg. Nichts hatte sich für mich geändert. Der Wind blies mir wieder entgegen und der Himmel war immer noch von durchscheinendem Grau. Weiterhin bestand der Boden aus feuchtem schwarzen Sand, der sich in Wellen bis zum gewölbten Horizont erstreckte. Dann bemerkte ich, dass der Horizont vom Westen zum Südwesten heller als der Himmel war, eine dünne, annähernd weiße Linie erstreckte sich Kilometer um Kilometer. Ich verglich diese Beobachtung mit der Karte und konnte ziemlich sicher bestätigen, den Hofsjökull gesichtet zu haben, den großen runden Gletscher, der möglicherweise meine nächste Herausforderung war. Dreißig Kilometer entfernt und vierzig Kilometer breit war er; vierzig Kilometer sich bewegenden Eises und gähnender Gletscherspalten. *Gletscher*, das Wort allein besaß einen magischen Klang, wie *Samarkand* oder *Atlantis* oder *Drache*, etwas Märchenhaftes, von dessen Existenz man halbwegs überzeugt war, das man jedoch nie erlebt hatte. Wie von der Hand des mächtigen Oðin teilten sich die Wolken über dem Hofsjökull und die Sonne schien auf ihn, machte ihn zu einem strahlend weißen Streifen, schimmernd und leuchtend, lockend wie die Sirene Lorelei. Daran, dass der Gletscher weiblich war, konnte kein Zweifel bestehen, denn welches männliche Wesen konnte über sollte Schönheit verfügen; und sie rief Männer zu allen Zeiten, rief sie, um sie sich zu nehmen... und einige rief sie, damit sie den Kurtisanenlohn für alle zahlten.

Der Himmel verhüllte sich wieder. Die Show war vorüber. Es begann zu regnen. Die Piste wandte sich nun steil bergab. Dort war ein Bach mit klarem Wasser, das Quellgebiet des großen Flusses Skjálfandafljót, dem ich die beiden vorangegangenen Tage gefolgt war. Jetzt war er jung und hatte noch nicht die stattliche Erhabenheit seines Alters erlangt. Zwischen Lavafelsen sprudelte er hinab und spielte und erfreute sich seiner Jugend.

Die Mitte des Morgens zeigte mir eine andere Piste, die nach rechts abzweigte; Reifenspuren hatten sich in alle Richtungen durch den Sand gewühlt wie in einem verrückten Pythonduett. Wenn man ihr für vielleicht hundertsechzig Kilometer folgte, würde man an der Nordküste ankommen. Ich hatte kein Interesse an dieser Richtung und blieb daher weiter auf meiner einmal eingeschlagenen, gleichen Piste, weiter hinab in die Sprengisandur. Der Wind schien gutgelaunt und steigerte seine Kraft zur Quälerei... wie eine Katze eine Maus quält.

In der Nähe dieser Piste hatte fast hundert Jahre zuvor eine bemerkenswerte Reise ihren Anfang genommen. An die dreißig Kilometer nordwestlich stand die Farm Tjarnin, die höchstgelegene Farm am Fluss Eyjafjarðará, der sich in den Arktischen Ozean ergoss. Auf dieser Farm arbeitete der junge Schäfer Kristinn Jónsson, der früh am Morgen des 27. Septembers 1898 sein Pferd bestieg und mit zwei Begleitern Tjarnin verließ, um die Schafe für den Winter zusammenzutreiben. Sie wollten am Nachmittag zurückkehren und führten darum weder warme Kleidung noch Nahrung mit sich. Sie ritten auf das Plateau südöstlich des

Tals, ließen ihre Pferde zum Ausruhen zurück und machten sich in unterschiedliche Richtungen auf, um die Schafe zu suchen. Eine dichte Wolke umschloss sie, und sie wandten sich zurück zu ihren Pferden. Aber Kristinn ging völlig desorientiert in die entgegengesetzte Richtung, weiter nach Südosten, weg von den Pferden und dem Schutz bietenden Tal. Er war nur mit einem leichten Mantel bekleidet, einer Kappe auf dem Kopf und einem Paar sehr alter und abgetragener Fellstiefel, unter denen er – glücklicherweise – zwei Paar Socken trug.

Nach einiger Zeit kam er an einen Bach. Da wusste er, dass er sich verlaufen hatte, denn wäre er in die richtige Richtung gegangen, hätte dort kein Bach sein dürfen. Er beschloss, sich weiter an den Bach zu halten, in der Hoffnung, dass ihn dieser an einen bewohnten Ort führen würde. Weil aber wahrscheinlich viele Bäche auf Plateaus so langsam fließen, dass sich ihre Richtung nicht feststellen lässt, machte er sich unglücklicherweise bachaufwärts auf den Weg, in das Innere der Sprengisandur.

Die ganze Nacht ging er weiter in der Wolke, der Richtung des Baches folgend. Ohne Nahrung hatte er nur den Bach selbst zum Unterhalt. Am nächsten Morgen gelangte er an die Quelle eines anderen Flusses, ohne zu wissen, dass es sich dabei um den nördlichsten Zulauf des großen Flusses Thjórsá handelte, der im Südwesten Islands in den Nordatlantik fließt. Immer noch hoffend, eine Behausung zu finden, folgte er diesem Bach weiter nach Nordwesten und legte sich, als es wieder dunkel wurde, zum Schlafen in den Schutz eines Felsens. Er war sechsunddreißig Stunden gelaufen.

Obwohl es sehr kalt war, blieb die Temperatur über dem Gefrierpunkt, und nach einer Nacht, die extrem ungemütlich gewesen sein musste, nur mit dem hochgeschlagenen Kragen zum Schutz gegen die Elemente, erwachte er und entdeckte, dass sich die Wolke gehoben hatte, und sah im Westen einen enormen, fast den ganzen Horizont bedeckenden Gletscher, von dem er nicht wusste, dass es sich um den Hofsjökull handelte.

Er war nun überzeugt, nach Süden gegangen zu sein, überlegte sich aber, dass er sich wahrscheinlich verlaufen würde, wenn er seinen Spuren zurück nach Norden folgte, oder einfach vor Erschöpfung starb, bevor es ihm gelang. So schüttelte er die Steifheit aus den Gliedern und ging weiter bachabwärts, davon überzeugt, irgendwann auf eine menschliche Ansiedlung zu stoßen, aber ohne sich klar zu machen, wie weit es zu dieser Ansiedlung sein musste.

Den ganzen kalten Tag folgte er dem Bach, querte Zufluss um Zufluss, völlig durchnässt im Wüstenwind. Mit jeder Stunde und jedem Schritt verebbte seine Kraft. Doch er weigerte sich aufzugeben. Am Nachmittag, seinem dritten in der Sprengisandur, war der Bach zu einem beachtlichen Fluss geworden und der Gletscher befand sich nahe, in Richtung Norden. Er legte sich hin und schlief den kurzen Schlaf völliger Erschöpfung. Dann erhob er sich und ging wieder weiter nach Südwesten neben dem großen Fluss Thjórsá. Kristinn war Christ und sprach lang und ernst mit seinem Gott. Aber in dem Wissen, dass Gott jenen hilft, die sich selbst helfen, widmete er seine Gedanken der Aufgabe zu überleben und ging weiter. Wie es seine Art war, hatte ihn der Hunger verlassen, aber Kristinn war ständig durstig und trank tiefe Schlucke aus dem eiskalten Fluss. Einmal traf er auf Pferdespuren, was seinen nachlassenden Lebensmut wieder stärkte. Doch es waren alte Spuren, die entstanden waren, als die Schäfer die Schafe ins Tal getrieben hatten. Er schlief in diese Nacht ohne Schutz und dem Wind ausgesetzt.

Am Morgen des fünften Tages erfassten ihn Panik und Verzweiflung. Er schrie in die Wüste den Ruf des Schäfers hinaus, wenn er seine Schafe ruft. „Haaaa-aa!" klang seine gebrochene Stimme, anhaltend und weit über die feuchten Sanddünen, aber die einzige Antwort war das Anschwellen des Wüstenwindes. Er war allein und für seine Rettung selbst verantwortlich. Er kämpfte die Panik nieder, schüttelte seine Verzweiflung ab und setzte seinen Weg entlang des rasch fließenden Flusses fort, automatisch gehend, ein Fuß vor den anderen, durch die klare und frostige Wüste.

In dieser Nacht fand er eine für den Schafabtrieb benutzte Schäferhütte und verbrachte dort die Nacht. Frost kam. Am Morgen hatte er kein Gefühl in seinen Füßen und seine Hände waren blau. Der sechste Tag war wieder klar und sonnig. Die daraus resultierende Schönheit des leuchtenden Flusses schenkte Kristinn neues Leben. Später am Tag sah er einen prächtigen schneegekrönten Berg im Südwesten jenseits des Flusses, der Vulkan Hekla. Vor ihm lag ein kleinerer Berg, Búrfell, leuchtend in der Ferne. Er hielt darauf zu. Die Wüste war gewichen und Gras wuchs unter seinen tauben und geschwollenen Füßen. Bevor er den Búrfell erreichte, kam wieder die Nacht über ihn, und er brach auf dem Gras zusammen. Wegen des beißenden Windes fand er wenig Schlaf und war dem Tod nahe. Hätte er sich an diesem Punkt der Verzweiflung hingegeben, wäre er wahrscheinlich gestorben. Das ging ihm während der Wachphasen dieser Nacht durch den Sinn, als er an den Schmerz seiner Mutter dachte und sich zu sterben weigerte. Am Morgen des siebenten Tages war seine einzige Hoffnung jedoch, Menschen zu finden, damit sie ihn begraben und seiner Mutter sagen könnten, was ihrem Sohn widerfahren war.

Seine letzten Kraftreserven sammelnd quälte er sich hoch und schaffte es, die kurze Entfernung zu einem kleinen Wald im Schatten des Búrfell zu stolpern. Dort brach er zusammen und akzeptierte, als er in den Schlaf sank, dass der Tod nun unabwendbar war.

Ungläubig erwachte er am nächsten Morgen und versuchte, gewärmt von der Sonne, seinen Weg fortzusetzen. Es war hoffnungslos. Er brach zusammen und lag dort für einige Stunden in völliger Lethargie. Aber der Selbsterhaltungstrieb ist mächtig, und so stand er wieder auf und sah sich um. Sein Herz musste getanzt haben, als er, gerade außerhalb des Waldes, einige Pferde wie beiläufig grasen sah. Er versuchte sie zu erreichen, aber seine Beine wollten seinem unbezwingbaren Geist nicht gehorchen. Es war niemand zu sehen. Als er schließlich beschloss, sich hinzulegen und zu warten, erschien neben ihm ein Mann.

Sie brachten Kristinn Jónsson in Sicherheit. Unglücklicherweise verlor er alle seine erfrorenen Zehen durch Amputation, aber nach einigen Wochen erholte er sich und kehrte heim nach Tjarnir, um seiner Mutter, seinen Freunden und Verwandten die unglaubliche Geschichte zu erzählen, wie er die Sprengisandur besiegte.

Kristinns Route war grob die Route, der ich für den Rest des Tages folgen würde; der gleiche feuchte, schwarze Sand, der gleiche Wind, die gleiche frostige Luft. Manchmal regnete es und manchmal nicht. Manchmal war der Wind stark; manchmal blies er stärker. Die Wolkenbasis senkte sich, sodass ich manchmal durch Wolken ging und manchmal unter ihnen. Es war ein kaltes, feuchtes, elendes Dahinschleppen, allein mit dem Gedanken an die Hütte vor mir, an den ich mich klammerte, um ein wenig Zuversicht zu bewahren. „Links – und – links – und – links – und – links“, sagte ich mir selbst, während ich mir vorstellte, wie die Hütte näher und näher kam mit jedem „links“ und jedem „und“. Über diese Hütte wusste ich nichts. War es eine Herberge, warm, mit einem Feuer und einem Warden, mit trockenen Betten und einem Platz zum Kochen; oder war es ein kleiner, zugiger Raum mit einem Lehmboden wie meine frühere vorübergehende Behausung jenseits der Lavawüste vor so langer Zeit? Wie lang war das her? Fragte ich mich selbst. Ich ergrübelte, was seitdem alles passiert war, zählte die Tage an meinen Fingern ab. Nur vier Tage? Ganz sicher nicht! Ich prüfte es auf meiner Karte und bestätigte die Feststellung. Ja, vier Tage, und dies war der fünfte. Es schien so weit in der Vergangenheit zu liegen, wie ein Teil der Geschichte, an die sich verblassende Erinnerungen klammerten, heraufbeschworen durch Zeichen auf Papier. Ich ging diese Erinnerungen durch, verstärkte sie müßig wieder, alles nur um meinen Verstand von diesem ereignislosen Nichts um mich her abzulenken.

Sprengisandur – Sprengisandur.
Eitriger Dorn im Fleisch, Sprengisandur!

Es war früher Nachmittag, als ich auf den Fluss traf. Er war breit, an die zweihundert Meter bis zum anderen Ufer. Auf der Karte war dieser Punkt als Furt gekennzeichnet, und tatsächlich verschwanden Fahrzeugspuren ins Wasser, jedes Paar an seiner eigenen, selbstgewählten Stelle. Es gab kleine, langgestreckte Inseln schwarzen Sandes, umgeben von wirbelndem trüben Wasser. Einige Arme waren offensichtlich recht flach, aber andere flossen tief und bedrohlich als Hochwasser zu meiner Rechten und gurgelten bedeutungsschwere Drohungen. Ich zog meine Regenhose und Stulpen an und schnürte sie an ihrem Platz fest. Sie würden einen Teil des Wassers abhalten. Dann band ich meinen Eispickel los, neu und schimmernd, von seinem silbernen Stahlkopf, über den rotmetallenen Schaft bis zu seiner scharfen Stahlspitze neunzig Zentimeter lang, wie eine superflache High-tech-Hacke. Es war das erste Mal, dass ich je einen Eispickel einsetzte, und dabei war kein bisschen Eis in Sicht. Er würde hilfreich sein, um die Tiefe des Wassers zu bestimmen, als Wanderstock, als dritter Kontaktpunkt mit dem Flussbett. Hierin lag eine große Gefahr. Die Kraft fließenden Wasser ist phänomenal; und hier hatte ich es mit Hochwasser zu tun, mit dem gesammelten Regen von Tagen.

„Keine Heldentaten!“ sagte ich mir laut. Ich hörte meinen Herzschlag in den Ohren, als ein Schatten von Furcht das Adrenalin in Bewegung setzte. Ich stritt mit mir, ob ich den Beckengurt meines Rucksacks offen lassen sollte, damit ich im Falle eines Sturzes das tote Gewicht besser loswerden konnte, oder ihn fest anziehen, um den Rucksack besser kontrollieren zu können und so die Wahrscheinlichkeit eines Desasters zu verringern. Ich entschied mich für letzteres und beruhigte mich mit dem Bewusstsein, dass der Gurt über einen Schnellverschluss verfügte. Ich schloss den Gurt und zog ihn stramm, dann übte ich das Öffnen, einmal... zweimal... dreimal, sodass meine Hand, falls es nötig sein sollte, genau wusste, wo sich der Verschluss befand. Meine Stoffkappe aus Lancaster stopfte ich zur Sicherheit in meine Tasche und schob meine Kapuze von den Ohren, denn ich brauchte für die kommende Schlacht jeden Sinn so scharf wie möglich. Irgendwo in diesem Wasser lauerte eine haarlose diabolische Präsenz.

„In Ordnung!“ sagte ich zu der abwesenden Welt. Indem ich in einige Zentimeter Wasser trat, übersprang ich ein tieferes Stück, um auf einem flachen Abschnitt zu landen und die erste Insel zu betreten. So weit so gut. Das nächste Stück war breiter und tiefer. Ein paar tiefe Atemzüge und ich ging ins Wasser in Richtung der nächsten Insel, sieben Meter entfernt. Beim ersten Schritt reichte mir das Wasser bis zum Fußgelenk, beim zweiten bis zur unteren Wade und der dritte fast bis zum Knie. Das Wasser schob und drängte, versuchte mich umzuwerfen. Ich fühlte seine Kälte, als es Spalten in meiner Regenhose fand und in meine Stiefel sickerte. Ich stocherte mit meinem Eispickel vor mir herum, und er verschwand fast, bevor er den Grund berührte. Ich war weniger als halbwegs zu der Insel, und einen weiteren Schritt zu machen, wäre Wahnsinn gewesen. Der Druck des Wassers würde mich wegfegen wie ein Blatt, und selbst wenn ich nicht mein Leben verlieren sollte, dann doch mit ziemlicher Sicherheit meine Ausrüstung. Ich zog mich zurück, vorsichtig nach festem Stand tastend, bevor ich das Gewicht verlagerte.

Ich versuchte es noch mehrmals, flussauf und flussab. Einmal hatte ich fast den halben Weg geschafft, und zweimal wäre ich fast ins Wasser geschleudert worden, aber es war hoffnungslos. Gesunder Menschenverstand musste den Sieg davontragen. Bereits jetzt hatte ich mehr riskiert, als vernünftig war. Sinnlos, es nochmal zu versuchen.

Es gab zwei Möglichkeiten: Ich konnte entweder nach links flussaufwärts gehen, um den Tungnafellsjökull zu erreichen, den steil ansteigenden Berg in der Nähe, aber unsichtbar in den Wolken. Oder ich wartete auf einen Wagen, der mich über dieses Hindernis bringen würde. Ich war nur fünf Kilometer von dieser rätselhaften Hütte entfernt, und es gab zwei dieser Furten zwischen ihr und mir. Das Licht begann zu schwinden und ich war von den Knien abwärts tropfnass. Ich saß erschöpft auf meinem Rucksack und streifte meine Stiefel, Socken und Regenhose ab, wrang aus, was sich auswringen ließ, und leerte aus, was auszuleeren war.

Ich hatte die etwas trockeneren Socken und Stiefel gerade wieder angelegt, als ein großer armeeartiger Lastwagen aus der Dämmerung auftauchte. Der Fahrer bot mir eine Mitfahrt an, und ich ging darauf ein, verfrachtete mich in den hinteren Teil, der angefüllt war mit Ausrüstung und Leuten. Wir pflügten durch den Fluss, als würden wir die Straße überqueren, fuhren eine Weile die Piste entlang, platschten durch noch einen Fluss und hielten. Ich sprang hinaus, die Leute winkten und der Lastwagen verschwand im Nebel. Die ganze Angelegenheit hatte nur wenige Minuten gedauert.

Es gab drei Hütten, zwei große und eine kleine, jede mit einem leuchtend roten, tief herabgezogenen Dach, um Regen und Schnee abzuhalten. Ihre Holzstruktur war recht neu und der Ort erweckte den Eindruck einer fast militärischen Effizienz. Es hatte wieder zu regnen begonnen und der Wind peitschte die Tropfen gegen meine Regenjacke. Ich wuchtete meinen Sack hoch und ging auf die Gebäude zu. Das kleine war ein Ort der Notdurft, Symbole eines Mannes und einer Frau auf jeder Tür. Eine der größeren Hütten verfügte über eine kleine Veranda und in einem daneben liegenden Fenster klebte von innen am Glas ein Schild mit der Aufschrift „INFORMATION“ in großen, schwarzen, ungelenken Buchstaben auf einem Stück Papier. Dahinter erspähte ich ein Licht.

Ich betrat ungelenk den Vorraum mit meiner sperrigen Last und drückte dankbar gegen den Widerstand der Elemente die Tür ins klickende Schloss. Drinnen standen Stiefel, vernarbt, nass und abgenutzt, rundum am Rand des Fußbodens. Hinter einer weiteren Tür war ein Gang mit mehreren mysteriösen Türen auf beiden Seiten, ein Ablagegestell, das noch mehr Stiefel beherbergte und ein Tisch mit einem Gästebuch. An den Wänden hingen Landkarten und Aushänge, die auf Regeln hinwiesen. Es war warm. Eine der geheimnisvollen Türen öffnete sich und eine junge, schlanke, schöne Dame, umhüllt von praktischer Wolle und Jeansstoff, trat heraus. Ihr blondes, auffallend langes Haar war hinten bequem hochgesteckt, ihre blauen, intelligenten Augen verrieten nichts. Sie musterte mich.

„Good evening!“ sagte sie in einem Englisch mit nordisch-knappen Vokalen. Das war ebenso die Feststellung einer Tatsache wie ein Gruß, und wäre ich das Wetter gewesen, hätte ich nicht gewagt zu widersprechen.

„Good evening“, antwortete ich mit einem Lächeln, das sie mit ihrem Mund, aber nicht mit den Augen erwiderte. Sie sah den Union Jack auf meinem Rucksack, den ich auf den Boden gewuchtet hatte.

„Bist du Engländer?“ fragte sie. Kein Ausländer hatte je gefragt, ob ich *Brite* wäre.

„Ja. Aus dem Norden Englands – Manchester.“ Ich wartete auf die üblichen Fragen nach Manchester United und eine Reihe von Kickern, über die mein Wissen so gut wie nichtexistent ist. Aber sie nickte einfach und zeigte damit an, dass die Information abgespeichert war. Ich war erleichtert.

„Läufst Du?“ wollte sie wissen.

„Nein, ich ruhe mich aus“, erwiderte ich mit einem Grinsen. Es war der beste Versuch von Kameraderie, den ich zustande brachte, da ich in meiner sich ausbreitenden Pfütze stand. Für einen kurzen Moment schlossen ihre Blicke sich meinen in einem Kichern an, dann gingen die Barrieren wieder hoch. Unaufgefordert erschien vor meinem inneren Auge ein geflügelter Helm auf ihrem Kopf, ein strahlender Schild zierte ihren linken Unterarm und ein glänzendes Schwert blitzte in ihrer rechten Hand. Wagnerklänge brandeten durch die Kathedralengewölbe des Geistes, um diese Walküre der Sprengisandur zu begleiten. Von diesem Augenblick an war sie für mich *Val*.

„Du kannst *dort* drinnen schlafen“, sagte Val und zeigte mit ihrem Schwert auf eine Tür. „*Hier*“, wieder das Zeigen, „ist die Küche. Dort gibt es warmes Wasser und Teller. Du musst Dein eigenes Gas verwenden. *Wasch* alles ab, wenn Du es benutzt hast. Du musst Deine Schuhe *hier* ausziehen. Du kannst Deine Kleidung im Zimmer oder in der Küche trocknen. Die Toilette ist *draußen*. Waschen musst du dich in der *Toilette*. Wie lange wirst Du bleiben?“

In meinem Kopf drehte sich alles. „Vielleicht zwei Tage“, sagte ich leise. Val nickte. Die Befragung war vorüber. Ich war entlassen. Ich nahm meinen Rucksack auf, öffnete die Schlafraumtür und wollte eintreten.

„Deine Stiefel!“ sagte Val. Sie rief nicht. Tatsächlich sprach sie sehr leise; aber mit all der Autorität von Montgomery in El Alamein. Ich murmelte Entschuldigungen und tat, wie mir gesagt worden war.

Im Zimmer war es sogar noch wärmer, mit dem scharfen Geruch brennender Kohle in der Luft und den schwach knackenden Geräuschen, die von einem eisernen Ofen neben der Tür kamen. Socken und Jeans hingen traurig und sacht dampfend von Leinen über ihm. Rundum an den Wänden waren zweistöckige Kojen aus poliertem Kiefernholz mit Matratzen, und die Mitte des langen Raums wurde eingenommen von einem riesigen Kieferntisch mit Stühlen drumherum. Einige der Kojen enthielten Schlafsäcke und andere Ausrüstungsgegenstände. Ein Schlafsack umhüllte einen schlafenden Körper. Der Ort war makellos und alles ordentlich.

Zwei junge Männer aßen am Tisch; einer groß und kräftig gebaut, der andere schlank und drahtig. Wir tauschten freundliche Begrüßungen auf Englisch aus. Jeder in Island spricht erstmal Englisch. Es ist die Sprache, die mit größter Wahrscheinlichkeit von den meisten Reisenden verstanden wird. Ich fand eine untere Koje in der entfernten Ecke, wo ich am wenigsten durch das Vorbeigehen anderer gestört würde, entpackte und entrollte meinen Schlafsack als Zeichen der Inbesitznahme, sammelte meine Kochausrüstung und Lebensmittel, tapste auf Socken in die Küche, wo es einen weiteren Ofen und mehr trocknende Kleidung gab. Ein Tisch lief an drei Wänden entlang mit einigen Kochern, Lebensmitteln, Töpfen und anderem Krimskrams, ordentlich aufgestapelt und über die Länge verteilt. Ich fand einen Platz und belegte ihn mit Beschlag, indem ich meine eigene Sammlung ausbreitete. Bald hatte ich ein heißes Mahl zubereitet, mein erstes genießbares Mahl seit zwei Tagen. Es war gut, die innere Wärme sich mit der äußeren verbinden zu fühlen. Val trat ein, abzüglich ihrer Militaria, aber mit einer Gaslaterne, die sie weit oben aufhängte, um die kriechende Dunkelheit zu vertreiben. Als ich mehr Wasser für einen Becher guten Englischen Tees kochte, kamen die beiden jungen Männer aus dem Schlafraum herein, dreckige Teller für das Spülbecken schwingend. Der schlanke sah mitleidig auf die flackernde Flamme meines Festbrennstoffs und bestand darauf, das ich ihren Gaskocher benutzte, ein Angebot, dem ich nicht widerstehen konnte, da mein Brennstoff zur Neige ging.

Der große Mann war ein Ingenieur von der Ruhr und der andere ein Schweizer Student. Sie waren sich in Island begegnet und reisten jetzt zusammen in lockerer Verbindung, weil es erfreulicher ist, Urlaubserlebnisse mit einem Gleichgesinnten zu teilen. Bei ihnen war es eine zwanglose Reise von ein paar Wochen, wobei sie zu Fuß oder mit jedem sich bietenden Transportmittel unterwegs waren. Sie waren am Mývatn gewesen, und wir unterhielten uns über Fliegen, während ich meinen Tee zubereitete. Sein dunkles Bernstein sickerte aus dem Teebeutel, um mit Zucker und Milchpulver in meinem pintgroßen Plastikbecher vereint zu werden.

„Tee?“ erkundigte sich der Ingenieur. „Hast du keinen Kaffee?“ Er sagte es mit einem scherzenden Lächeln.

„Ich bin Engländer!“ erwiderte ich mit einem Grinsen und einer Endgültigkeit, die implizierte, dass damit alles gesagt wäre.

„Ich trinke auch Tee“, sagte Slim, „und ich bin Schweizer!“

Wir lachten ungezwungen zusammen und ich schwelgte in der willkommenen Annehmlichkeit freundlicher Entspannung. Dies war, dachte ich mir, das erste Mal, seit ich Manchester vor zwei Wochen verlassen hatte, dass ich etwas anderes als eine Unterhaltung rein aus Nützlichkeitserwägungen mit jemandem führte. Ich konnte fühlen, wie die Spannungen, die sich über den Tag angesammelt hatten, mit jedem freien und leichthin gesprochenen Wort von mir abfielen. Wir sind, trotz unserer eifersüchtig gehüteten Individualitäten, bemerkenswert gesellige Tiere. Es gab Gelächter über das leicht verfärbte lauwarme Wasser, von dem Slim behauptete, es wäre Tee, und über die nach Zichorien riechende Flüssigkeit, die auf der Packung des Ingenieurs als Kaffee bezeichnet wurde. Sie probierten mein Gebräu und verzogen ausgiebig die Gesichter. Ruhe zog in die warme Küche ein, als der Himmel sich verdunkelte, und das Necken erweckte ehrliches Gekicher, das in keinem Verhältnis zur Qualität der Rhetorik stand.

Andere trafen ein, hauptsächlich Deutsche und Schweizer, und brachten Geschichten mit von gefluteten Flüssen. Ein Schweizer, ein abenteuerlustiger Büroangestellter mit einer Vorliebe für Survival-Literatur, berichtete von drei Männern, die vor sehr kurzer Zeit in der Nähe ertrunken waren, als ihr Wagen aufs Dach gewälzt wurde, während sie einen Fluss zu furten versuchten.

„Es war ein Gletscherlauf“, sagte er und wärmte seine Hände an einem Becher mit heißer Suppe.

„Was ist ein Gletscherlauf?“ erkundigte ich mich, denn ich musste noch viel über dieses Land lernen. Er erklärte, dass sich manchmal ein Schmelzwassersee in einem Gletscher bildet. Wenn der See groß genug wird, häufig als Ergebnis vulkanischer Aktivitäten, kann er tatsächlich den Gletscher selbst von dem darunterliegenen Felsen reißen und unter dem Eis hervorschießen in einer großen Flut von gewaltiger

Wucht. Diese Gletscherläufe sind unvorhersehbar, was Zeitpunkt, Ort und Stärke betrifft, und können Farmen und ganze Gemeinden wegschwemmen. Ich erwähnte ihm gegenüber meine Pläne bezüglich des Hofsjökulls, und er schüttelte langsam den Kopf.

„Es wird sehr gefährlich sein. Viele Flüsse sind zu durchqueren, häufig mit starker Strömung. Ich würde es nicht versuchen."

Die Landkarte bestätigte seine Worte. Es sah aus, als dürfte ich selbst unter perfekten Bedingungen nicht hoffen, trocken am Gletscher anzukommen, und die Bedingungen waren etwa so schlecht, wie sie zu dieser Jahreszeit nur sein konnten. Die kurzfristig gelockerte Anspannung war zurückgekehrt, als ich mich nocheinmal mit den Problemen der Tour auseinandersetzte. Ich erinnere mich deutlich, dass meine Kiefer fest verkrampft waren, als ich in unruhigen Schlaf sank.

6
Der Gletscher

Kalt und belebend war die Morgenbrise auf meinem Gesicht, als ich aus der Hütte trat. Es war kurz nach neun und mein Rucksack, befreit von allem, was für eine Tageswanderung nicht überlebensnotwendig war, sowie meine Kameras und der Cassettenrecorder, wogen nur etwa zwanzig Pfund, was, verglichen mit meiner normalen Last, so gut wie nichts war.

Nach vieler Grübelei hatte ich beschlossen, wegen der Überflutung die Begehung des Hofjökull nicht zu versuchen. Die Nachricht von einem anderen Todesfall, einem Einzelwanderer beim Durchqueren eines Flusses, hatte uns über das Radio erreicht. Ich hatte geschlossen, dass die Besteigung des Hofjökulls durchaus möglich sein könnte, aber nicht in der zur Verfügung stehenden Zeit. Mir blieben nur noch zwei Wochen, bevor ich in Reykjavík sein musste, um meinen Flug zu erreichen. Und darum stiefelte ich bachaufwärts zum benachbarten Tungnafellsjökull, dessen tausendfünfhundert Meter hoher Gipfel etwas mehr als acht Kilometer östlich lag und mehr als tausend Meter höher. Ich hatte mir einen Gletscher versprochen, und dieser war der nächste.

Mein Kompromissgletscher war ein steil ansteigender Tafelberg, grob acht mal acht Kilometer groß, dessen längere Achse von Südwest nach Nordost verlief, gekrönt von einem weißen Tischtuch aus Gletschereis. Die Wolkenbasis war geradeso über die Höhe des Gipfels angestiegen, der, weil ich mich so nah am Berg befand, von der Tischkante verborgen war. Meine Route sollte für sechs Kilometer das Flusstal entlang im Südwesten des Berges verlaufen und dann über sanfte Hänge zum Eis hinauf. Es gab zwei Ziele; das erste, ein paar heiße Quellen südlich des Berges, und das zweite, wenn das Wetter und die Umstände es zuließen, der Gipfel selbst. Letzteres Ziel schien ein bisschen ambitioniert und unwahrscheinlich, da ich nur über Bücherwissen in Hinblick auf Gletscher verfügte, aber zumindest wollte ich meine Steigeisen im Eis ausprobieren und meinen Eispickel in harten Schnee stoßen.

Bevor ich die Hütte verließ, hatte ich das Richtige getan, indem ich Val erzählte, wohin ich ging, für den Fall, dass ich nicht zurückkam. Das war eine vernünftige Vorsichtsmaßnahme, denn im Falle einer Verletzung auch nur eine unvorstellbar kalte Nacht verwundet auf dem Gletscher zu überleben, würde einfacher sein mit dem Wissen, dass jemand eine Ahnung hatte, wo ich war, und am Morgen etwas deswegen unternehmen würde.

Der Fluss war zu meiner Linken und würde bald gefurtet werden müssen. Noch immer herrschte Hochwasser, das in zahllose kleinere Flüsse aufgeteilt war, die über den flachen Talboden strömten. Ich setzte meinen Weg flussaufwärts fort und überlegte, dass ich mit umso weniger Wasser zurechtkommen musste, je weiter ich ging. Eine Wandkarte in der Hütte hatte einen

Fußpfad das Tal entlang gezeigt, aber es war nur ein Papierpfad. Auf dem sumpfigen und flechtenbegrünten Land fand ich nichts. Die Seiten des Tals wurden höher und steiler, und lange Zungen schwarz gesprenkelten Schnees schoben sich Wasserrinnen hinab und versuchten, am Fluss zu lecken. Ich kam an eine Stelle, wo der Fluss die Basis der Böschung auf der rechten Seite berührte, die nun tatsächlich eine Ascheklippe war, und die Passage war zuende. Das Wasser war vielleicht einen halben Meter tief und zweieinhalb Meter breit bis zu einer langgestreckten Insel. Eilig floss es dahin, wirkte aber nicht zu bedrohlich. Ich dachte an Stulpen und die Überhose, hielt sie dann jedoch für überflüssig für diesen ersten Sprung. Nachdem ich einen guten Platz gefunden hatte, sprang ich, flog und landete mit nicht viel mehr als einem kleinen Platscher. Die nächsten paar Sprünge verliefen ähnlich, und bald blieb nur noch ein Bach zu bewältigen. Er war lediglich eine Spur breiter und ein bisschen tiefer und schneller als die anderen. Da ich wusste, dass ich mit den vorangehenden Bezwingungen an meine Grenzen gelangt war, schien es das Richtige, meinen Rucksack hinüberzuwerfen und ohne Gewicht zu springen. Wieder verschmähte ich die Überhose, ermutigt durch den bisherigen Erfolg. Meine Kameras waren in der Deckeltasche oben auf meinem Rucksack. Also beförderte ich ihn mit großer Vorsicht per Luftpost über die Kluft und achtete darauf, dass er auf seiner Unterseite landete, wo sich nichts Zerbrechliches befand. Ich beobachtete mit Schrecken, wie er sich, an die anderthalb Meter über dem Wasser, ganz von selbst drehte und hart auf den Boden aufschlug, mit der Unterseite nach oben. Das Krachen seiner Landung schien das Tal hinabzuhallen. Gedanken an eine verstreute Sammlung von Kameraeinzelteilen, die in der Tasche schepperten, gingen mir quälend durch den Kopf. Ich lief an und sprang in das zweite Desaster, als mein Fuß mehrere Zentimeter von der Sandbank entfernt ins Wasser einschlug und ich inmitten einer enormen Gischtwolke landete, nass bis auf die Haut von der Brust abwärts. „Verdammt!“ und „Mist!“ murmelnd oder Wörter mit der gleichen Wirkung, machte ich mich an meiner Kameratasche zu schaffen. Der Reißverschluss platzte auf. Ich prüfte meine Kamera und machte einige Aufnahmen. Alles schien in Ordnung zu sein. Zu sagen, dass ich erleichtert war, wäre eine massive Untertreibung gewesen. Der Film in meiner Filmkamera war zuende und musste gewechselt werden. Unglücklicherweise unterließ ich es dabei, einen wichtigen Hebel umzulegen, der den Film hinter der Linse im Fokus hielt, und infolgedessen waren alle Bilder, die ich auf dem Gletscher aufnahm, unbrauchbar. Natürlich war ich mir dessen in diesem Moment nicht bewusst und entdeckte meinen Fehler erst, als der Film in England entwickelt wurde; und so wrang ich meine Jeans und Socken aus, schlenderte fröhlich das Tal entlang und schoss eine nutzlose Einstellung nach der anderen, glückselig und zufrieden in meiner völligen Unkenntnis der Situation.

Um halb zwölf hatte ich fünf Zuläufe des Flusses mit wenigen Vorkommnissen durchquert und befand mich am Anfang des Tals. Dort war es ziemlich warm und windgeschützt. Zweimal hatte die Sonne durch die dünner werdenden Wolken geschienen und mir ermöglicht, Müll in weitaus besserer Qualität zu filmen. Ein kleines Schneefeld markierte das Ende des Tals, ein Überbleibsel des harten vergangenen Winters. Der darunter hervorströmende Fluss hatte schöne Schneegrotten hineingearbeitet, bedeckt von schimmernden, weißen Brücken, fünf Meter über dem Wasser. Es war eine Versuchung, den Fluss auf diesen Brücken zu überqueren, aber ein Sturz aus fünf Meter kann viel Schaden anrichten, und so überquerte ich das schäumende Wasser, indem ich von Stein zu Stein trat.

Jenseits des Schnees rauschte der Fluss von der Höhe durch eine Klamm herab, die um eine Rechtsbiegung verschwand. Meine Route zu den heißen Quellen lag oberhalb eines steilen Höhenrückens, nicht technisch schwierig, aber äußerst kräftezehrend. Eine halbe Stunde später schleppte ich mich auf ein schneegesprenkeltes Plateau, ächzend und keuchend wie ein gestrandeter Schwertwal. Die Sonne begrüßte mich in ihrer Pracht, dramatisch eine so großartige Aussicht beleuchtend, wie ich sie nie zuvor erblickt hatte. Das Tal, durch das ich gekommen war, erstreckte sich sechshundert Meter unter mir, sein grüner und schwarzer Boden dekoriert mit dem Flitter sich bewegenden Wassers, während sich jenseits, volle dreißig Kilometer entfernt, das strahlende Weiß des Hofsjökulls gleichmäßig in einem flachen Bogen von der einen Seite bis zur entfernten anderen Seite erstreckte, wie Oðins umgedrehter flacher Teller. Es war die Art von Anblick, die das Herz eines Menschen vor Lebensfreude zerspringen lassen kann.

Ich blieb eine Weile, bevor ich meine Suche nach den heißen Quellen fortsetzte. Nach meiner Karte lagen sie etwas fünf Kilometer östlich von mir, inmitten einer Reihe scharfer, nadelspitzer Gipfel, die aufgrund ihrer Vielzahl nur schwer der Karte zuzuordnen waren. Ich traf auf ein glattes Hartschneefeld. Genau dafür waren meine Steigeisen und der Eispickel geschaffen. Die Steigeisen fügten sich trefflich an meine Stiefel, ihre Gurte hielten sie sicher fest, jedes mit zehn nach unten weisenden Stahlspitzen von sechs Zentimetern Länge, und zwei nach vorn gerichtete für steilere Anstiege. Ihr Gewicht war spürbar, aber nicht unbequem, und es war befriedigend zu fühlen, wie sich die Spitzen fest in den kristallinen Schnee gruben und in ihren Gelenken bogen, um das Gehen zu erleichtern. Mein Eispickel, die Schlaufe um mein rechtes Handgelenk, bohrte sich mit der scharfen Spitze am Ende seines Schaftes in das Weiß, als ich, langsam erst, dann mit größerem Vertrauen, über die strahlende eisige Ausdehnung ging, Ausschau haltend nach leichten Verfärbungen oder unerklärlichen Mulden, die auf darunter verborgene Spalten hinweisen konnten; Hohlräume, die so leicht zu versteckten Gruften für zerschmetterte Körper werden konnten. Der alte Kahlkopf, mein Begleiter in der Not, war in der Nähe.

Über eine Stunde suchte ich unablässig nach diesen heißen Quellen, fand sie aber nicht. Vielleicht lagen sie hinter dem nächsten Kamm; vielleicht auf der linken Seite. Es war nicht leicht, mit Gewissheit zu entscheiden, welcher der gleich aussehenden Gipfel welcher war inmitten einer Ansammlung in den Himmel ragender Spitzen. Dieser Himmel war trüb und die Wolkenbasis sehr nah. Es war gegen zwei Uhr, und wenn ich den Gipfel des Gletschers noch angehen wollte, hatte ich jetzt die letzte Gelegenheit, mich zu entscheiden. Er lag grob acht Kilometer nördlich von etwas, das auf meiner Karte nach ziemlich rauem Gelände aussah. Die heißen Quellen oder der Gipfel? Kein Wettstreit! Ich drehte dem nächsten Kamm den Rücken zu und ging Richtung Norden, meine Stiefel knirschten in einem langsamen, bedächtigen Rhythmus über Schnee und Eiskörnchen, glitzernd wie ein Teppich feingeschnittener Diamanten unter meinen Füßen.

Eine halbe Stunde später waren meine Spikes und der Eispickel verstaut und ich saß auf einem Felsen, konnte den Fluss überblicken, der in dieser Höhe in einer tiefen Erosionsrinne lag. Den Mund voll Salami und archäologischem Brot dachte ich über die Haltung so großer Männer wie Nansen, Livingstone, Mallory und Wymper nach, die Helden einer vergangenen Aera. Meinem kindlichen Verstand war es früher schwer gefallen, ihre Namen und jene von Superman, Batman und Captain Marvel auseinander zu halten. Sie waren Comic-Helden, die eher in ordentlich gebundenen Wälzern lebten als in Groschenheften. Sie standen so weit über uns gemeinen Sterblichen, dass sie so unberührbar und unwirklich wie Götter waren. Zeit und Erfahrung hatten mich zwar gelehrt, dass sie ebenso menschlich waren wie wir, aber dieses Wissen hatte meine Bewunderung eher verstärkt als verringert. Sie hatten nicht über die Beine von Superman verfügt, noch konnten sie frei von Furcht sein. Es stimmt schon, sie waren Männer, deren nächste und übernächste Mahlzeit gesichert waren, auch wenn das für das Land als ganzes nicht der Fall war, aber sie hatten sich in der Geschichte selbst über Ihresgleichen erhoben. Was hatte sie in diese Position gebracht? Was hatte sie dazu veranlasst, mit dem *Wünschen* aufzuhören und danach zu streben, die Dinge zu *tun*, von denen es hieß, sie wären unmöglich? Ich kam zu dem Schluss, dass es eine ihnen innewohnende Frechheit sein musste, die eine unerhörte Verwegenheit antrieb. Genau das ermöglichte es Menschen mit völlig gewöhnlichen Körpern, zweifellos geplagt von Rheumatismus, Fußpilz und Hämorrhoiden, die Grenzen der Leistungsfähigkeit und des Wissens für eine farblose und prüde Welt zu erweitern.

Shackleton war natürlich eine Ausnahme. Er war zweifellos vom Planeten Krypton und eines seiner Pseudonyme war der Vater von Clark Kent.

Nachdem ich mein Mahl beendet und es mit klarem Bergwasser runtergespült hatte, rutschte ich die Böschung der Erosionsrinne hinab, um den Fluss zu durchqueren. Der Weg zurück nach oben war schlüpfrig, und ich rutschte fast genausoweit zurück wie ich vorankam; fast, aber nicht ganz. Schließlich kam ich oben an und fand ein anderes Schneefeld und ein weiteres und noch ein weiteres. Alles in allem gab es hier weniger Schnee, als ich erwartet hatte. Er lag in großen Flecken, jeder etwa vierhundert Meter breit, sodass ich bald ziemlich geübt darin war, Steigeisen an- und abzulegen.

Um zwanzig nach drei befand ich mich am Fuß eines kleineren Gipfels, ein perfekter Kegel aus vulkanischer Asche, etwa dreißig Meter von der Basis bis zum Scheitelpunkt. Die Sonne schien von einem blaugestreiften Himmel, immer noch größtenteils bedeckt mit ziehenden Wolken, die jeden Augenblick herabzusinken und jegliche Sicht zu verdecken drohten. Der auf einem felsigen Grat liegende Hauptgipfel, der sich aus dem umgebenden Schnee und Eis wie ein mächtiger auftauchender Wal erhob, war über drei Kilometer entfernt und getrübt von sinkenden Wolken. Es schien gut möglich, dass ich den Felsgrat nicht bei guter Sicht schaffen würde, aber im Augenblick war die Luft klar wie der Klang einer Glocke. Ich beschloss, kurz den Kegel hinaufzulaufen und ein paar Aufnahmen zu knipsen, solange es noch ging.

Von oben war der Ausblick überwältigend in seiner Pracht. Nach Westen war der Hofsjökull verdeckt von sich dazwischenschiebenden Bergrücken. Im Südwesten erhoben sich die abgeflachten Kegel zweier Vulkane, starr und schwarz vor dem Himmel, während im Norden der Gipfelgrat lag. Aber die wirkliche Show fand in Südostrichtung statt. Es war weiß und setzte sich endlos fort. Vatnajökull, der größte Gletscher überhaupt außerhalb der Antarktis und Grönlands, hielt glanzvoll Hof. Ich konnte durch den schneidenden Wind hören, wie Vaughan Williams Sinfonia Antarctica zu dieser unermesslichen Weite erklang, eine Weite, die nur schwer zu fassen war. Sie war groß genug, um ihr eigenes Wettersystem zu schaffen. Wolken warfen ziehende Schatten auf die Oberfläche, jeder einen anderen jagend, ihre strahlende Jungfräulichkeit verfärbend, als sie zu der Welt sprach mit einer Stimme, jenseits von Tonhöhe, Klang oder Lautstärke „... ICH BIN ...“

Ich machte einige Aufnahmen für die Nachwelt, und wusste doch, sie würden so weit entfernt sein von der Realität wie Schnappschüsse irgendeiner großen und bedeutsamen Zeremonie es von der eigenen Teilnahme sind. Obendrein vernichtete ich einen etwa zehn Meter langen völlig einwandfreien Filmstreifen, in Unkenntnis des Opfers, das ich dem großen heidnischen Gott vor mir darbrachte.

Die Zeit schwand dahin, und so machte ich mich wieder auf den Weg zum Gipfel, ermutigt durch meinen Blick auf den Vatnajökull. Dermaßen begeistert war ich, dass ich aus voller Lunge einen Jodler ausstieß. Es gibt nichts, das einem guten Jodler gleicht, und dieser glich auch *wirklich* keinem guten Jodler. Mein Enthusiasmus wurde gedämpft als ich sah, wie Wolken den Gipfelgrat zu verdecken begannen.

Um halb fünf stand ich am Rand des Gletschers Tungnafellsjökull. Er versperrte den Weg zum Grat. Er war weiß. Er war furchteinflößend, trostlos, still. Seit über sechzehn Millionen Jahren war das Eis hier geflossen, floss jeden Tag, der verstrich, einige Handbreit näher in Richtung Meer, bis es am Gletschertor in wärmere Lagen kam und von dort seine Reise als Schmelzwasser fortsetzte. So rasch, wie es vom Berg floss, wurde es von Schnee, Regen und Nebel ersetzt, sodass es während der ganzen Menschheitsgeschichte nicht einen Moment nachgelassen hatte, seinen unaufhaltsamen Weg ins Tal zu schleifen. Zu meiner Rechten floss es unmerklich eine flache Böschung herab, um links von mir in einen düsteren Canyon zu stürzen. Lange parallele Spalten schnitten sich in die Oberfläche, eng auf der rechten Seite, aber

weiter klaffend wo der Hang steiler wurde, wie ein gigantischer, gut gegrillter Kabeljau sich in schimmernde Segmente teilt. Es waren noch drei Kilometer und vielleicht zwei Stunden bis zum Gipfel, der größte Teil davon über den Gletscher. Wenn ich es zum Gipfel schaffte, dann würde ich nicht lange vor acht Uhr wieder hier stehen. Das ließ mir nur wenig mehr als ein paar Stunden der Dämmerung, um vom Berg runter zu kommen und in das Tal zu gelangen, wo ich vergleichsweise sicher zur Hütte zurücklaufen konnte. Das ließ mir nicht viel Spielraum. Außerdem war dies mein erster Gletscher. Natürlich kannte ich die Theorie, aber irgendwie schien Bücherwissen äußerst unangemessen, jetzt, da ich mich mit der Wirklichkeit konfrontiert sah. Um meine Probleme noch zu vergrößern, wirkten die Wolken beunruhigend tief und bedrohlich. Das Vernünftigste wäre gewesen, umzukehren und es morgen nochmal zu versuchen, aber wenn ich vernünftig gewesen wäre, wäre ich nach Blackpool gegangen. Alle Vernunft sprach dafür, zurückzugehen, aber *da*, in meiner Reichweite, war der Gipfel. In zwei Stunden könnte ich auf dem Tungnafellsjökull stehen und meinen ersten Gletscher bezwungen haben. Die Entschuldigungen gingen mir noch immer durch den Kopf, als ich den letzten Riemen an meinen Steigeisen festzog und sie nachdrücklich, doch nicht ohne Beklemmung, auf das Eis setzte.
Ich erinnerte mich meiner Gedanken, als ich in Seyðisfjörður auf meinem Schlafsack gelegen hatte: „... Glücksspiel … Tod für Verlierer … Erfolg für Sieger … angemessene Vorsicht … das Glück auf meiner Seite … darf nicht dumm sein … vernünftiges Urteil ...“ Ich balancierte auf einem Drahtseil zwischen dem Möglichen und dem Unmöglichen, und durfte mir nicht erlauben zu fallen. Und der Alte Kahlkopf war mehr als willens, an dem Seil zu rütteln.

Vorsichtig stocherte ich in der harten Schneedecke mit meinem Eispickel, stieß ihn fest auf, um nach verborgenen Spalten zu suchen. Zu dieser Jahreszeit sollten die Spalten eigentlich nicht verborgen sein, sondern offen sichtbar, ihre Schneebrücken geschmolzen und eingestürzt, aber ich ging kein Risiko ein. Stochern … Schritt …. stochern … Schritt … stochern … ging der Rhythmus. Langsam verschwand der schwarze, feste Boden hinter mir wie eine Küstenlinie; fünfzig Meter … einhundert Meter … zweihundert Meter … Das Gefühl des Ausgesetztseins war überwältigend und ich habe mich kaum je so verletzlich gefühlt. Eine Stelle mit verfärbtem Schnee lag vor mir und wies vielleicht auf einen Hohlraum unter der Kruste hin. Ich vermied sie, verschob die Chancen zu meinen Gunsten. Zu meiner Rechten, anderthalb Meter entfernt, war eine schmale Spalte, nur fünfzehn Zentimeter breit. Das war etwas Neues, und ich war sehr wachsam deswegen. Rechts und links tauchten weitere auf. Ständig sprach ich in meinen Cassettenrecorder, wie Armstrong auf dem Mond, quatschte mir meinen Weg durch das Unbekannte.

„... sieht ziemlich fest aus bisher … es ist alles auf einem Hang … ich mache alles richtig ..."

Ich wollte den Hang zu meiner Rechten hinauf, also musste ich den Spalt überqueren. Einen solchen Riss im Eis zu überschreiten war eine beängstigende Angelegenheit. Er war nur sechs Inch breit, aber seine Tiefe war nicht zu erkennen. Würde das Eis an beiden Kanten mein Gewicht tragen, oder würde es nachgeben und mich hinab ins Eis stürzen lassen, wo ich fest eingezwängt wäre, bis die Kälte meinem Körper das Leben entzog? Dann würde die Leiche ihre stille, zwei Meilen lange Beerdigungsprozession hinab ins Tal antreten, bis sie, dreißig Jahre später und perfekt konserviert, am Gletschertor im Schmelzwasser abgelegt würde.

Ich stieß ins Eis am Rand der Spalte. Es wirkte stabil genug, doch bestand nur eine Möglichkeit, das herauszufinden. Die Stimme eines Kindes, eine Stimme von vor langer Zeit, hallte mir durch den Kopf zwischen Bildern von Pflastersteinen. „Tritt nicht auf die Fugen, oder der Teufel wird dich holen!" Ich holte mehrmals tief Atem und überschritt den Rand der Spalte. Als ich mich darüber befand, sah ich hinab. Ihre geraden, weißen Seitenwände, durchscheinend am oberen Ende, wurden schrittweise grau mit dem abnehmenden Licht, und es gab keinen sichtbaren Grund. Die Spitzen meiner Steigeisen knirschten willkommen auf der gegenüberliegenden Seite und ich war drüben. Jetzt war ich ein qualifizierter Spaltenüberquerer.

Sieben weitere hatte ich zu überqueren, die schrittweise breiter wurden. Ich fand heraus, dass ich mit einem watschelnden Trott einen Spalt von einem halben Meter bewältigen konnte. Wenn es mehr war, verließ mich mein Mut. Eine oder zwei waren über einen Meter breit. Also folgte ich dem Rand, bis sie sich zu meinen Spezifikationen verengten. Unten und links von mir weiteten sie sich auf drei Meter und mehr, ganz und gar nicht meine Liga.

Ich war am nächsten Punkt, etwa dreihundert Meter von der gegenüberliegenden „Küste" entfernt. Der harte Schnee machte glitzernden Eisplatten Platz, gut und solide unter meinen Steigeisen. Die breiten Spalten lagen hinter mir, als ich langsam und mit wohlverdientem Vertrauen in meine neuen Fertigkeiten zu den Felsen gelangte. Dann war ich auf festem Boden. Ich hörte den Puls in meinen Ohren, der kräftig und schnell schlug und pumpte. Der Blick zurück über den Gletscher vermittelte ein Hochgefühl, als ich mir bewusst wurde, dass ich ihn bezwungen hatte. Jetzt lagen nur noch etwa anderthalb Kilometer ganz gewöhnlichen Schnees vor mir, den ich überqueren musste, entlang der Kante des Gipfelgrats, und dann ein kurzes Klettern zum Gipfel. Ich grinste vor Freude und Erleichterung.

Der Gang am Fuße des Grates war geradezu wie eine Ehrenrunde. Bald war ich unterhalb des Gipfels und nahm meine Steigeisen ab. Der Grat bestand aus schwarzer Schlacke, knirschend und grob, mit Leichtigkeit brechend, sodass ich nur quälend langsam vorankam; aber schließlich stand ich auf dem Grat. Die Wolke, die den Gipfel zu umschließen gedroht hatte, tat nun genau das. Innerhalb von Sekunden war die Sicht auf wenige Meter reduziert. Sehr vorsichtig ertastete ich meinen Weg entlang des messerschmalen Grates zu der unsichtbaren Steinpyramide, ungeduldig ihr Auftauchen erwartend und sogar meine Richtung anzweifelnd, wenn es bei einigen Gelegenheiten ab- statt aufwärts ging.

Plötzlich war er da, der Gipfel; nur eine Anhäufung von Steinen und eine zerbrochene hölzerne Markierung, aber für mich war es in diesem Moment der wundervollste Anblick der Welt. „Tungnafells-JÖKULL!" brüllte ich dem Universum in zügelloser Freude entgegen. Das war Leistung. Das war etwas weitaus Stabileres und Persönlicheres als Beifall. Medaillen und materielle Werte konnten einem genommen werden, aber das hier nicht. Es war mein für immer. Ich saß auf dem von mir besiegten Berg in meiner eigenen Welt, auf allen Seiten eingeschlossen von wirbelnden, kalten, klammen Wolken und war zutiefst glücklich.

Es war sechs Uhr. In meinem Fotoapparat waren noch drei Aufnahmen übrig und wenige Meter Film zum Ruinieren in der Kamera. Die Bedingungen waren so, dass ich keine annehmbaren Ergebnisse erwarten durfte. Aber man besteigt den Tungnafellsjökull nicht jeden Tag. Für zwanzig Minuten stellte ich die Kameras auf und posierte fröhlich vor ihnen, winkte mit dem Union Jack und meinem Eispickel der Nachwelt. Dann war es Zeit zu gehen. Die Wolke war dichter geworden und ich war spät dran. Also atmete ich tief ein, sprang im wörtlichen Sinn von der Seite es Grates und rutschte hinab zum Schnee.

Hier war ich dann unterhalb der Wolken, aber nur knapp. Sie kamen wie eine solide Wand den Hang des Gletschers herab. Schnell und inzwischen fachmännisch schnallte ich meine Steigeisen an und machte mich auf über den Schnee. Ich folgte nicht meinen Spuren am Fuß des Grates, sondern nahm den Weg in gerader Linie direkt über den Gletscher. Ich war in Eile. Ich war auf einem unbekannten Berg und hatte nicht das geringste Vertrauen in meinen Kompass. Die Windrichtung war irreführend, und so beruhte meine Navigation vollständig auf Sicht. Wenn ich das Terrain nicht sehen konnte oder wenigstens die Richtung der Sonne, war ich aufgeschmissen. Sich auf über tausendzweihundert Meter in Wolken zu verirren, die Tage anhalten konnten, wäre tatsächlich eine sehr ernste Angelegenheit; viel ernster als auf der Heide, denn dort hatte ich meine komplette Campingausrüstung dabei, hier hingegen nur mein bogenförmiges Biwak als Notunterkunft. Bei den erwarteten Temperaturen unter Null, mit der Feuchtigkeit der Wolken über mir, konnte es mein Leben retten – oder auch nicht. Umgeben von Steilhängen in dichten Wolken herumzustolpern war ein perfekter Bauplan für ein Desaster. Nein, ich musste das Tal erreichen, bevor die Wolke mich einschloss. Der Alte Kahlkopf hatte meine Sicherheitsleine fest ergriffen und begann fröhlich daran zu rütteln.

Ich konnte den Schnee vor mir nicht mehr prüfen, da ich fast abwärts rannte und über den Hang weiterstrebte, weg von den dichter werdenden Wolken. Alle Sinne waren hellwach, als es mit großen Sätzen über makelloses Weiß vorwärts ging. Bald befand ich mich zwischen den Spalten. Ich sprang über eine, dann eine weitere; auf mehrere einen halben und sogar einen Meter breite Kerben watschelte ich zu und sprang, unbeholfen mit meinen Steigeisen trottend. Und noch immer kam die Wolke näher, leise und wabernd wie Dampf aus einem gewaltigen Kessel. Es war gegen sieben, als ich wieder festen Boden erreichte und meine Steigeisen abnahm. Ich befand mich an einer anderen Stelle als der, an der ich vorher gestanden hatte. Hier war der Boden zerrissen und durchfurcht von drei Meter tiefen Abflussrinnen in bröckeliger Schlacke. Auf und ab kraxelte ich und hielt mich dabei immer weiter Richtung Süden zum Flusstal, ohne auf die Route zu achten, die ich zum Gipfel eingeschlagen hatte. Es waren noch fünf Kilometer ins Tal, und das Tageslicht begann zu schwinden. Ich traf auf ein Schneefeld, sehr flach an einem Hang und ohne sichtbare Klippen, über die ich stürzen konnte, falls ich ausrutschte. Ich ließ die Steigeisen an den Rucksack geschnallt und ging schnell und vorsichtig darüber hin nach Süden... Süden... Süden. Dort waren meine früheren Spuren, eine einsame gepunktete Linie quer zu meinem Pfad. Ich ignorierte sie und setzte meine Marschrichtung fort. Etliche Schneefelder später, etwa gegen acht Uhr, gab es eine klare Linie zum Rand des Schnees vor mir. Die Wolken hatten mich überholt und versuchten, mich zu ersticken, über und unter mir wirbelnd und strudelnd. Ich kam an den Rand, und deutlich genug fiel der Boden rapide zum silbrig gestreiften dunklen Tal hin ab. Der Schnee schoss in flüssiger Form eine sehr steile Abflussrinne hinab, ging in Kaskaden über Felsen und gurgelte durch Spalten. Dieser Weg war zu steil und zerrissen für einen sicheren Abstieg, aber links davon schien es einen gemäßigten Weg zu geben, und diesen nahm ich. Hinab, hinab ging es, wieder einmal unter die Wolken, losgerissene Steine sprangen und polterten die steile Böschung hinab ins flache Land sechshundert Meter unter mir. Der Alte Kahlkopf hielt die Sicherheitsleine noch immer fest ergriffen...

Als ich tiefer in den Schutz des Tals kam, legte sich der kalte Abendwind. Mein unmittelbarer Feind war nicht länger die Wolke, sondern die hereinbrechende Dunkelheit. Das Tal war tief und würde alles Licht der nördlichen Sonne aussperren. Es war bereits nach acht Uhr und der Fluss kaum mehr zu erkennen. Ich würde vielleicht noch für eine Stunde irgendeine Form von Licht haben. Der Weg nach unten war abschüssig und heikel. Mehrmals musste ich steil abfallende Klippen umgehen und meinen Weg vorsichtig balancierend über die losen Steine und Schieferplatten suchen. Manchmal befand ich mich auf sumpfigen Flecken, die sich in unpassenden Nischen hielten und schwärten. Häufig rutschte ich aus und krallte mich haltsuchend an bröckelnden Fels, ein- oder zweimal über Steilhänge von blankem Fels, dreißig oder mehr Meter tief.

Unter mir war die enge Klamm, durch die der Fluss strömte. Sie war dunkel und geheimnisvoll, aber der schnellste Weg nach unten schien direkt hindurchzuführen. Gewöhnlich ist die Regel, sich aus einer Klamm fernzuhalten, da man darin gefangen sein kann. Aber die Zeit war knapp, und manchmal muss man sich auf sein Glück verlassen. Also ging es die Felskaskaden vor mir hinab, bis ich auf Felsbrocken neben dem rauschenden Fluss stand. Er war fünf Meter breit und stürzte sich hinab ins weite Tal, als würde er sich ebenfalls vor der Dunkelheit fürchten. Der Lärm seines Sturzes hallte wider in den engen Hohlräumen, als ich die enge Passage entlang von Fels zu Fels sprang. Die Seiten wurden zu blanken Felswänden und die Klamm wurde enger, ein schmaler Streifen sich verdunkelnden Himmels über mir. Plötzlich, ohne jede Vorwarnung, schoss der Fluss über einen Vorsprung und fiel gut drei Meter zwischen glatten Felssäulen in ein tiefes Becken. Das war's! Ich konnte nicht weiter, wollte ich nicht auf den letzten Hauch von Sicherheit verzichten, und musste also meinen Weg dahin zurückgehen, woher ich gekommen war, hinab in diese enge Gruft. Manchmal gewinnt man... und manchmal ist nicht daran zu zweifeln, dass man verloren hat.

Das Herausklettern war schwierig, nach oben über bröckelnde Felsen, auf Moos und Flechten ausrutschend, weiter voran gegen den unerbittlichen Feind. Es gab ein paar nervenaufreibende Felsquerungen mit gefährlichen Stürzen, sollte ich einen Fehler machen. Aber bald wurde der Untergrund einfacher und ich erreichte die Schneebrücken, an die ich mich von dem ach-so-weit-zurückliegenden Morgen erinnerte. Ich befand mich auf Terra-(einigermaßen-)firma und es war neun Uhr. Der Alte Kahlkopf war wieder geschlagen! In zwei Stunden würde ich wieder zurück in der noch acht Kilometer entfernten Hütte sein, und ich hatte den Tungnafellsjökull bestiegen. Ich schlenderte das mit Dämmerung gefüllte Tal auf dem roten Teppich der Euphorie hinab, sprang über freundliche Bäche und hüpfte über kameradschaftliches Gras. Gegen Elf erreichte ich meine Hauptfurt des Flusses. Ich war äußerst ermüdet und ging in dem Wissen, dass ich in sehr kurzer Zeit warm und trocken sein würde, einfach hindurch, von Insel zu Insel, den flüssigen Inhalt der dazwischenliegenden Bereiche ignorierend.

Es war stockdunkel, als ich mich der Hütte näherte. Zwei große Flammen markierten den Ort, um mich heimwärts zu leiten. Dort waren geisterhafte Figuren, die sich in dem Licht bewegten. Val, Slim und Der Ingenieur grüßten mich wie einen Verlorenen und scheuchten mich in die Küche, voller Fragen und glücklich. In ihren Gesichtern lag tröstliche Erleichterung, die von dem ewigen Bund zwischen Abenteurern sprach. Ich wusste ohne Frage, dass sie vor dem Morgengrauen draußen gewesen wären, um mich zu suchen, wäre ich nicht heimgekehrt.

Val rügte rituell meine späte Rückkehr, aber ihr Gebaren wurde weicher. Wir tranken warme Getränke inmitten dampfender Socken, während ich von meinem Triumph berichtete, stolz gegenüber einem hingerissen gefangenen Publikum. Man sprach davon, dass ich fast mit Gewissheit als erster Engländer den Gletscher des Tungnafellsjökull solo überquert hätte, vielleicht sogar als erster Mensch überhaupt. Was in dieser Angelegenheit auch immer stimmen mochte, ich zog mir den Schuh an und hatte anschließend große Schwierigkeiten, meinen Kopf durch die Schlafraumtür zu manövrieren, als ich mein Ego zu Bett brachte.

Früh waren Der Ingenieur und Slim wach und brachen auf. Mit einer weiteren Warden als Führerin hatten sie sich auf einer anderen Route zum Tungnafellsjökull aufgemacht, kürzer und unter Vermeidung des Gletschers, sodass sie schon weg waren, als ich erwachte. Für mich war es ein Tag der Ruhe, der Bestandsaufnahme und der Planung. Mein Körper, besonders meine Beine und Füße, kribbelten noch schmerzhaft von den jüngsten Strapazen, sodass selbst der Gang zur Toilette ein Ereignis war, das geplant und vorbereitet werden musste. Die Sonne hing prächtig am makellos blauen Himmel und der Wind war verschwunden. Val sagte, dass die Wettervorhersage drei weitere Tage wie diesen für ganz Island versprochen hätte. Es war ein noch nie dagewesenes Ereignis in der Sprengisandur und sie brüstete sich damit am Funkgerät gegenüber Kollegen auf angenehmeren Posten, die kürzlich Mitgefühl für ihre Verbannung zum Ausdruck gebracht hatten, während sie insgeheim erleichtert waren, dass Val in die Wüste gehen musste, und nicht sie. Sie forderte, dass ihre nächste Lebensmittellieferung Unmengen von Sonnenöl enthalten sollte. Dann ging sie hinaus, um der Sonne zuzulächeln.

Die Vorhersage brachte auch ein Dilemma mit sich. Meine nächste größere Herausforderung, der Höhepunkt der gesamten Expedition, war der Vulkan Hekla, zwei anstrengende Tagesmärsche entfernt; zwei weitere Tage durch die Sprengisandur. Einschließlich meines Ruhetags, einer absoluten Notwendigkeit, bedeutete das, dass ich am Fuß der Hekla gerade eintreffen würde, wenn sich das Wetter wieder verschlechterte. Es gab viel zu bedenken. Der Versuch, die Hekla bei schlechtem Wetter zu besteigen, wäre Wahnsinn und auch größtenteils sinnlos, da eine meiner Absichten darin bestand, einen Film von der Tour zu drehen. Auf noch mehr gutes Wetter zu warten stand außer Frage, da mein Flugzeug in vierzehn Tagen pünktlich nach Glasgow abfliegen würde. Es gab einen Bus, der am nächsten Tag vorbeikommen würde und mich zum Fuß der Hekla bringen könnte, somit also mit noch einem Gutwettertag für die Besteigung, aber was war dann mit der Wohltätigkeitswanderung und die für jeden gestapften Kilometer versprochenen Sponsorengelder? Die Antwort, beschloss ich, bestand darin, die Karten neu zu mischen. Hekla war, wie der Tungnafellsjökull, eine Nebentour und nicht Teil der eigentlichen Islanddurchquerung, die mit meinen Sponsoren vertraglich vereinbart war. Deshalb würde ich drei Tage Urlaub von der Durchquerung nehmen und sie nutzen, um die Hekla zu besteigen, dann zur Hütte zurückkehren, um die Durchquerung zu vollenden. Ehre und Sponsoren sollten damit befriedigt sein und ich hätte meinen Film. Ich war zufrieden mit dieser Entscheidung und sann lange über die vor mir liegende Besteigung nach.

Ich stellte fest, dass mein Fotoapparat tatsächlich zu Bruch gegangen war, als ich meinen Rucksack über den Fluss warf. Er transportierte den Film nicht weiter. Mein Wissen über das Innere einer einäugigen Spiegelreflexkamera hatte vergleichbare Ausmaße wie mein Wissen über Geschichte und Entwicklung von Manchester United, aber drastische Umstände erfordern drastische Lösungen. Ich wusch meine Hände, räumte einen Platz auf meiner Koje frei und schickte mich an, die Mysterien seiner inneren Struktur mithilfe des Schwerts meines Vaters zu erforschen, eine Prozedur, die sehr der Durchführung einer Hirnoperation mit einer Axt vergleichbar war. Die Häufchen winziger Schrauben, merkwürdig geformten Metalls mit unbekannten Aufgaben und Bestandteilen elektronischer Schaltkreise wuchsen rasch, ohne dass ich Fortschritte machte. Schließlich setzte ich den Fotoapparat in geringfügig schlechterem Zustand als zuvor zusammen und fand Trost darin, dass meine Filmkamera noch intakt war. Ich ersetzte die vergeudete Dreißig-Meter-Filmspule durch eine gute, immer noch nicht den Umstand ihres Hinscheidens realisierend. Bis zu diesem Zeitpunkt hatte ich die Belichtungsmessung für beide Kameras mit meinem Fotoapparat erledigt, aber auch der Belichtungsmesser war zerschmettert. Von nun an wurde die Lichtmenge, die in meine Filmkamera gelangte, durch Schätzen bestimmt, was, wie sich herausstellte, ziemlich gut lief, da es mir gelang, einige exzellente Filme zu produzieren, die später im Fernsehen gezeigt wurden.

Am frühen Abend kehrten die Alpinisten zurück, müde und glücklich und kein bisschen schlammig. Sie schwärmten über die Aussicht vom Gipfel, den ich so gern gesehen hätte.

„Es war wunderschön", sagte die großgewachsene und burschikose Führerin mit tiefer Stimme. „Ich war sehr stolz."

Ihr Name war Brynhild, die Kriegsmaid, beschloss ich. Offenbar machen sich Reisende und damit verbundene Menschen selten Gedanken über die tatsächlichen Namen der übrigen. Wir sind aneinander vorbeiziehende Schiffe in der Nacht, und solche Intimitäten scheinen unwichtig. Die Damen luden uns zum Abendessen ein, eine provisorische catch-as-catch-can-Angelegenheit aus Konservengemüse, Kartoffeln, Brot und gekochten Würstchen, bei denen Brynhild augenzwinkernd darauf bestand, es handle sich um *Pferde*wurst. Wir sprachen vom Kabeljaukrieg, als Island die Grenzen seiner Hoheitsgewässer ausgedehnt hatte, sehr zum Verdruss englischer Fischer. Jetzt lernte ich die Einstellung aus isländischer Sicht kennen.

„Wir kämpfen ums Überleben!“ sagte Val. „Fisch ist alles, was wir haben. Ihr habt viele Dinge: Kohle und Öl und Landwirtschaft. Wir haben nur den Fisch, und bald wird er verschwunden sein.“

„Dann werden wir nur noch die Touristen haben“, sagte Brynhild und präsentierte eine gemeinsame Front. Ich dachte an all die neuen provisorischen Brücken überall im Land und die neue Küstenstraße im Süden. Diese waren zweifellos hilfreich für die einheimische Kommunikation, stellten aber hauptsächlich eine Überlebensstrategie dar, die direkt auf Tourismus zielte.

„Bald müssen wir von den *Touristen* leben“, bestätigte Val.

„Fisch schmeckt besser“, sagte ich, um dem aufkommenden Trübsinn ein wenig Humor einzuimpfen. Es gelang, und Lächeln breitete sich über die Gesichter aus. Val hatte das Wort Tourist mit äußerster Geringschätzung ausgesprochen. Wir drei Ausländer wussten, dass sich diese Geringschätzung nicht auf uns erstreckte, denn wir waren *Reisende*, keine *Touristen*. Es gibt immer diese Unterscheidung, überall in der Welt, zwischen den Reisenden, die Unbequemlichkeit in Kauf nehmen um zu *sehen*, und den Touristen, die all den heimischen Komfort fordern, und schauen ohne zu sehen. Ersteren wird mit unterschiedlichem Ausmaß an Akzeptanz begegnet, während letztere als das notwendige Übel behandelt werden.

„Ein Deutscher fragte, wann die Saison für Vulkane wäre“, sagte Brynhild und schüttelte ungläubig ihren Kopf.

Ich sprach meine Theorie von der Nähe zwischen der Isländischen Sprache, dem Altnordischen, und meinem heimischen Lancaster-Dialekt an, und wir waren uns einig, dass die flachen Vokale unseren beiden Artikulationsformen gemeinsam waren. Einige Vokabeln blieben gemeinsam. Ein Fell war für uns ein Berg, und was für die Isländer ein *Foss* war, war für mich ein *force*, während es für Englischsprachige ein *waterfall* sein würde.

„Mehr *Pferd?*“ fragte Val. Wir vernichteten das Pseudo-Huftier mit Genuss und spähten durch das Fenster zu einem Land Rover, der seinen kaskadierenden Weg durch die Wasser der Furt pflügte. Seine Scheinwerfer leuchteten nach links und recht, oben und unten im dämmernden Abend, und sein Motor kreischte und brüllte protestierend.

„Touristen!“ sagte Der Ingenieur.

„Touristen!“ bestätigten Slim und ich.

„Ja... *Touristen...*“, sagte Val leise; und Brynhild nickte.

7

Der Vulkan

„Die Hekla ist eintausendvierhundertundeinundneunzig Meter hoch, oder fünftausend Fuß. Ihre letzte Eruption fand 1981, vor drei Jahren, statt, und sie brach auch 1980 aus. Die Hekla kann jederzeit ausbrechen. Das Land ist bedeckt von Tephra dieser beiden Eruptionen. Wir haben unter uns einen Reisenden, der morgen versuchen wird, den Vulkan zu besteigen."

Die Reiseleiterin lächelte alle im Bus an und steckte das Mikrofon wieder in seine Halterung, als der Bus auf der Schlackestraße rutschend zum Stehen kam. Die Tür öffnete sich und die Passagiere winkten und lächelten.

„Viel Glück."

„Hoffentlich bleibt das Wetter so gut."

„Ich hoffe, sie bricht nicht unter Dir aus."

„Sichere Reise!"

Ein Winken, und der Bus war fort, der von ihm aufgewirbelte Staub legte sich wieder über die Straße. Ich blickte nach Süden. Man konnte nirgendwo anders hinsehen, denn dort, dreizehn Kilometer entfernt, war sie: Hekla, wie eine gigantische, auf der Seite liegende Paranuss, mit Schnee auf ihren Flanken und einer Gipfelkrone, dass man den Kopf in den Nacken legen musste, um sie bequem betrachten zu können. Und aus der Mitte dieser Krone erhob sich, gemächlich wirkend durch Größe und Entfernung, eine hübsche Fahne aus braunem Rauch in einer sauberen Kurve auf der linken Seite und verteilte sich über den dunkler werdenden blauen Abendhimmel. Zweimal im Jahrhundert war sie gewöhnlich ausgebrochen seit der ersten verzeichneten Eruption Anno Domini 1104. Zweimal im Jahrhundert, bis sie 1980, nach nur zehn Jahren Untätigkeit, wieder hochgegangen war; und gleich nochmal im folgenden Jahr. Nun befand sie sich in einem unruhigen Halbschlaf. In der ganzen antiken Welt war sie als Tor zur Hölle bekannt gewesen, und der Rauch galt als die vereinten Seelen der Toten. Niemand würde sich ihre Hänge hinaufwagen, denn wer wollte schon die Hölle vor dem festgesetzten Zeitpunkt besuchen?

Eine Weile stand ich da und schaute einfach nur, nahm den Anblick in mich auf, erinnerte mich der Legenden, dachte an den morgigen Tag. Dann hievte ich meinen Rucksack auf den Rücken und ging ihr entgegen. Zuerst musste ich die Thjórsá überqueren, eine breite und wirbelnde Angelegenheit. Das war kein Problem, da der Damm eines Wasserkraftwerks sie an dieser Stelle überspannte. Kristinn der Schäfer muss vor einhundert Jahren an diesem Punkt gestanden haben, und fünf Kilometer nach Südwesten war der Búrfell, an dessen Fuß er gefunden wurde. Ich tauschte Höflichkeiten mit einigen Arbeitern auf dem Damm aus und ging weiter in Richtung des Berges. Die Hauptpiste durch die Sprengisandur überquerend ging ich nach Osten eine schmale, unbefestigte Piste entlang, die im Norden den Berg umrundete und zu einer möglichen Route hinaufführte. Die Karte versprach eine Fülle von Bächen entlang der Piste, daher verzichtete ich darauf, meine Wasserflasche mit trübem Flusswasser zu füllen.

Das Licht nahm rasch ab, während ich der Piste folgte, die tiefgefurcht und mit zahlreichen Reflektorpfosten versehen war, denn hier war die Grenze des stärker bevölkerten Teils Islands, der Bereich, der das rund hundertzehn Kilometer im Westen entfernte Reykjavík umgab. Schafe zeigten mildes Interesse, als ich vorüberkam. Ein- oder zweimal sah ich eine tiefe Abflussrinne und verließ die Piste auf der Suche nach Wasser, aber jedesmal gab es nur Tephra, kleine, haselnussgroße Schlacke, die alles mehrere Zentimeter hoch bedeckte. Gelegentlich durchbohrten spärliche Grashalme ihre Oberfläche, um die unerschöpfliche Zähigkeit des Lebens geltend zu machen. Wasser begann zu einem Problem zu werden. Ich kam zu dem Schluss, dass meine Karte vor der letzten Eruption entstanden sein musste, die vielleicht alle Bäche mit Tephra zugedeckt hatte. Anderthalb Kilometer südlich gab es auf der Karte einen größeren kreisförmigen See offensichtlich vulkanischen Ursprungs. Daher verließ ich die Piste in jene Richtung. Ich knirschte über ein Ex-Bachbett und wurde vor mir der merkwürdigsten Erscheinung ansichtig: Dort, meinen Weg zum See versperrend, befand sich ein Wald von Stein„bäumen", an die zehn oder fünf Meter hoch. Die „Baumstämme" waren dick an der Basis und verzweigten sich nach oben zu scharfen Nadelspitzen. Der Wald„boden" selbst lag drei Meter über der Tephra und ging in eine deutliche Linie massiver, scharfkantiger Brocken über. Es war ein schauriger und merkwürdig fremdartiger Anblick, wie die Bäume sich vom dunkler werdenden Blau des Himmels abhoben, der nun schon Sternen zu funkeln erlaubte. Ich kraxelte über die Brocken zu den Bäumen. Sie bestanden aus Lava, die erstarrt war, als sie in die versteinernde Kühle der Luft brodelte und blubberte, um dort als natürliche Skulpturen zu verharren, bis die Zeit sie zu Staub erodierte.

Dies war Aa-Lava, nicht die flachen Fladen, die die Wüstencornflakes gebildet hatten, sondern die neue Lava, der ich, wie Herman the German gesagt hatte, begegnen würde; die Lava, die meine Stiefel zerreißen würde. Sie war wahrscheinlich vom Heklaausbruch 1981 ausgestoßen worden und hatte bis jetzt keine Zeit gehabt, auch nur etwas von ihrer Schärfe einzubüßen. Es gab keinen ebenen Untergrund, und die Bäume standen so eng beieinander, dass ich gezwungen war, sorgsam einen Weg zu wählen, auf dem ich mich hindurchquetschen konnte. Die Nadelspitzen stachen durch die Haut, ließen Blut fließen und brachen unter den

Füßen, schleuderten den Unachtsamen gegen die scharfen Spitzen. Es war offensichtlicher Irrsinn, bei diesem Licht weiterzugehen, darum zog ich mich auf die Tephra zurück. Eine wasserlose, durstige Nacht stand mir bevor, die nächste Möglichkeit zu trinken ergab sich wahrscheinlich erst auf dem Schnee des Vulkans. Es wurde tatsächlich sehr kalt, als ich mein Biwak auspackte und es auf der knirschenden Schlacke aufstellte, in der Hoffnung, die Häringe würden genug Halt haben, um es während der Nacht aufrecht zu halten. Hekla war noch immer erhellt von der sinkenden Sonne, ihr gefrorenes Wasser, äußerst verlockend jenseits des versteinerten Waldes, sah unglaublich, atemberaubend und schön aus.

Der Junge sah zu, als das, was der alte Krieger gewesen war, zur Ruhe gebettet wurde, steif wie ein Holzklotz und gekleidet zur Schlacht, den Helm auf dem stolzen Haupt und den grauen Bart etwas zerwühlt von der Brise. Ein Schild bedeckte die Brust und in der rechten Hand, im Tode fester umfasst als jemals im Leben, lag ein eisernes Schwert, zernarbt von Metall und Knochen. Er blickte zum Horizont, wo die Hekla, das Tor zur Hölle, sich erhob, und wusste, dass der alte Krieger bereits vor den Göttern stand, um geprüft zu werden. Von der Spitze des großen Berges Hekla, in einem dünnen grauen Rauchfähnchen, erhoben sich die Seelen der Helden, die für Walhalla in Asgard bestimmt waren, und bald, so hoffte er, würde der alte Krieger folgen.

Der Goði erhob seine Arme über das Volk und intonierte Worte tiefer Weisheit; der Goði, der durch allgemeine Übereinkunft ihr Anführer war in allen geistlichen und weltlichen, landwirtschaftlichen und kriegerischen Dingen. Erde regnete auf die sterblichen Überreste herab und wurde eingeebnet. Der Ort war gekennzeichnet, aber der Körper des alten Kriegers war nun ein Teil der Erde, dem Blick der Menschheit entzogen. Der Junge grübelte eine Weile darüber nach und wandte sich an den Mann, dessen Name – vielleicht – Olaf war, um ihn nach dem Anfang der Welt und der Menschen zu fragen.

Sie ließen sich in Stille nieder, denn es handelte sich um wichtige Aufgaben, und der Mann sprach auf die überlieferte Art, wie sein Vater und dessen Vater vor ihm gesprochen hatten.

„In lange vergangenen Tagen, als die Götter jung waren und der Lehmriese auf der Erde wandelte, wurden ihm die Frostriesen geboren. Und er, der ungezähmte, führte seine Söhne in den Kampf gegen Allvater Oðin und die Götter von Asgard. Der Schlachtenlärm erscholl Zeitalter um Zeitalter, bis der Lehmriese erschlagen lag. Dann warfen die Götter den Körper des Lehmriesen in die Ginnungaspalte und er füllte die Spalte von einem Rand zum anderen. Aus einer großen, klaffenden Wunde in seinem Nacken brach eine mächtige Sintflut hervor, die die ganze Rasse der bösen Frostriesen ertränke – bis auf einen. Er, der weise Bergelmir, baute ein großes Boot und rettete sich und seine Frau vor der Flut. Sie fuhren zu den Balken, die die Mühle der Götter trugen, deren Mühlstein sich um den Polarstern dreht, den Weltennagel, und dort gewährte ihnen Loki, der Bruder Oðins, Zuflucht, denn die Mühle der Götter ist ihm unterstellt. Und Bergelmir zeugte die Jutuns, die bösen Riesen, die auf immer Feindschaft hegen gegen die Götter.

Dann rief Oðin die Götter zum Rat zusammen, und diesen Rat nannten sie Thing. Der Lehmriese, die ungezähmte Kraft der Natur, war nun durch den Tod gezähmt. Jetzt mussten die Natur geformt und die Erde geordnet werden. Sie nahmen den Körper aus Lehm und warfen ihn in die Mühle der Götter, die langsamer als langsam und feiner als fein mahlt. Sie nahmen die Knochen und schufen aus ihnen die Hügel und Berge, und aus seinen Zähnen schufen sie die Felsbrocken und Kiesel. Aus seinem Fleisch formten sie das Erdreich, und in das Erdreich gaben sie wachsende Dinge, die sie aus seinem Haar woben. Und das Land umgaben sie mit wogenden Ozeanen, die der Schweiß seines Körpers waren. Dann nahmen sie seine mächtigen Augenbrauen und gestalteten daraus einen Garten von großer Schönheit, der der Wohnsitz der Menschheit sein sollte. Seinen Schädel hoben sie empor und setzen ihn über die Erde. Sein Gehirn schäumten sie zu den Wolken auf, damit sie das Gute auf das Land herabregneten.

Doch bis dahin gab es kein Licht, das Freude in die Welt brachte. Nur wenige Funken kamen von Muspelheim, der Heimat des Lichts, und wanderten ziellos über die Erde. Diese nahmen die Götter, befestigten sie am Schädel des Lehmriesen und drehten den Schädel langsam um den Weltennagel.

Nun strebte Loki, der für die Mühle der Götter zuständig war, danach, Oðin zu stürzen. Zur Strafe nahmen ihm die Götter seine beiden geliebten Kinder und veranlassten sie, auf ewig das Firmament zu durchwandern und das Vergehen der Zeit anzuzeigen. Der hehren Sol gaben sie einen Triumphwagen aus glänzendem Gold, gezogen von Zwillingspferden, und zwangen sie, vom Morgen bis zum Abend über den Himmel zu hetzen. Und ihrem stattlichen Bruder Mani gaben sie einen Streitwagen aus glänzendem Silber, gezogen von einem flinken weißen Pferd, und zwangen ihn, vom Abend bis zum Morgen dahinzurasen. So kam es, dass die Natur nach ihrer Art geordnet wurde, und damit es immer so blieb, setzte Oðin sein geliebtes Weib Frigga zur Herrschaft über sie ein, sie zu pflegen und an ihrer Brust zu behüten und die Mutter der Natur zu sein, bei der sie in Zeiten der Not Zuflucht suchen würde.

Und so kam es, dass eines Tags die mächtigen Brüder Oðin, Hörnir und Loki die große *Thing*versammlung in Asgard verließen, um an den Küsten des schönen Gartens der Menschen zu wandern, der Midgard genannt wurde. Als sie so gingen, gewahrten sie zwei Baumstämme auf dem Sand. Einer war aus Eschenholz und der andere aus Erle, und sie lagen leblos an der Küste.

Dann hauchte der mächtige Oðin seinen Odem über sie und gab jedem Seele und Verstand; und der sanftmütige Hörnir berührte sie und gab jedem Bewegung und Sinne und den Willen, sie zu benutzen; und der machtvolle Loki streichelte sie und gab jedem Blut, Farbe und Wünsche.

Der Eschenstamm wurde ein Mann, und sein Name war Ask; und der Erlenstamm wurde eine Frau, und ihr Name war Embla. Und mit der Zeit brachten sie alle menschlichen Rassen zur Welt, die Midgard bevölkern mit Hautfarben in vielen Schattierungen. Und wenn Oðin ihre Seele zu sich ruft, richten die Götter über sie. Die Unwürdigen werden Hel übergeben, der Königin der Hölle – dem Reich der Qualen, um dort entsprechend ihrem Urteil bestraft zu werden. Und in die Hölle kommen Verräter und Krieger, die ohne Heldenmut sterben; aber zu jenen Kriegern, die wacker sind, schickt Oðin seine Dienerinnen, die Walküren, gekleidet in schimmernde Wehr, die weiße Pferde über den Himmel reiten, aufleuchtend in Lichtwolken, wenn sie herniederkommen, um den Todeskuss zu gewähren und ihre Seelen direkt nach Walhalla zu bringen. Aber ihre Körper müssen zu der Erde zurückkehren, aus der die beiden Stämme wuchsen, damit das Leben erneuert werden kann in der großen Umdrehung der mächtigen Mühle der Götter."

Sie gingen heim, der Junge und der Mann, dessen Name – vielleicht – Olaf war; und als sie gingen, der Arm des Mannes auf der Schulter des Jungen, dachten sie, jeder nach seinem eigenen Verständnis, über die Dinge nach, die gesprochen worden waren; und an den alten Krieger dachten sie, als Sol ihren goldenen Streitwagen zur Hekla hinablenkte, die im Westen leicht rauchte.

Die Stille schüttelte mich gegen sechs wach. Es war eine vollkommene Stille; eine windlose, regenlose, menschenlose Stille. Ich bewegte mich, und mein Tephrabett knirschte mit einem alarmierend lauten Geräusch. Das Frühstück bestand aus Keksen und Schokolade, gekauft in einem kleinen Laden bei dem Wasserkraftwerk spät am vorangegangenen Abend. Dort hatte ich auch zuletzt etwas getrunken, eine Flasche schäumenden, alkoholfreien Biers. Mein Durst war stark, aber eher ein Ärgernis als eine Gefahr, denn ich wusste, ich würde auf der Hekla trinken.

Lärmend zog ich die Reißverschlüsse meines Biwaks auf. Die Außenseite war mit Frost und Eis bedeckt. Ich lutschte ein kleines Stück Eis und und beobachtete einige dreiste Primaten dabei, wie sie sich emsig orientierten. Der östliche Horizont war rot, als die Sonne sich abmühte, das Vorgebirge zu erklimmen. Der versteinerte Wald erhob sich kalt in zehn Meter Entfernung, so solide und wehrhaft wie ein Fort. Ich kam zu dem Schluss, dass er selbst bei Tageslicht nicht zu durchqueren war. Schnell packte ich mein Lager zusammen und sah wieder auf. Der Wald war verschwunden – wie auch der Rest der Welt, bis auf einen Umkreis von sechs Meter um mich herum. Nebel, weiß und dicht, kalt und klamm, deckte alles zu. Ein schwaches Leuchten zeigte die Richtung der kämpfenden Sonne, also hielt ich auf sie zu, um zur Straße zu gelangen. Ich hatte die Absicht, ein Basislager nahe der Straße zu errichten, an einem Punkt, den ich bei meiner Rückkehr vom Vulkan sicher finden würde. Als Jugendlicher hatte ich in Snowdonia eine harte Lektion zu lernen, als ich einmal ein Basislager in einem Feld ohne besondere Kennzeichen verließ und den größten Teil der frostigen Nacht damit verbrachte, am Llamberis Pass danach zu suchen. Das, schwor ich mir, würde nicht wieder geschehen! Offenbar ist das die Art von Überheblichkeit, die man sich im Alter zu eigen macht.

Die Straße tauchte auf und ich schritt sie fröhlich entlang. Innerhalb einer Stunde gewann Sol ihre Schlacht und zerstreute den Nebel, erwärmte das Land von einem fast wolkenlosen Himmel herab. Hekla war nun zu sehen und wirkte unglaublich einschüchternd, schwarz und weiß wie ein geschecktes Pony, ein Wolkenstreifen zu ihren Füßen. Eine kaum auszumachende Piste führte nach rechts. Dieser Piste wollte ich folgen, da sie mich laut Karte genau zum Fuß der Hekla führen musste. Dort gab es einen großen Felsen, etwa sechs Meter hoch, nahe der Einmündung. Das sah nach einem guten Platz für ein Basislager aus. Ich errichtete mein Biwak in einer Mulde, damit es von der Straße aus nicht zu sehen war. Somit verringerte ich die Möglichkeit zufälligen Diebstahls. Wenn ich die Straße fand, selbst wenn ich an einer anderen Stelle auf sie stieß, brauchte ich ihr nur zu folgen und nach dem großen Felsen Ausschau zu halten. Soweit die Theorie. Das war mein erster Fehler.

Um acht Uhr zwanzig machte ich mich mit sehr leichtem Gepäck den Seitenweg hinab auf. Selbst meine Schnee- und Eisausrüstung, meinen Eispickel und die Steigeisen ließ ich zurück, da ich die Absicht hatte, dem schneefreien Nord-Ost-Kamm zum Gipfelschlot zu folgen. Das war mein zweiter Fehler.

Das Wetter war fast großartig genug, um meinen Durst auszublenden. Rund um mich her war niedriges versteinertes Gestrüpp aus Aa-Lava. Es gab einen ausgedehnten Steinwald, der die Piste zu der auf der Landkarte verzeichneten Route zwang. Inzwischen war die Piste tatsächlich sehr dürftig geworden, nur noch eine gelegentlich sichtbare Fahrzeugspur, die grob in Richtung einer anderen zielte. Gegen zehn Uhr traf die Piste auf eine zweite, wie es die Karte vorhergesagt hatte. Diese zweite Piste trat deutlicher hervor und schlug eine direkte Route zur Straße ein. Ich entschied, sie bei meiner Rückkehr zu nutzen. Heklawärts folgte ich ihr, bis sie etwa fünfundvierzig Minuten später abrupt endete, da der Hang zu steil wurde. Dort gab es eine frische Fußspur, groß und vor sehr kurzer Zeit entstanden. Vor wenigen Stunden war jemand diesen Weg in Richtung des Berges entlanggekommen.

Dann sah ich etwas Wundervolles. Einen massiven Schneeblock, strahlend weiß und einsam wie Lots Weib. Ich krabbelte zu ihm hoch und fühlte seine Kühle, schlug ein wenig ab und lutschte es, zusammen mit dem groben Grus, vergnügt und froh an diesem Morgen. Da war ein großer Keil, an die drei Meter hoch, der aus der Seite des Vulkans ragte wie der stolze Bug eines Langschiffs, merkwürdigerweise gekrönt mit einer Schicht Tephra. Ich kam zu dem Schluss, dass dieser Schnee im Winter 1980-81 gefallen war, von der Tephra der Eruption von 1981 bedeckt wurde und, nachdem er diese abgekühlt hatte, für drei Jahre von ihr isoliert worden war. Also gab es doch Schneebälle in der Hölle!

An einer Stelle tröpfelte es ununterbrochen, als die Sonne die zerfurchte Ostwand in Angriff nahm. Ich streckte meinen Becher darunter und beobachtete, wie er sich langsam mit einem „Plip-plop-plap" füllte. Ich förderte die Filmkamera zutage und schoss eine exzellente Sequenz – wobei ich die Objektivabdeckung fest an ihrem Platz ließ. Ach, die Freude und Aufregung der Rast dieser Stunde, während ich meine Portion aß und trank und dabei wusste, genauso musste sich Ali Baba inmitten seines höhlenbewohnenden Schatzes gefühlt haben; denn hier war der wertvollste Schatz von allen, hier war *Wasser*.

Regelmäßig fiel Tephra von oben herab, wenn der Schnee darunter schmolz. Sie fiel zielsicher in meinen Nacken, bis ich so schlau war, mich außer Reichweite zu begeben. Viel zu bald war es Zeit zu gehen. In meiner Flasche befand sich nach Schlacke schmeckendes Wasser, um mir fortgesetzte Freude zu bescheren. Die Ausläufer des Berges waren steil und mit Tephra bedeckt. Manchmal war die schwarze, knirschende Schlacke sehr tief und meine Beine verschwanden bis zu den Waden und mussten bei jedem Schritt herausgezerrt werden. Das erinnerte mich an die Aklé Dünen in der Sahara, die hoch aufsteigenden Sicheldünen aus weichem, losem Sand, der die Beine festhielt und das Vorankommen zu einem Bußgang machte. Aber es gab ein Vorankommen, und Hügel um Hügel wurde unter Keuchen, Grunzen und Schnaufen erstiegen, die Ebene unter mir entfernte sich mit jedem Schritt weiter.

Ich gelangte auf ein staubiges Plateau, wie eine andere Welt mit eigenartigen explodierten Felsen, die, infolge einer höllischen Feuerschlacht, über seine Oberfläche verstreut waren. Diese Felsen waren unter dem Namen *Bomben* bekannt. Mit einem Durchmesser von bis zu einem Meter waren sie vom Vulkan als Kugeln geschmolzener Lava ausgeworfen worden, mitten in der Luft erstarrt und beim Einschlag explodiert. Sie wurden *Brotkrustenbomben* genannt, wegen der tiefen Risse auf ihrer Oberfläche, die an die Oberseite krustiger Brotlaibe erinnerten. Tephra lag auf ihnen und täuschte über ihren Ursprung vor 1981 hinweg. Wenn die Altvorderen solche Bomben aus dem Krater der Hekla fliegen sahen, stellten sie sich vor, es handle sich um die Seelen der Verdammten, die von Hel für eine Weile zum Abkühlen auf dem Schnee ausgelegt worden waren, bevor sie zurückkehren mussten, um ihre Bestrafung fortzusetzen. Der Wind blies hier stark und wirbelte den schwarzen Staub zu Wiedergängern auf, die vor seiner Macht flohen. Nachdem ich dieses kahle Schlachtfeld überquert hatte, stand ich – endlich – auf der Flanke des Vulkans selbst. Es war zwanzig nach eins, fünf Stunden, seit ich mein Basislager verlassen hatte. Von hier ging es nur noch bergauf.

Die Böschung war geschützt durch einen Steinwald, seine Bäume niedriger als jene unten in der Ebene, aber immer noch zwischen anderthalb und drei Meter hoch und dichtgedrängt. Der einzige Weg nach oben führte zwischen ihnen hindurch, und so gürtete ich meine Lenden und stürmte etwas verzagt weiter. Die Fortschritte waren tatsächlich sehr gering. Die Lava der Wüste, die ich als übelstes Terrain angesehen hatte, mit dem ich es jemals aufgenommen hatte, schien nun äußerst erstrebenswert verglichen mit dieser Passage. Irgendeine Stelle des Bodens zu belasten bedeutete eine fünfzigprozentige Chance, dass sie zusammenbrach, was zu einem Sturz auf nadelspitze Stacheln führen würde. Ich werde die Narben dieser Reise für viele noch kommende Jahre tragen. Von meinen Händen und Handgelenken tropfte von beiden Seiten Blut, als ich mich durch die baumartige Lava kämpfte, mich mit Gurten im Geäst verfangend und tiefe Schnitte in starke Lederstiefel schürfend, gerade wie Hermann the German vorhergesagt hatte. Der Wald ging steil bergauf und ich ebenso, für wie lange, weiß ich nicht. Dann sah ich ein abschüssiges Schneefeld, das eine Erosionsrinne vor mir hinaufführte, schmal und glatt und äußert verheißungsvoll. Ich ging zu ihr, obwohl ich keine Schneeausrüstung dabei hatte. Alles war besser als dieser Höllenwald.

Der Schnee war hart und schlüpfrig, gesprenkelt mit Tephra, die meinen Stiefeln half, Halt auf der Oberfläche zu fassen. Sehr vorsichtig fand ich meinen Weg den Schneehang hinauf, wobei ich mich vergewisserte, dass jeder Fuß immer fest aufgesetzt war, bevor ich den anderen hob. Es war mühsam, und Fortschritte waren nur schwer zu erringen, gefangen wie ich war zwischen Wald auf beiden Seiten und unter mir. Ich sagte mir selbst, dass jeder Schritt weitere fünfzehn Zentimeter der insgesamt tausendfünfhundert Meter bedeutete; zwei Schritte waren rund dreißig Zentimeter und sechs ein ganzer Meter.

Am oberen Ende der Rinne hatte die Sonne große Löcher in den Schnee geschmolzen, und es verblüffte mich zu sehen, dass es in diesen Schneegrotten zwei klar abgegrenzte Tephraschichten gab, die in den Schnee eingebettet waren. Die obere weiße Schicht, etwa dreißig Zentimeter dick, musste vom Winter 1983-1984 sein; dann kam eine fünf Zentimeter starke Tephraschicht von der 81er Eruption, gefolgt von dreißig Zentimeter Schnee von '80-81, unter dem 80er Tephra war. Schließlich gab es eine tiefe Schneeschicht, deren oberer Bereich nicht später als '79-80 gefallen sein konnte. Mindestens fünf Jahre turbulenter jüngerer Geschichte verwahrte dieser hübsche Schichtkuchen.

Nach dem Schneefeld kam mehr tiefe, steile Tephra und erweckte Kindheitserinnerungen an das Ersteigen von Kohlehalden auf dem Schulhof. Ich kicherte über eine weitere frühe Erinnerung an eine Zeit, als ich Snowdon als physisch herausfordernd betrachtete. Ach, die Unschuld der Jugend. Ein weiteres Schneefeld präsentierte sich, das von der Ebene unten auch nicht zu sehen gewesen war. Dieses wies einen flacheren Winkel auf als das vorangehende, da ich beträchtlich weiter auf dem Kamm des Paranussgrats vorangekommen war. Ich wünschte, ich hätte meine Steigeisen und den Eispickel mitgebracht; aber Wünschen bringt nichts als Frustration, also ging ich weiter so gut ich konnte.

Entlang des linken Kamms lag Tephra, darum folgte ich ihm eine Weile. Dann sah ich die großen Fußabdrücke, die ich bereits früher jenseits der Bergausläufer gesehen hatte. Irgendwer war vor mir; vielleicht einige Stunden, aber nicht mehr; jemand mit großen Füßen und ebenfalls ohne Steigeisen oder Eispickel. Auch er nahm den Weg entlang des tephrabestreuten Schneegrats. Obwohl er so weit voraus war, war er wie ein Weggefährte für mich, der, wenngleich ungesehen, an den Schwierigkeiten des Tages teil hatte. Mir war gesagt worden, dass wahrscheinlich zehn Leute pro Jahr die Hekla bestiegen, und ich freute mich wirklich sehr, den Vulkan mit ihm zu teilen.

Um zwei Uhr fünfundvierzig trat ich zwischen den Lavabäumen heraus auf den Kamm des Hauptschneefeldes, das die nordwestliche Seite der Hekla bedeckte. Die Aussicht war so großartig, wie ich sie nur aus der Luft gesehen hatte. Ich wusste, dass dieses Schneefeld, denn ich hatte es von unten studiert, etwa drei Kilometer jenseits des Kamms weiter bis zum Fuß des Kraterkegels reichte. Als ich in Richtung des bis jetzt noch unsichtbaren Kegels blickte, fiel die mächtige weiße Fläche leicht konvex tausend Meter den Berg hinab ab; tausend Meter glitzernden, glatten, harten und rutschigen fehlerlosen Schnees mit einer scharfen horizontartigen Linie, wo er sich aus der Sicht wölbte. Der Gipfelgrat selbst war an diesem Punkt prächtig „entwaldet". Ich filmte ein wenig und rastete, nahm die Aussicht in mich auf. Der Großteil des eigentlichen Kletterns lag nun hinter mir, aber für meine Probleme galt das vermutlich noch lange nicht. Damit sollte ich Recht behalten.

Der Zeitmangel zwang mich, eher die Route entlang der oberen Kante des Schnees einzuschlagen, als den „Wald" in Angriff zu nehmen. Mein ungesehener Kamerad war zu der gleichen Entscheidung gelangt und ich schloss mich vorsichtig seiner Führung an. Eine Stunde später hatte ich dieses Feld überquert und war hinauf zum ersten Gipfelschlot gelangt. Dort gab es, entlang des Grates, nicht nur einen Krater, sondern in seinem Gefolge mehrere kleinere in einer Reihe. Ich hatte mir Vulkankrater immer ordentlich und rund vorgestellt, und war mental nicht auf das vorbereitet, was ich zu sehen bekam. Die Spitze des Berges war einfach weggesprengt worden und große Risse und Spalten, halb gefüllt mit Bimsstein, gelbem Schwefel, roter Eisenschlacke und schwarzer Tephra, verliefen in alle Richtungen. Mächtige Platten einst geschmolzener Felsen in irren Winkeln, zerklüftet und formlos, lagen verstreut drunter und drüber in diabolischem Aufruhr, während Schleier schwefligen Dampfes kaum sichtbar im spürbar wärmeren Wind waberten. Es war eine unmöglich zu beschreibende Szene, denn dazu wäre es nötig gewesen, allgemeine Erfahrungen von Etwas heraufzubeschwören, das eine klare Form und Ordnung besitzt. Hier war eine Welt ohne Form und Ordnung. Es gab keinen Ausgangspunkt, keinen kleinsten gemeinsamen Nenner, keine Grundlinie, an der die Beschreibung ansetzen konnte. Da selbst der Horizont hinter den mächtigen Monolithen verborgen war, gab es keine sichtbaren Horizontalen und Vertikalen; selbst die Richtung der Schwerkraft war zweifelhaft, da unmögliche Felsformationen ihre Herrschaft leugneten. Es gab ein Wort, das ich häufig unbedacht verwendet hatte, um Unordnung in vorwiegend geordneten Umständen zu beschreiben, während ich seine Bedeutungstiefe, seine Essenz bis zu diesem Zeitpunkt nie wirklich verstanden hatte. Das Wort war Chaos... Man hält Berge für den Inbegriff der Beständigkeit, die unveränderlichen Beobachter des Vergehens der Zeit; aber hier war die Essenz der Unbeständigkeit. Vor drei Jahren hatte es völlig anders ausgesehen als jetzt, und hierher einen Fuß zu setzen hieß, es abermals zu verändern. Das einzige, was wenigstens den Anschein von Beständigkeit erweckte, war das nächste Schneefeld, in dessen Richtung ich mich deshalb wandte.

Weiter weg von der tatsächlichen Geoexplosion war die Tephra sehr dick. Mehrere Spalten, einige drei Meter breit, lagen quer zu meiner Route im Schnee. Sie waren bis zum Überlaufen gefüllt mit loser Tephra und nur eine Absenkung der schwarzen, ebenen Decke von Schlacke wiesen auf ihr Vorhandensein hin. Zu springen stand außer Frage, da es nichts Festes gab, um sich davon abzustoßen. Ich stand bis zu den Knien in Tephra und machte mir Sorgen. Vor mir war eine mit Tephra gefüllte Klamm, ihre Oberfläche eine bloße Absenkung, eine Höhlung, die ein wenig rauchte und dampfte. Unter dieser Oberfläche gab es, für ich weiß nicht wie viel Meter, nichts Festes, und es schien, dass irgendwo dort unten die Tephra immer noch glühend heiß war. Die einzige Möglichkeit, die andere Seite zu erreichen war, diese Höhlung zu betreten. „Oje", sagte ich zu mir selbst. „Oje, oje, oje".

Ich nahm einen tiefen, schwefligen Atemzug und zögerte, bis es fast zu spät war, dann warf ich mich der anderen Seite entgegen. Sofort versank ich bis zur Taille in Tephra, lag auf meinem Bauch und kraulte und krallte meinen Weg über den Abgrund; und ich schaffte es. Für einige Minuten lag ich dort, mit hämmerndem Herzen, Stiefel, Ärmel und Kragen voll kleiner, kratzender Schlacke. Dann stand ich auf und wiederholte die Aktion über die nächste Spalte und die nächste und nochmal. Schließlich erreichte ich die relative Festigkeit des Schnees und stand erleichtert darauf.

Dies war das letzte Schneefeld. Es würde mich zum Fuß des Kegels bringen. Meine Uhr zeigte zwanzig nach vier und es sah danach aus, als würde ich nicht lange vor sechs Uhr auf dem Gipfel sein. Das hieß, wie schon auf dem Gletscher, wenig zeitlichen Spielraum zu haben, und der Untergrund war viel schlimmer als auf dem Tungnafellsjökull. Aber jetzt umzukehren stand außer Frage. Ich war gekommen, um einen Vulkan zu besteigen, und besteigen würde ich ihn. Der Abstieg war ein völlig anderes Projekt. Wenn es zum Schlimmsten kam, konnte ich mich immer noch bis zum Morgen verkriechen. Es wäre verdammt kalt und unbequem, aber ich würde überleben, und ich hätte die Hekla erstiegen.

Das neue Schneefeld war steiler als der Rest, an die fünfundvierzig Grad, und leicht konvex, wie das Feld eines Bowls-Spiels. An seiner Spitze hatte die Hitze aus dem Schlot den Schnee abgeschmolzen, sodass eine sechs Meter breite Lücke die Oberkante des Schnees von der Schlackewand trennte. Der Schnee wölbte sich auf dem Kegel wie eine Brandungswelle, kurz bevor sie brach. Ich musste auf dem Kamm nah an der Kante des Überhangs entlangschnüren, wo die Neigung gerade sanft genug war, um darauf gehen zu können. Zu weit nach links, und ich würde vielleicht fünfzehn Meter durch den Überhang fallen, zu weit nach rechts, und ich würde tausend Meter über glatten Schnee hinabrutschen, um zwei Minuten später gegen das erste sich mir entgegenstellende Hindernis geschmettert zu werden. Die optimale Breite dieser imaginären Linie betrug vermutlich nicht viel mehr als dreißig Zentimeter. Es gab keinen Hinweis, dass mein unsichtbarer Kamerad hier vorbeigekommen war. Also war ich allein. Sehr vorsichtig, aber nicht zu langsam, machte ich mich etwa einen halben Meter vom Rand des Überhangs auf den Weg.

Manchmal prasselte eine Aschelawine zu meiner Linken, wahrscheinlich ausgelöst durch den Wind, und brachte die fehlende Beständigkeit des Berges wieder zur Geltung. Vorsichtig, sicheren Schrittes, kaum Fußabdrücke hinterlassend, kroch ich katzenhaft diese willkürliche Linie entlang auf dem harten, polierten Schnee. Einmal trat ich einen großen Schlackebrocken los, der auf der Schneeoberfläche lag, und sah zu, wie er den Hang hinunterhüpfte, auf seinem Weg Geschwindigkeit aufnahm, bis er über die achthundert Meter entfernte scharfe Kurve des Schneefeldes verschwand. Der Wind kam stark und beständig direkt von vorn, sauber, trocken und kalt, scheinbar unmittelbar aus der sinkenden, zum Blinzeln zwingenden Sonne.

Ich rutschte aus – und stürzte auf den Rücken... ich glitt den Hang hinab... warf mich herum – auf meinen Bauch... streckte alle Viere von mir... ich rutschte schneller... ich trat mit den Stiefelspitzen – krallte mit meinen Fingernägeln... wurde langsamer... kam zum Halten... Ich lag – still – still – stiller als Tod – wagte nicht zu atmen – rang mit dem Grauen – verbannte es auf seinen Platz – dachte – prüfte mental alle Gliedmaßen auf Verletzungen – jeden Kontaktpunkt mit dem harten, glatten Schnee – bereit, mit seiner Oberfläche zu verschmelzen.

Langsam, vorsichtig, aber mit Kraft kratzte ich Fingerlöcher mit meinen Nägeln, die Wärme meiner Finger schmolz den Schnee. In meinem Hinterkopf war der mahnende Gedanke, „*Steigeisen! Du hättest Steigeisen mitbringen sollen!*“ Aber ich hatte keine Steigeisen mitgebracht. Die Kardinalsregel war *nimm immer Steigeisen und Eispickel mit*. Ich hatte nicht geglaubt, sie zu brauchen, und daher die Regel gebrochen. Nun zahlte ich den Preis. Für Schuldzuweisungen war später Zeit. Jetzt musste ich mich aus dieser Bescherung befreien, in die mich meine Blödheit gebracht hatte, oder den endgültigen Preis für meine Torheit zahlen.

Meine Fingerlöcher waren groß genug, um mich zu halten. Ich hob meinen Kopf, um den Hang hinaufzublicken. Meine Rutschpartie war nur etwa sechs Meter weit gewesen. Es war mir viel, viel weiter vorgekommen. Hart mit meinen Fingern zugreifend erhob ich mich auf meine Knie. Dann trat ich einen Halt für die Zehen mit meinem rechten Fuß in den Schnee. Sehr vorsichtig arbeite ich mich auf diese Art Zoll um Zoll zum Bergkamm hinauf, nutzte meine Hände, um Gleichgewicht zu halten, und stand vielleicht zehn Minuten später behutsam dort, wo ich gestürzt war, während mein Herz dermaßen hämmerte, dass meine Knochen bebten. Dann, nach einigen tiefen Atemzügen, machte ich mich wieder auf, sogar noch vorsichtiger. Es war nah dran gewesen, wirklich sehr nah dran. Ja, der Alte Kahlkopf versucht es immer wieder.

Es kommt eine Zeit, einige Minuten nach einem Unfall, da reagiert der Körper, als Resultat einer vorübergehenden Überlastung des Gehirns, mit fast unkontrollierbarem Zittern. Als ich weiterging bemerkte ich, wie dieser Effekt anfing, sich meiner Arme und Beine zu bemächtigen, während mein Herz noch immer in einem gnadenlosen Takt gegen meine Brust hämmerte. Ich sollte anhalten, sagte ich mir selbst, um mich eine Weile zu beruhigen; doch es war spät und keine Zeit zum Ausruhen. Der Verstand kämpfte gegen das Gehirn und gewann langsam die Oberhand. Schrittweise hörte das Zittern auf und das Herz beruhigte sich wieder, während ich auf diesem unsichtbaren Pfad auf dem Überhang weiterging.

Um zehn vor fünf stand ich am Fuß des Kegels. Der Schnee begann losen Haufen dampfender Schlacke zu weichen. Es war an der Zeit, zur Nachwelt zu sprechen.

„Ich denke, ich bin auf dem Hauptkegel. Hier kommt eine Menge Dampf aus den Seiten des Kegels... Es fängt an, warm zu werden... nur wenige Schritte von mir entfernt dampft es..."

Langsam begann ich den steilen Rand zu erklettern. Ich war zaghaft, als würde ich die Stufen eines gewaltigen Palastes hinaufsteigen, um einer großen, aber schrecklichen Persönlichkeit gegenüberzutreten. War dies nicht tatsächlich der Wohnsitz der Königin des Schattenreichs, der unaussprechlich mächtigen Hel? Urzeitliche Gedanken wie diese üben letztlich auf die eigene Wahrnehmung eine größere Macht aus als alle wissenschaftliche Objektivität.

„Dieser Dampf ist gar kein Dampf. Es ist Rauch... es wird verdammt warm... Je weiter ich gehe, um so heißer wird es... Aber wenigstens ist es einigermaßen fest unter meinen Füßen... Ich hätte keine Lust, in ein großes, geschmolzenes Loch zu fallen... Ah... Jetzt kann ich den Schwefel riechen... Sehr stark..."

Ich bückte mich, um einen fußballgroßen Stein zu berühren, weiß, von der Hitze gesprengt und rauchend. Er verbrannte mir die Fingerkuppen. Noch immer stach mir die Sonne in die Augen, wie schon während fast des ganzen Aufstiegs. Wenn ich sie abschirmte, konnte ich aber nur einen halben Meter voraus durch den Rauch sehen. Der Untergrund neigte sich etwa fünfundvierzig Grad. Ich musste meinen Weg zwischen großen, formlosen Felsen suchen, anderthalb, zweieinhalb und mehr Meter hoch, achtlos überall verstreut. Je höher ich kam, umso heißer wurde die Luft in meinen Nüstern und meiner Lunge. Ich ging weiter, hinauf, hinauf der Sonne entgegen. Es hätte hier irgendwo ein Orchester geben sollen, das Wagner schmetterte. Die Schlacke knirschte unter meinen Füßen, als ich die Schwefelwolken atmete. Dann war ich da!

„Hier ist es!" rief ich mit keuchendem Atem. „Ich bin auf dem Gipfel der Hekla...! Und was für eine Aussicht...! Hier ist ein großes Loch... Es raucht. Da kommt Rauch raus... Rauch kommt von überall umher..."

Es war ehrfurchtgebietend; großartig jenseits jeder Vorstellungskraft. Die rohe Gewalt der Erde. Dieses Loch, dürftig verschlossen von wenigen Metern frisch erstarrter Lava, ging geradewegs zum Kern der Erde. Die Ungeheuerlichkeit des Ganzen überschwemmte mein Sein und es war unmöglich, nicht in formlose, präadamitische Verehrung zu verfallen.

„Sieh – sieh – oh Sterblicher... Blicke in den großen, klaffenden Schlund der Hölle..."

Ich stand auf der Kante und spähte über den Rand. Der gegenüberliegende Rand des Kraters war über hundertfünfzig entfernt und über achthundert Meter von meiner Linken zu meiner Rechten. Die Kanten des großen, ovalen Loches waren ungleichmäßig, jede Ordnung leugnend. Ich fand einen einigermaßen ebenen Bereich, vielleicht fünf Meter im Quadrat, auf dem ich stehen konnte. Hier erreichte der Vulkan seine größte Höhe, flachte kurz ab, bevor er sich zu seinem eigenen Zentrum absenkte. Mächtige Felsen, scharfkantig und furchteinflößend, lehnten in unwahrscheinlichen Winkeln inmitten großer, rauchender Schlackehaufen.

Ich blickte durch den Rauch und Dampf hinab. Die Lava des Randes war zurückgestürzt und hatte den Krater verstopft, bildete einen unebenen Schlot von grauschwarzen Felsen, Asche, zerrissener Aa-Lava, durchzogen von Streifen gelben Schwefels und roter Eisenoxyde, aus denen der Rauch und die Schwefelwolken als tanzende, sich schlängelnde Gespenster austraten. Der Grund des Schlotes lag hundert Meter unter mir im Dunst und sah wirklich sehr heiß aus. Der ganze Krater war hypnotisierend, zog mein vollständiges Bewusstsein auf sich, wie nichts, das ich je zuvor erlebt hatte. Empfindungen wie große Ehrfurcht, Schrecken, Begeisterung, Staunen, Entzücken und Furcht vermengten sich in einem unentwirrbaren Tumult.

Und die Kulisse dieses kolossalen Tores war nicht weniger spektakulär. Am westlichen Horizont und sechshundert Meter tiefer reflektierte ein flaches, weißes Tischtuch aus Wolken die kalte, reine Sonne mit einer Brillanz, die in den Augen schmerzte. Unterhalb des Berges franste dieses Tischtuch langsam aus und erlaubte dem Land schließlich, sich unverhüllt zu zeigen. Dort gab es Seen, und im Norden den Fluss Thjórsá, in Silber geschrieben; während im Süden, achtzig Kilometer entfernt, der graue Nordatlantik seine Gegenwart vermuten ließ, jenseits niedrigerer Gipfel und Gletscher. Nichts gab es in Sichtweite, das höher war als ich, aber der Stolz darüber war vermischt mit der Demut meiner eigenen Bedeutungslosigkeit inmitten solcher Größe. Hier war der Wohnsitz von Göttern, und ich bloß ein sterblicher Besucher.

Stehen und Staunen musste rationiert werden. Um sechs Uhr, beschloss ich, wäre die Zeit zum Aufbruch. Sie näherte sich schnell, und es gab noch Arbeit zu erledigen. Ich stellte meine Kamera auf, posierte auf dem Rand des Kraters und hätte der Nachwelt fast die hervorragende Aufnahme von meinem Sturz in die Hölle bieten können, da der Rand unter mir nachgab. Ich trat zurück, als die Schlacke in die Tiefe kaskadierte. Seht den Selbstdarsteller nicht schief an; seine Art zu leben ist erfüllt von Gefahren.

Eine notdürftige Steinpyramide war auf dem höchsten Punkt des Randes errichtet worden, ein Monument für die Verwegenheit vergänglicher Menschen. Auf ihrer Spitze standen majestätisch nebeneinander zwei uralte und ehrwürdige Stiefel in Schuhgröße 44, die die Tage ihrer Arbeit hinter sich hatten und zum Lohn von ihrem dankbaren Besitzer hierher gebracht worden waren. Welch passenderes Ende könnte sich ein Paar loyaler Stiefel wünschen? Es war etwas Poetisches und zutiefst Gerechtes an diesen Stiefeln, wie sie auf dieser höchsten sichtbaren Zinne ruhten. Die Niedrigen waren in der Tat erhöht worden. Cinderella war zweifellos eine wahre Geschichte.

Als ich meinen Filmbehälter öffnete, um das belichtete Filmmaterial auszutauschen, fiel ein Krümel gelben Sandes auf die schwarze Randlava. Dies war ein unbenutzter Film von meinem letzten Saharatrip, und somit gibt es jetzt ein wenig Sahara am Tor zur Hölle. Ich aß ein wenig Schokolade und beging den Fehler, den Riegel abzulegen. Er schmolz. Meine Füße wurden ungemütlich heiß, trotz der dicken Gummisohlen meiner Stiefel, während eine steife Brise meinen Körper kühl hielt.

Um sechs Uhr verließ ich den Gipfel und wandte mich in Richtung Ebene. Ich hatte fast neun Stunden gebraucht, um den Vulkan zu besteigen, aber ich musste die Ebene in deutlich kürzerer Zeit erreichen. Die Wolken zogen schnell heran und die Sonne sank den Himmel hinab. Das war der Tungnafellsjökull in groß. Bald war ich unterhalb des Kegels und auf dem ersten Schneefeld. Ich folgte meinen Fußspuren seinen Rand entlang, sehr vorsichtig, erinnerte mich an mein Beinahe-Desaster beim Aufstieg. Es war weitaus einfacher, wenn man sowohl die Sonne als auch den Wind im Rücken hatte, aber die Neigung des Hangs betrug immer noch fünfundvierzig Grad, also war Vorsicht angezeigt. Ich hätte viel für das magische Erscheinen eines hier auf dem Schnee geparkten Gleitfliegers gegeben. An dieser Aktivität hatte ich mich viele Jahre erfreut, und über diese Ebene dahinzusegeln, kreisend und wie eine Möwe abtauchend, wäre unbeschreiblich wundervoll gewesen.

Als ich beim ersten chaotischen Schlot ankam, beschloss ich, ihn zu meiden, indem ich jenseits davon an der Bergflanke blieb. Dort gab es tiefe Tephra, doch damit kam ich zurecht. Bald erreichte ich das nächste, flacher auslaufende Schneefeld und ging an seinem oberen Rand entlang weiter, immer noch meinen eigenen Fußspuren folgend. Am Ende dieses Feldes hielt ich es für das beste, an der Bergwand zu bleiben, statt zwischen den neuen Lavafeldern des Bergrückens in der Falle zu sitzen. Es gab mehr Ellbogenfreiheit an der *Außenseite* des Berges, und Fortschritte waren viel leichter wahrnehmbar. Aber es sollte nicht sein. Sehr tiefe Tephra erschwerte das Vorankommen viel zu sehr, und so kletterte ich zurück zum Bergrücken.

Auf einem anderen Schneefeld sah ich wieder meine Fußspuren und die meines ätherischen Begleiters, aufsteigend wie absteigend. *Bigfoot* war nicht weit voraus. Wir mussten aneinander vorbeigekommen sein, als ich immer noch aufwärts kletterte. Wieder der Schichtkuchen-Schnee und der versteinerte Wald. Ich handelte mir eine ziemlich tiefe Schnittwunde am rechten Handgelenk ein, die ordentlich blutete, meine Hand klebrig machte und leuchtend rote Punkte auf dem Schnee hinterließ.

Um acht Uhr war ich unterhalb der Schneegrenze. Ich war hervorragend vorangekommen und mit Recht zufrieden, als ich über die ziemlich harte schwarze Oberfläche hüpfte. Um halb neun sah ich zurück und die Hekla war, bis auf den Gipfel selbst, bedeckt von Wolken, wie rosa Zuckerguss, von der untergehenden Sonne beleuchtet. Ich hatte es gerade noch pünktlich geschafft.

Aber Eile hat ihren Preis. Ich hatte versäumt, meine Wasserflasche mit Schnee zu füllen, weil ich geglaubt hatte, das bei dem großen weißen Keil machen zu können, den ich während meines Aufstiegs entdeckt hatte. Unglücklicherweise hatte ich im Zwielicht meine Fußabdrücke vom Morgen übersehen, somit auch den Schneekeil, und war tatsächlich sehr durstig. Ich befand mich in einem anderen Steinwald, älter als die übrigen, mit nur wenigen Bäumen. Tephra bedeckte den Waldboden, was den Schluss zuließ, dass er spätestens 1980 entstanden sein musste, aber vermutlich sehr viel früher, da es Anzeichen von Erosion gab. Gegen neun, die Temperatur war bereits bis fast auf den Gefrierpunkt gefallen, war ich hindurch und auf der Ebene. Dort gab es an einem Hang einen Flecken tephrabedeckten Schnees, der dünn und hart war. Ich war verzweifelt durstig und kratzte, indem ich meinen Schlüssel verwendete, einen kleinen Haufen grauen, gefrorenen Matsch heraus, den ich zum Schmelzen in meine Flasche füllte. Er sah abscheuerregend aus, würde aber steril und, wenn sich der Schlamm auf dem Boden abgesetzt hatte, auch trinkbar sein.

Als sich fast vollständige Dunkelheit herabgesenkt hatte, fand ich Fahrzeugspuren, die in meine Richtung führten, zur Straße hin. Das einzige Licht kam von den Sternen, kalt glitzernd in der Schwärze des Raums, farbig und unglaublich zahlreich, wie über einer Wüste. Der Polarstern war fast im Zenit und direkt über mir. Meine Kompasse waren nutzlos – natürlich – also bestand die Navigation einfach darin, dass ich meine Position in Beziehung zur Hekla setzte, die noch immer schwach im Sonnenlicht glühte. Meiner Uhr zufolge war es zehn. In zwei Stunden, so schien es, würde ich mein Basislager erreichen.

Ich hatte eine kleine Taschenlampe bei mir, die sich gelegentlich als nützlich erwies, um Details hervorzuheben. Meist jedoch ignorierte ich sie zugunsten *unterschwelliger Sicht*, einer Technik, bei der man den kaum wahrnehmbaren Spuren nicht durch direktes, angestrengtes Hinsehen folgt, sondern durch *Halbsehen*, und dem Gehirn erlaubt, sich aus eigenem Antrieb für die Feinheiten der Grautöne zu entscheiden, die anzeigen, wo andere schon vorher vorbeigekommen waren.

Zu den Fährten gesellten sich weitere, und ich kam an dem Punkt vorbei, wo die Spur des Morgens sich mit jener vereinte, auf der ich mich jetzt befand. Ich entschied, auf dieser zu bleiben, da sie besser zu erkennen war und der Karte zufolge eine direktere Route zur Straße darstellte. Und das war mein dritter Fehler!

Um zehn Uhr dreißig drehte sie nach Westen ab, als sie auf einen massiven neuen Steinwald traf, dessen Bäume sich starr und bedrohlich vor dem sternenbeleuchteten Himmel abzeichneten und wie ein Regiment böser Giganten aufragten. Zehn Minuten später endete die Spur zwischen aufgewühlten Reifenabdrücken am Fuß eines kleinen Vulkans. Ich wusste, dass die Straße weniger als anderthalb Kilometer von mir entfernt hinter dieser unpassierbaren Steinbarriere lag. Die Spur war offensichtlich von dem Ausbruch 1981 bedeckt worden. Eine Weile versuchte ich, einen Weg um die Lava herum zu finden, gab aber auf, als die Batterien meiner Taschenlampe erstarben. Also ging ich zurück zur Fahrzeugspur und versuchte, die Lava im Westen zu umgehen, indem ich hoffnungsfroh querfeldein wanderte und grob die Richtung zum Camp einhielt. Mein Atem war sichtbar und zeigte Frostgrade an. Es wurde wahrscheinlicher, dass ich mich auf ein kaltes Nachtlager einstellen musste, aber noch nicht jetzt.

Am Himmel erschien unerwartet ein großes Leuchten, das die Nerven kribbeln ließ. Ich sah auf und erblickt einen grauen Streifen Eiswolken, der von Horizont zu Horizont am Himmel hing. Das westliche Ende wurde von den Strahlen einer Sonne eingefangen, die sich unterhalb meines Horizonts befand. Jedes Eispartikel reflektierte dieses Licht zu seinem Nachbarn, der das gleiche tat, in einer blendenden Kettenreaktion quer über den Himmel. Das Licht blitzte und wob ein überirdisches Ballett über mir, wie Vorhänge von Licht, die in den oberen Luftschichten aufgehängt waren. Der Himmel war eine Masse sich bewegenden Lichts; selbst Sternschnuppen gesellten sich zu dem Tanz und streiften durch die Lichtwolken, um in meinem Geist alles auszulöschen außer reiner Freude.

Es waren die Nordlichter, die Aurora borealis, von denen die Seefahrer und Entdecker im Ton des Entzückens berichteten. Ich hatte ihre blumigen Ausführungen nie wirklich geglaubt, sondern sie ihrem Wunsch, zu beeindrucken und zu unterhalten, zugeschrieben. Aber da war es, zeigte sich mir, ein weit wundersamerer Anblick als bloße Worte je vermitteln können. Es war mystisch, die Arbeit von Göttern. Ich konnte die schimmernde Wehr von Walküren sehen und das Donnern ihrer Pferde hören, als sie über den Himmel rasten. Waren sie meinetwegen gekommen? Ich ertappte mich dabei, wie meine Hand den Griff meines väterlichen Schwertes an meiner Hüfte umklammerte, als erwarte ich ihren Kuss und hoffe, gegen jede Vernunft, mich würdig zu erweisen. Walhalla und seine Freuden schienen gar nicht mehr sagenhaft fern, sondern mächtig, mächtig verlockend.

Ich lag auf dem Rücken, um die Show besser sehen zu können. Einige Zeit lag ich so und erfreute mich des Himmels, lächelte ein breites, kindisches Lächeln und wiederholte für mich selbst, wieder und wieder, ein unfreiwilliges „Oh...! Oh...! Oh...!"

Es gab eine Unterbrechung in der Darbietung und mir wurde bewusst, dass mir wirklich sehr kalt war. Abermals brach ich auf zur Suche nach meinem illusorischen Camp. Der Wald dünnte aus und mit Vorsicht wurde es möglich, direkt auf die Straße zuzuhalten und die kaum sichtbare Hekla im Rücken zu behalten. Etwa gegen halb eins begannen sich bei mir ernste Zweifel einzustellen, ob ich im Dunkeln nicht unabsichtlich die Straße überquert hätte. Eine lange zerebrale Debatte entspann sich, gelangte aber zu keiner akzeptablen Schlussfolgerung. Müdigkeit lastete schwer auf mir und ich bewegte mich nur noch mechanisch. Bis zum Anbruch der Dämmerung waren es nur noch etwa fünf Stunden. Ziellos zu wandern, ohne sich der Richtung gewiss zu sein, war zwecklos. Ich würde mich für die Nacht zur Ruhe begeben müssen. Wenn ich mich in meine wind- und wasserdichte Kleidung hüllte, war das Überleben gesichert. Ganz in der Nähe war schemenhaft ein kleiner, felsiger Hügel auszumachen, der einigen Schutz vor dem

Wind versprach. Also ging ich in seine Richtung und stellte mich geistig auf einige wenige kalte und unbequeme Stunden ein.

Es gab eine kurze Böschung, vielleicht nur fünfzehn Zentimeter, und der Untergrund hörte auf, unter meinen Füßen zu knirschen. Drei Schritte weiter stieg das Land wieder zur Schlacke an. Ich kehrte zurück zur abschüssigen Stelle und befühlte, wie ein Blinder, knieend den unsichtbaren Boden. Es gab da zwei sehr harte Kanäle, nur wenige Meter auseinander, mit Schlacke dazwischen. Das war die Straße. Ich tanzte eine kleine Jig, die Müdigkeit war vergessen, und der Himmel fiel mit Freude ein, die Aurora borealis erstrahlte am Zenit und entsandte Lichtbänder an jeden Horizont. Freude über Freude!

Ich ging nach Westen, neuen Schwung in meinen Schritten. Gegen halb zwei kam ein Fahrzeug aus entgegengesetzter Richtung, die Lichter durchschnitten die Dunkelheit. Ich winkte den Insassen glücklich zu und der Fahrer hupte. Dann war ich wieder allein mit der Dunkelheit und dem Licht.

Gegen halb drei wurde mir bewusst, dass etwas nicht stimmte. Ich konnte die Lichter des Wasserkraftwerks sehen, und sie waren nur ein paar Kilometer entfernt. Mein Camp lag etwa acht Kilometer von diesen Lichtern. Irgendwie war ich an ihm vorbeigegangen. Ob das geschehen war, während ich auf der Straße war oder während ich nach ihr suchte, wusste ich nicht; und ich war zu müde, um mich damit abzumühen, es herauszufinden. Ich setzte mich einige Zeit auf einen Stein und nahm einen Schluck Schlamm, siebte die Tephra mit den Zähnen heraus. Die Scheinwerfer eines Autos rasten die Straße entlang über einen kleinen Hügel, drei Kilometer entfernt. Ich war verblüfft von seiner Geschwindigkeit. Dann wurde mir klar, dass es der aufgehende Mond war, der sich dort erhob; Mani in seinem silbernen Streitwagen. Er hing statisch am Himmel und es gab weder Straße noch Auto. Meine Müdigkeit war schon so weit fortgeschritten, dass meine Wahrnehmung beeinträchtigt wurde.

Nach einer Pause folgte ich resigniert meinen Spuren wieder nach Osten, hielt nach dem Felsen Ausschau, der mein Basislager markierte. Es war viertel nach vier, als ich das kleine, unglaublich willkommene Biwak ausmachte und in meinen Schlafsack kroch. Ich zog nur meine Stiefel aus und bemerkte ein Leuchten des Himmels, bevor ich den Reißverschluss meines Kokons schloss und mir des Universums nicht mehr bewusst war. Ich war fast zweiundzwanzig Stunden gelaufen und fühlte mich leicht ermattet.

8

Noch einmal Sprengisandur

Ein Supermarkt ist der wundervollste Platz auf Erden. Er ist, wie alle Geburtstage zusammengerollt mit Weihnachten als Krönung obenauf. Ich hatte heute morgen eine Mitfahrgelegenheit in einem Touristenbus bekommen, der mich in Hella rausließ, einem kleinen, netten, modernen Ort rund fünfzig Kilometer westlich von meinem Basislager. Nach den Anstrengungen des vorangegangenen Tages und eigentlich der letzten vierzehn Tage, schien mir ein anständiges, in einem Restaurant bereitetes Mahl ganz in Ordnung. Zwei Tage lang hatte ich kaum etwas Anderes als Kekse und altbackenes Brot gegessen, und die Erwartung einer richtigen Mahlzeit auf einem Teller hatte an diesem Morgen meine Gedanken bis an die Grenze der Ekstase erfüllt. Bevor ich die Sprengisandur wieder in Angriff nahm, musste ich meine schwindenden Lebensmittelvorräte auffüllen, und das hieß, dass mein Weg nach Hella führte.

Ich kam an Regalen mit Keksen vorbei, die in farbigem Zellophan glänzten, an kalter vakuumverpackter Wurst, an Dosen mit Fleisch und Fisch, an Orangensaft, Käse, Schokolade, *frischem* Brot und Milch. Mein Einkaufskorb nahm ein bedrohliches Gewicht an, als ich völlig unkontrolliert in die Regale griff und jeden Gegenstand freudig an mich drückte. Ich musste meinen Schatz gründlich aussortieren, bevor ich mich der Kasse näherte.

Nach britischem Standard war alles unfassbar teuer, mit dem drei-, vier und sogar fünffachen Preis wie Zuhause ausgezeichnet. Ich versuchte, meinen Geist gegenüber solchen Dingen zu verschließen und zahlte die gewaltige Rechnung bereitwillig. Dann saß ich auf der Veranda in der Sonne, Menschen gingen vorüber, und öffnete eine Literpackung Milch. Die Anweisungen zur Bewältigung dieses Heldenstückes waren im Dialekt von Lancashire verfasst.

„*Opnið hér*", war dort zu lesen, mit einem Pfeil, der zur richtigen Seite zeigte und die Aufschrift trug, „*Rifið upp hér*". Das konnte fast ausgesprochen werden wie „Oppen-it here" (hier öffnen), und „Rip it up here" (hier aufreißen), was ich für die besten und explizitesten Anweisungen hielt, die je für eine solche Gelegenheit entworfen worden waren, und ein weiterer Beweis für mein linguistisches Erbe.

Die kalte Milch rann meine Kehle hinab, die ausgedörrt war, seit ich in der Nacht den Schlamm getrunken hatte, füllte mein Inneres, fand Spalte um Spalte, um hineinzufließen, kühlend und verjüngend, brachte dem Körper Leben und der Seele Glückseligkeit. Die Packung war leer, als ich sie von den Lippen nahm und dem Tag zuseufzte.

Das Restaurant war in der Nähe, mit Blick auf die Hauptstraße, die hier tatsächlich asphaltiert war. Draußen gab es Tische unter einer Markise, doch eine kühle Brise gebot, dass ich das Portal betrat. Es war hübsch, makellos, und in Nischen gab es Kiefernholztische und befranste Lampen. Aus einem leise gestellten Radio kam die Stimme von Gracie Fields oder ihrer Imitatorin, die einen isländischen Song mit einem Rochdale Akzent sang, während die wenigen Gäste bei ihrem Mittagsmahl plauderten. Hier herrschte Selbstbedienung, und so ließ ich meinen Rucksack im Eingangsbereich fallen, bestellte Schweinskoteletts und Pommes beim gestärkten Koch, beförderte eine Schüssel Suppe zu einem Tisch und versuchte, etwas wie Tee aus dem heißen Wasser und den Staubbeuteln zu gewinnen, die zur Verfügung gestellt wurden. Die Suppe war hervorragend und wärmend, und die Schweinskoteletts, die in Senfsoße mit Gemüse und Pommes frites schwammen, waren der Tafel eines Königs würdig. Auf dem Teller befand sich nichts mehr als ein winziges Stück Knorpel und eine Fettschliere, als er abgeräumt wurde. Es war unabdingbar, die Mahlzeit stilgerecht zu beenden durch den Verzehr einer großen und klebrigen Cremeschnitte und eines *Biers*.

Als ich so dasaß und über die Wunder der kulinarischen Künste nachsann, fuhr draußen ein Bus vor und spuckte eine kleine Armee plappernder Touristen aus, die einen direkten Frontalangriff auf das Restaurant unternahmen. Sie sprengten die Tür auf und fluteten in jeden Winkel des Gebäudes, getrieben von freudiger Erwartung. Sie riefen und schwatzten, drängten und rempelten wie auf einem gutgelaunten Raubzug. Plötzlich traten zwei Figuren aus der brodelnden Masse vielfarbiger Menschheit hervor und begannen, mir freudig und tatkräftig die Hand zu schütteln. Es waren Slim und Der Ingenieur, die über ihre windgeröteten Gesichter grinsten und sich für dieses unerwartete Zusammentreffen begeisterten. Wie immer war es gut, vertraute Gesichter in einem fremden Land zu sehen. Wir plauderten bei Drinks, während die spontane Party um uns herum weiterging.

„Wir sind mit einigen Touristen nach Landmannalaugar gefahren", sagte Slim. Landmannalaugar war eine der schönsten und darum eine der *touristischsten* unter den Touristenhütten, die mit heißen Quellen zum Baden prahlte.

„Dort waren viele Touristen", bestätigte der Ingenieur. „Sie wurden sehr betrunken und sangen die ganze Nacht in der Nähe der Quellen."

„Wir konnten wegen des Lärms nicht schlafen", sagte Slim traurig.

„Ihr hättet mitmachen sollen", schlug ich vor, was ein exzellenter Weg zu sein schien, das Problem zu lösen.

„Sie bringen ihren eigenen Alkohol mit", erklärte der Ingenieur. „Wir konnten ihn in Island nicht kaufen. Es ist möglich, ihn in Reykjavik zu kaufen, aber das ist viel zu teuer."

„Die Isländer trinken vielleicht ein- oder zweimal im Jahr Alkohol, wenn es eine Hochzeit gibt oder zu einer anderen wichtigen Gelegenheit“, sagte Slim. „Sie sind nicht daran gewöhnt und werden sehr schnell betrunken.“

Der Ingenieur berichtete von einer Konferenz in Deutschland, an der einige Isländer teilgenommen hatten.

„Sie sind sehr schnell umgekippt und haben den größten Teil der Konferenz verpasst“, gluckste er, während er an seinem alkoholfreien deutschen Bier mit offensichtlichem Missfallen nippte.

Ich trug meinen Bericht von der Ersteigung der Hekla vor, einschließlich der Suche nach meinem Basislager entlang der Straße unter dem Nordlicht. Der Ausdruck freudiger Überraschung erhellte das Gesicht des Ingenieurs. „Dann bist du *Der verrückte Nachtwanderer!*“ sagte er, als würde er den Namen eines legendären Helden aussprechen.

„Häh?“ brachte ich meine Verwirrung zum Ausdruck. Slim übernahm die Fortsetzung der Geschichte.

„Einige Touristen kamen früh heute morgen zu der Hütte und erzählten uns, sie hätten, als sie die Piste entlangfuhren, einen Wanderer lachen und winken sehen, mitten in der Nacht, wie ein Wahnsinniger.“

Wir kamen überein, dass es die gleiche Piste gewesen sein musste, und ich bekannte mich schuldig. Es fielen Kommentare über die Kleinheit des Planeten und wir lachten und plauderten noch einige Zeit weiter.

Die Sonne war durch die Fenster hereingeströmt und hatte das Innere des Restaurants erhellt. Plötzlich nahm die Helligkeit ab und Schatten dehnte sich von den Winkeln her im Raum aus. Ein rhythmisches Beben erfasste den Untergrund und das Getöse der Menschenmenge versiegte zu einem erwartungsvollen Flüstern. Dunkelheit fiel über die Veranda wie der Einbruch der Nacht. Die Tür öffnete sich langsam nach innen und das gesamte Restaurant bestaunte die gebückte, beladene Gestalt und das mächtige, lächelnde Gesicht von Hermann the German.

Gut gelaunt kam er herein, während die Leute Platz machten, und nahm ohne Anstrengung mit einer Hand den Rucksack ab, um ihn neben meinen zu stellen. Er lächelte ein Grabsteinlächeln und sah sich im Raum um. Die Menschen lächelten nervös zurück. Dann sah er mich und sein Gesicht teilte sich sprichwörtlich.

„Achso!“ sagte er liebenswürdig. Alle Gläser klirrten in den Regalen. Er kam auf mich zu, die schaufelartige Hand ausgestreckt, und die Leute teilten sich wie das Rote Meer vor Moses. Er umschloss meine Hand warm mit seiner, und wir freuten uns über das Zusammentreffen. „Hau ar juh? Hau was se lawa?“ Er sah meine zerschrammten Stiefel. „It was hard, ja?“ Draußen blickten die Frauen von Hella ängstlich zum Himmel und holten schnell die Wäsche herein.

„Ja, es war sehr hart.“ Ich grinste. „Du hattest recht.“ Wir unterhielten uns über die Lavawüste, über die Fliegen des Mývatn und über die Sprengisandur. Er war an diese Orte mit dem Bus gereist, zu Fuß und per Anhalter. Hermann genoss seinen Urlaub.

„Gestern habe ich die Hekla erstiegen“, erzählte ich ihm stolz, mich ein wenig brüstend.

„Jesterdäi?“ brüllte er behutsam. „Ei olßo kleimpt Hekla jesterdäi!“

Mir begann etwas zu dämmern. Ich nahm meine Landkarte hervor. „Bist du diesen Weg gegangen?“ fragte ich und zeigte auf meine Route.

„Ja – ja! Und juh olßo?“

„Ja. Und du warst gegen vier auf dem Gipfel.“

„Jawohl! ßo it wos jur fiets ei ßi in der Snou on se wäj daun!“

Bigfoot war also Hermann the German. Wir lachten brüllend und klopften uns gegenseitig auf die Schultern, als sich die Touristen massenhaft zum Supermarkt zurückzogen und sich dabei gegenseitig beim Hinausgehen behinderten.

Wir redeten und lachten eine Weile zusammen; Slim, Hermann, der Ingenieur und ich. Es war einer dieser Momente, die Pints von Bier benötigte, um sie in der persönlichen Geschichte zu markieren. Aber es sollte nicht sein, denn bald gab der Touristenbus das Signal zur Abfahrt und Slim und Der Ingenieur fuhren mit ihm, mit winkenden Händen, zum Wasserfall Gullfoss. Hermann blieb noch eine Weile länger, belud sich dann, machte mit mächtiger Hand das Zeichen des Abschieds und ging nach Reykjavík, um weiteres Menschenfleisch zu riechen. Es gab für mich keinen Grund mehr für einen längeren Aufenthalt in Hella, also lud ich mir meinen Rucksack auf die Schultern und nahm die Straße, die zu meiner Verabredung mit der Sprengisandur führte.

Sehr schnell wurde ich von einem großen LKW mitgenommen, der mich in der Nähe des Wasserkraftwerks im Schatten der Hekla absetzte. Dann raste er die Piste hinab, die an meinem Hekla-Basislager vorbeiführte und ließ mich allein zurück unterhalb des eroberten Vulkans, der in seiner Niederlage brütete. Es war mir so vorgekommen, als würde ich nicht viel von meiner Ausrüstung für die zweite Hälfte der Sprengisandur benötigen, daher schien es das Vernünftigste zu sein, sie irgendwo zurückzulassen und später im Vorbeikommen einzusammeln. Es war irgendwas an den Isländern, das Ehrlichkeit ausstrahlte, und ich machte mir keine Sorgen, Dinge unter ihrer Aufsicht zurückzulassen. Ich hatte bereits vor meinem Aufstieg zur Hekla mit den Arbeitern am Staudamm gesprochen und dachte, dass sie bereit wären, für mich auf meine schwersten Güter zu achten. Sie waren da auf dem Damm, zwei Männer und ein Junge. Ja, sagten sie, sie würden für einige Tage einen Blick darauf haben. Ich ließ meine ganze Foto- und Kletterausrüstung bei ihnen, ebenso wie verschiedene andere Dinge, und verringerte so meine Last auf ein wenig über zwanzig Pfund. Ich dankte ihnen und zog weiter auf der Sprengisandurpiste zur Hütte.

Ein großer Allrad-Combi kam knirschend neben mir zum Halten. Das Fenster glitt herab und ein großes rotes Gesicht wurde herausgestreckt. Darunter befand sich ein kräftiger Hals und ein enormer Arm, gehüllt in rotkarierten Wollstoff. Fröhliche Augen zwinkerten zwischen Krähenfüßen und eine halbe Riesenzigarre ragte aus dem Winkel eines zahnbewährten, grinsenden Mundes.

„Wie weit sollßn geh'n, Kumpel?" fragte er mit einem Akzent, den ich bisher nur in John-Wayne-Filmen gehört hatte.

„Rund einhunnert Meilen", sagte ich, und verfiel automatisch ins Transatlantische, oder machte zumindest den Versuch. Ich habe die Erfahrung gemacht, dass kein Amerikaner auch nur ein Wort im Dialekt von Lancaster versteht.

„Denkma, das lässt sich machen. Komm an Bord", sagte er ausgelassen. Er war allein. Also kletterte ich auf den rechten Sitz und los ging's nach Osten. Die gewaltigen Räder fraßen die Kilometer. Groß und rund war er, sein kurzgeschorenes Haar eisengrau. Mit einem langen, weißen Bart hätte ihm die Aufsicht über ein paar Rentiere gut gestanden.

„Ich heiß Hank", sagte er. „Hab'n bisschen Land im Westen. Wollte immer schon nach Island, weil meine Leute von hier kamen, vor lange' Zeit." Ein amerikanischer Rancher namens Hank – das ganze hatte einen gewissen surrealen Aspekt. Ich stellte mich vor und erzählte ihm, ich würde durch Island wandern; die Details, warum ich in die Sprengisandur wollte, um wieder herauszulaufen, sah ich als zu kompliziert an, um sie meinem unerwarteten Wohltäter zuzumuten.

Hank wusste einiges über Island und gab mir einen begleitenden Kommentar seiner persönlichen Einschätzung. Die rund drei Stunden, die ich mit ihm verbrachte, eröffneten mir die Annalen, die Sagas und die ganze Haptik des Landes. Er sprach beiläufig, dachte über jedes Wort nach, bevor er es aussprach, und breitete es vor mir aus, wie ein Geschenk, dessen man sich erfreuen sollte. Er war ein Entertainer und ein Handlungsreisender in Sachen Flitterkram. Mir gefiel Hank sehr gut.

Der Wagen fuhr in die südlichen öden Bereiche der Sprengisandur. „Vor'n paar hunnert Jah'n", sagte Hank, „gab's'n Gesetzlosen, der hier inner Gegend lebte. Hieß Eyvind; Eyvind von den Bergen. Ziemlich zäher

Typ. Beschäftigte sich mit rauben und stehlen und so. Vermute mal, die Leute mochten ihn nicht allzusehr, darum scheuchten sie ihn raus inne Wüste. Lebte n paar Jahre draußen inner Sprengisandur. Hatte auch ne Frau, Halla mit Namen. Die Leute sagten, er konnte fast alles aus nichts machen. Er machte Körbe aus Zweigen. Machte sie so fein, dass de Wasser drin tragen konntest. Denk bloß. N Korb voller Wasser. Da leckte nix durch. Verdrehter Typ, dieser Eyvind. Es hieß, er könnte sich schneller als'n Pferd bewegen, mit radschlagen. Nannte es *Handlaufen!* Gib's alles. Frag' mich, warum er das getan hat. Sie war'n für mehr als zwanzich Jahr Gesetzlose. Dann wurn se begnadigt und gingen zurück nach Haus."

Ich stellte mir vor, wie Eyvind der Dieb in dieser trostlosen Landschaft lebte, gemieden von den Seinen, mit nicht viel mehr zum Überleben als den Erlösen aus seiner Gaunerei, und doch ein solcher Handwerker, dass er fähig war zu ehrlicher Größe. Die Wege des menschlichen Geistes sind schon eigenartig.

„Es gibt alles Mögliche, das nach Eyvind benannt wurde; Flüsse, und 'n Sumpf, und inner Nähe vom Mývatn, wenn sie dort'n dichten Nebel haben, nennen se ihn Eyvindsnebel, weil er mal im Nebel entkam. Wie schafft es'n Typ wie der, dass Dinge nach ihm benannt wer'n?"

Wir kamen an eine tiefe Furt, die der Wagen locker nahm, die einem geringeren Wagen aber Probleme bereitet hätte. „Hier warmal ne Brücke. Wurde von den Fluten weggeschwemmt. Issn gefährlicher Platz. Leute komm'n hier manchmal um. Hier musste aufpassen, wasde tust. Is kein Platz zum scherzen". Ich merkte mir die Warnung für meine Rückreise.

Die Straße war nicht länger geschottert, aber von guter Qualität und offensichtlich war vor kurzem daran gearbeitet worden. Ich erwähnte das Hank gegenüber.

„Jepp, hier inner Gegend gibt's ne ganze Menge Wasserkraftwerke. Da wird'n ganzer Haufn gebaut, gegraben und planiert. Die alten Straßen war'n nich' gut genuch für die Laster und Planierraupen. Darum wurden sie neu gebaut. Is sicher besser. Die Leute hier sind echte Arbeiter. Wennse die Elektrizität ham, könnse vielleicht ne Art von Industrie zum Laufen kriegn. Hier gibt's kein Eisen. Darum müssen se's importiern. Die ham nix als Fisch. Um die achzich Prozent ihrer Exporteinkünfte komm' vom Fisch, und das wird nich mehr viel länger reichen. Die meisten Fische haben nur einmal im Leben die Chance zu laichen. Das reicht nich, um die Lager zu füllen. Sie laichen, und dann werdn se gefangen. Ziemlich bald wird's gar kein Fisch mehr ge'm."

Wir rumpelten weiter über die neue Straße, vorbei an Baustellen und schwerem Gerät, da Island darum kämpfte, seinen Platz im zwanzigsten Jahrhundert zu behaupten. Bald waren wir wieder auf einer unbefestigten

Straße, fuhren durch die leicht gewellte, schwarze Wüste. Der Himmel bewölkte sich und der Hofsjökull war ein mächtiger weißer Streifen zur Linken, der die Sicht beherrschte. An seinem Fuß war zwischen glitzernden Streifen von Wasser Begrünung zu sehen.

Hanks kräftige Hände packten eifrig das ruckende Lenkrad. „Weißte viel über die Geschichte von Island?" fragte er, nach einem Stichwort suchend. Ich kannte die groben Umrisse, aber ich wollte, dass Hank mir davon erzählte.

„Nö", sagte ich, „nicht viel." Hank war froh darüber, nahm einen Zug von seiner neuen Zigarre und füllte seine Lungen mit dem Rauch.

Dann berichtete er, wie Naddod und Gardar Svavarsson das Land zufällig fanden, wie Raben Floki eine Weile blieb, von Ingolfur, der Reykjavík gründete und wie die anderen, die vor dem grimmigen Zugriff Harald Schönhaars flohen, das Land besiedelten.

„Sehr bald", sagte Hank, „gab's nen Ansturm auf das Land. Leute kamen von überallher. Die meisten kamen aus Norwegen, um Harald Arschloch zu entkommen, aber sie kamen auch von den Färöern, den Shitlands, Britannien und ebenso Irland. Diese Typen wurden von nem Haufen Kerlen regiert, die man *Goðar* nannte, das ist Plural für *Goði*. Ein Goði war ne Art Mischung aus Priester und Lord, und er war die Nummer Eins in seinem Distrikt. Er wurde gewählt durch allgemeine Zustimmung. Natürlich war's einfacher, gewählt zu werden, wenn du mehr Soldaten hattest als der nächste Typ. Es war sein Job, Ochsen oder Pferde für Opferungen zu liefern, weil se Bauern waren. Die meisten von ihnen verehrten Thor, war'n Krieger und so, aber einige meinten, sie wärn besser dran mit Oðin, weil er doch der Chef der Götter war.

Nungut, gegen Anfang des zehnten Jahrhunderts hatten sie sich irgendwie überlegt, besser ne Nation zu sein als ne Ansammlung kleiner Kriegsherren, die sich unternander zankten. Also schickten die Goðar einen echt pfiffigen Typen mit Namen Ulfljót nach Norwegen, um ein paar Gesetze auszuwählen, nach denen man leben konnte. Er passte die Gesetze Norwegens an isländische Bedürfnisse an und kam 930 zurück, um sie den Leuten hier zu erzählen.

Die Goðar und die freien Männer versammelten sich alle auf einer Ebene in der Nähe eines Sees in Westisland, dem größten See auf der ganzen verdammten Insel, und hielten einen *Althing* ab, so nannten sie ihre Generalversammlung. Den See nannten sie *Thingvallavatn*. Nun war dieser Ulfljót also der Einzige, der das Gesetz kannte, also wählten sie ihn zum *Gesetzessprecher*. Der Gesetzessprecher hatte seinen Job drei Jahre inne, dann gab es wieder Wahlen. Er rezitierte jedes Jahr ein Drittel des Gesetzes von der Spitze eines Felsens, der Gesetzesfelsen genannt wurde. Dieser Typ hatte keine Macht, denn die lag ganz bei den Goðar, aber sicher wie die Hölle hatte er einen Haufen Einfluss. Ich schätze mal, die Regierung war ziemlich rechtslastig. Wie gesagt waren sie alle Bauern, darum hatten sie Bauerngesetze. Sie hatten ein Gesetz, dass Schiffe auf See keine geschnitzten Köpfe tragen durften, und wenn doch, mussten se diese abnehmen, bevor Land in Sicht kam, damit die klaffenden Drachenköpfe nicht die lokalen Geister verärgerten. Die Jungs gingen kein Risiko ein.

Nach 930 begann das Christentum Einzug zu halten. Es hatte bereits in Europa, Skandinavien und den Britischen Inseln die Macht erlangt, aber Island hielt aus bis 1000 A.D., als das Christentum offiziell auf dem *Althing* angenommen wurde, um einen Bürgerkrieg zu verhindern. Das kam auch dem Handel mit anderen Ländern ziemlich zugute. Es gab einen Typ, Erik der Rote, der nach Westen segelte. Er entdeckte Grönland. So sonderlich grün war es nicht, aber er dachte sich, ein hübscher Name würde ihm nicht schaden. Sein Sohn, Leif Eriksson, segelte noch weiter nach Westen und entdeckte Amerika in der Gegend von Labrador, nahezu fünfhundert Jahre bevor Columbus geboren wurde. Er nannte es Vinland wegen der Weinreben, die dort wuchsen. Muss in den Tagen um einiges wärmer gewesen sein.

Nunja, die Dinge standen daheim nicht allzugut, mit kleinen Kriegen zwischen den Goðar. Die Könige von Norwegen kreisten wie Aasgeier, und 1264 übernahmen die Norweger das Land, um es zu *beschützen*. Als das vierzehnte Jahrhundert kam, fanden sie sich unter Dänischer Herrschaft wieder, zusammen mit Norwegen und Schweden, und so blieben die Dinge für sechshundert Jahre. Man hatte die gleichen Probleme wie der Rest von Europa, also mit dem Schwarzen Tod, der Reformation und so. Um das sechzehnte und siebzehnte Jahrhundert gingen hier eine Menge Vulkane hoch, verteilten Asche über gutes Farmland und ne ganze Menge Leute verhungerte.

Gegen Ende des neunzehnten Jahrhunderts war Dänemark ne echte Plage mit ner Sammlung von Handelsmonopolen. Darum erwachten in den Leuten die alten Nationalgefühle wieder. Sie bekamen 1904 ne teilweise Selbstverwaltung und 1918 wurden sie selbständig unter der Dänischen Krone. Dann, 1940, entdeckte Arrrdolf Hitler sein Faible für Dänisches Plundergebäck und eroberte darum Dänemark. Nun wäre Island ein wirklich praktischer Stützpunkt im Nordatlantik für die Marine und die Luftwaffe vom alten Arrrdolf gewesen, und es verfügte über keine besondere Streitmacht zur Verteidigung, also zogen die Briten ein, um ihn draußen zu halten. Im nächsten Jahr übernahmen die Ju-Essof-Ej von den Briten einen gerade erbauten Flugplatz in Keflavik, um zur transatlantischen Kommunikation beizutragen. Als 1944 kam, nach nahezu siebenhundert Jahren Fremdherrschaft, wurden sie eine Republik und erhielten wieder ihre volle Unabhängigkeit."

Ich erhaschte einen flüchtigen Blick auf etwas Rotes vor uns; das Dach der Hütte, etwa dreiviertel Kilometer entfernt. Dorthin wollte ich nicht, da es bedeutet hätte, hallo zu Val und Brynhild zu sagen, über jüngste Ereignisse zu reden und unausweichlich die Nacht dort zu verbringen. Es war früher Nachmittag mit einigen wenigen Stunden, die vom Tag noch zum Gehen übrig blieben, und die Zeit wurde knapp.

„Kannst du mich hier rauslassen, Hank?" bat ich.

„Klar. Die Hütte ist direkt vor uns. Ich werde dich dort rauslassen."

„Genau hier wär's toll. Ich würde gern neben dem Fluss zelten", log ich.

„Schön. Wenn es das ist, was du willst", grinste er, und zügelte den Wagen. Ich konnte schwören, er sagte „hoh!" dabei.

Ich dankte ihm für die Fahrt und schüttelte seine Hand.

„Passauf dich auf, hörstu? Und halt Ausschau nach Eyvind. Es heißt, sein Geist spukt noch immer in dieser Gegend herum." Wir lachten beide leichthin. „Bis dann, Kumpel."

„Bis dann, Hank. Eine gute Fahrt noch." Mit einem Winken war er fort, das Motorengeräusch verklang im Nichts.

Die flache, weiße Kuppel des Hofsjökull schimmerte im Westen, achtzehn Kilometer entfernt, kalt und still. Die oberen Zuflüsse der Thjórsá trennten mich von ihm. Für die nächsten paar Tage würde ich nie weit entfernt sein von der Route von Kristinn, dem Schäfer, unter sehr ähnlichen Umständen wie jene, die er erlebt hatte, denn die Sonnentage waren vorüber. Ich dankte der Vorsehung, dass ich besser ausgerüstet war als er, nahm meinen um einiges leichteren Rucksack auf und wandte mich nach Nordwesten, zu meiner Rechten den wie eine Weihnachtstorte glitzernden Gletscher und die sich endlos erstreckenden schwarzen, gewellten Sanddünen der Sprengisandur.

Drei Stunden lang ging ich die Piste zurück, der Himmel bewölkte sich rasch, aber der Wind blieb dankenswerterweise schwach. Es wurde dunkel, eine trostlose, sternenlose Dunkelheit. Ich fand einen Platz abseits der Piste und schlug mein Lager auf. Es begann zu regnen. Sieht so aus, als hätte ich diese Wirkung auf Wüsten.

Der Regen war schwer und beständig, schlug auf meine Ohren ein, als ich in meinem Biwak lag. Ich bemerkte, dass ich Fieber hatte. Meine Glieder zitterten unkontrollierbar. Alles tat weh und scharfe Schmerzen schossen ohne Vorwarnung durch meine Füße, die Nerven hatten scheinbar Kurzschlüsse. Am vorangehenden Tag war mein Körper so zugerichtet worden, wie es keinem Körper widerfahren sollte, und nun kam die Abrechnung. Die gepeinigten Arbeitnehmer hatten ein ernstes Wort mit der Arbeitnehmervertretung zu wechseln, dem Gehirn.

„Warum werden wir so geschunden?" wollten sie wissen. Die Arbeitnehmervertretung unterhielt sich darüber mit der Hauptverwaltung, dem Verstand.

„Seht mal, Leute", sagte der Vorsitzende des Aufsichtsrats, „wir müssen diesen Auftrag rechtzeitig erledigen. Es tut mir leid, aber ihr müsst noch eine Weile länger durchhalten. Wenn wir das erledigt haben, könnt ihr eine wirklich *gute* Pause einlegen." Dann lächelte er und wandte sich wieder dem Nachdenken zu. Die Arbeitnehmer murmelten und murrten, zogen sich aber zurück, jeder mit seinen privaten Sorgen beschäftigt.

Ich wusste, dass ich mir selbst ernsthaft Schaden zugefügt hatte, aber genauso wusste ich, dass der einzige Weg, die Schmerzen in Schach zu halten, darin bestand weiterzugehen, die Schmerzschwelle zu brechen, indem ich dem Gehirn eine solche Schmerzmenge entgegenwarf, dass es ihr einfach nicht mehr gewachsen sein würde und den Versuch aufgab. Das war eine Technik, die ich oft genutzt hatte. Keine erfreuliche Methode, aber sie funktionierte. Um zu erreichen, was ich mir vorgenommen hatte, gab es keine Alternative. Diese Gedanken gingen mir durch den Kopf, als ich von der irdischen Welt in den Schlummer hinüberdriftete.

Es regnete den ganzen siebzehnten Tag und der Wind wehte. Von Zeit zu Zeit hoben sich die niedrigen Wolken ein wenig vom Hofsjökull zu meiner Rechten, doch als sich der Tag in die Länge zog, fiel der Gletscher hinter mir zurück und geriet in Vergessenheit. Der Tag war wie eine Buße für alles Böse, das ich in meinem Leben begangen hatte. Es schien eine passende Strafe für Straßenräuber. Ich stellte mir den Richter vor, mit einer schwarzen Kappe über seiner Perücke, wie er mit Grabesstimme intonierte, „Ich verurteile dich, durch die Sprengisandur zu gehen... und möge Gott Deiner Seele gnädig sein!" Die Schreckensmiene auf den Gesichtern der Verbrecher. Die Leserbriefe an *The Times*, die Worte wie *barbarisch* und *unmenschlich* enthielten. Es würde kein kurzer, scharfer Schrecken sein, sondern ein langer, dumpfer, und der Straßenräuber, das garantierte ich, würde nie wieder Straßenraub begehen.

Sprengisandur – Sprengisandur.
Verflucht großes Abtropfbrett, Sprengisandur...

An diesem Tag legte ich fünfzig Kilometer zurück. Ich kampierte in der Nähe einer Brücke über eine Klamm, und schlief mit dem Getöse des Wassers in meinen Ohren.

* * *

Am nächsten Tag regnete es immer noch. Ich hatte es satt... den Wind, den Regen, aber vor allem die Sprengisandur. Wenn ich etwas satt habe, schreibe ich Songs, gewöhnlich darüber, die Schnauze voll zu haben. Als ich die nicht enden wollende Piste entlangging, jonglierte ich mit Noten und Metaphern und fing an, an die Liedermacher und Dichter Islands zu denken. Es gibt eine schöne Tradition, die bis zu ihren norwegischen Wurzeln vor mehr als tausend Jahren zurückreicht. Diese Tradition ruht auf drei Säulen, Skaldendichtung, den Sagas und den Eddas. Die erste sind Gedichte, die nach strengen metrischen Regeln verfasst sind, Akzentuierung, Alliteration und Reime, in die Euphemismen und Metaphern aufs Feinste eingewoben sind. Das Ergebnis ist eine Art Kreuzung zwischen einem Zen-Kōan und einem Limerick. Im Gegensatz dazu sind die Sagas Geschichten von Blut und Donner, von Göttern, Helden und Schlachten. Es ist eher der Inhalt als die Darstellung was zählt. Die Erzählungen sind lang und, obwohl sie auf national- oder familiengeschichtlichen Fakten beruhen, trägt dichterische Freiheit viel dazu bei, die Geschichte zu verbessern.

Die Eddas sind nicht in sich abgeschlossen, sondern eher wie Magazine, Anthologien der Geschichte, Dichtung, Mythen, Sprichwörtern oder sogar Erklärungen der komplexen Regeln der Dichtkunst selbst. Zu Anfang des dreizehnten Jahrhunderts schrieb der anerkannte Meister, Snorri Sturlurson, die meisten denkwürdigen Beiträge zum Genre. Aber es ging mir nicht um isländische Literatur, als ich an diesem kalten, nassen und stürmischen Tag durch die Sprengisandur trottete. Ich hatte nur Flucht im Sinn, als ich Worte und Noten so neu arrangierte, dass sie einer gewissen Ordnung ähnelten.

Sprengisandur – Sprengisandur...
Uninspirierend – Sprengisandur...

Ich erreichte die gefährliche Furt, vor der Hank the Yank mich gewarnt hatte. Sie wirkte bedrohlich, das grau-braune Wasser von unerkennbarer Tiefe. Als ich dort stand und über meinen nächsten Schritt nachgrübelte, kam ein Landrover in meiner Richtung die Piste entlang. Er war voll, doch wurde mir erlaubt, mich wie eine Spinne an das Heck zu

klammern, als er die wirbelnde Strömung durchquerte. Es war besorgniserregend, wie das Fahrzeug durch das anstürmende Wasser holperte und schwankte, denn ein Sturz hätte dem Alten Kahlkopf den Sieg verschafft, nach dem er unablässig suchte. Jenseits des Flusses, nass von der Gischt, setzte ich meinen Weg zur Hekla fort, jetzt irgendwo unsichtbar in den niedrigen Wolken. Als ich zweiunddreißig Meilen gegangen war, stellt ich das Gehen ein und kampierte – und schlief.

Am nächsten Morgen war ich nur zwei Stunden zu Fuß vom Wasserkraftwerk entfernt. Die Arbeiter schienen sich während der zurückliegenden drei Tage nicht von der Stelle bewegt zu haben. Ich lud mir traurig meine ganze weitere Ausrüstung auf den Rücken, dankte ihnen, und fuhr mit dem fort, was Wandermaschinen im Regen tun. Ich hatte den Fluss am Staudamm überquert und ging nun entlang seiner Mäander nach Westen zu einer Straßenabzweigung, die mich nach Norden zum Gullfoss führen konnte, dem „Goldenen Wasserfall", meinem nächsten Ziel, den ich in zwei Tagen zu erreichen hoffte. Die Gegend war nun ländlich mit Stacheldrahtumzäunungen, Schafen und Islandpferden, klein und stämmig mit fließenden Mähnen, die jetzt aber nass auf kräftige Hälse hingen. Der Búrfell, verschleiert und im Dunst fast unsichtbar, lag zu meiner Linken, und ich musste im Abstand von etwa anderthalb Kilometern an dem Ort vorbeigekommen sein, wo der edle Kristinn gefunden wurde. Am Nachmittag fand ich meine Abzweigung, wandte mich nach rechts, überquerte eine sehr lange Brücke und kampierte jenseits davon auf *Gras*.
Es war am folgenden Nachmittag, nach einem weiteren identischen Tag, als ein Wagen im Regen aufkreuzte. Der Fahrer kurbelte verwegen sein Fenster herunter und sprach durch Wind und Wasser.

„Wohin gehst du?"

„Zum Gullfoss."

„Ich habe eine Farm in der Nähe des Gullfoss. Du kannst in meinem Heuhaus übernachten", sagte er. Ich dankte ihm, lächelte und sprang in den warmen, trockenen Wagen. Es war das beste Angebot, das ich erhoffen durfte, und es brachte mich aus dem peitschenden Regen. Nach vier Stunden Nässe war meine Laune nicht mehr allzugut, und mein Schlafsack war unvermeidlich nass geworden. Die Aussicht auf eine trockene Scheune war eine wundervolle Sache.

„Ich bin Magnús Grimsson", sagte er. In Island stellt man sich immer mit dem ganzen Namen vor. Ich stellte mich vor und gab meine Herkunft an.

„Du wirst es trocken haben in meinem Heuhaus", sagte er liebenswürdig. „Ist das richtig, *Heuhaus?*"

„Wir sagen gewöhnlich *Scheune* oder *Heuboden*, aber *Heuhaus* ist schon in Ordnung", erklärte ich und lächelte über mein ganzes nasses Gesicht.

„*Scheune... Heuboden*", sagte er, die Worte schmeckend. Er speicherte sie ab und nickte über seine neuen Erwerbungen. Ich schätzte ihn in seinen frühen Vierzigern, leicht ergrauend und mit der hageren Stärke eines Menschen, der an Arbeit gewöhnt ist. Ich sah ihn nie lächeln, aber er hatte an sich eine tiefe Zufriedenheit, die kein Lächeln brauchte, um fröhliche Augenblicke zu kennzeichnen. Sein Leben waren seine Farm und seine Familie, eine solide Basis, von der aus er mit der Welt kommunizierte.

Der Wagen bog fast unmittelbar in einen Seitenweg zur Rechten ein und überquerte eine Brücke über einen kräftig angeschwollenen Fluss.

„Der Gullfoss liegt auf meinem Land", sagte er stolz. „Morgen kannst du ihn von dieser Seite sehen. Alle Touristen sehen ihn von der anderen Seite." Er sprach gut Englisch, aber mit dem Zögern eines Menschen, der mit seinem Gebrauch nicht vertraut ist. Manchmal sprach er ein Wort fragend aus, nach Bestätigung für den korrekten Gebrauch suchend, wie es dem sorgfältigen Menschen, der er war, entsprach. „Du kannst heute Abend mit uns essen. Meine Frau wird eine gute Mahlzeit zubereiten." Die Aussicht auf ein gekochtes Essen war wundervoll, denn seit dem letzten Mahl waren vier Tage vergangen. Ich dankte Magnús überschwänglich und sabberte im Stillen als sich der Wagen einer Ansammlung neuer Gebäude auf einem geraden Feldweg näherte. Es gab hier mehr als eine Farm, zu einer Gruppe vereint, um eine Gemeinschaft zu bilden.

Das Heuhaus war herrlich trocken, erbaut aus Schlackenbetonsteinen mit einem Wellblechdach. Ich breitete meinen Schlafsack zum Trocknen aus und wurde von mehreren kleinen Kindern mit Beschlag belegt, geschlechtslos und warm eingepackt, die von ihrem neu gefundenen Spielkameraden erwarteten, dass er sie im Heu herumwarf, inmitten einiger fröhlich herumspringender, freundlicher, schwanzwedelnder Schäferhunde. Magnús stellte mir seine Frau vor, eine hübsche blonde Dame, und seinen ältesten Sohn, einen jungen Mann im Heranwachsendenalter. Sie waren im Melkstand und legten die Melkmaschine an die Euter sehr kleiner Kühe an, die mir kaum bis an die Brust reichten. Ich beobachtete den Vorgang mit Interesse.

„Diese sind nicht so groß wie englische Kühe", sagte Magnús, „aber sie sind gut zu melken. Ich habe eure Jerseykühe gesehen. Sie sind sehr groß." Ich gestand das ein. Er berichtete mir – mit Stolz – die Milchleistung seiner eigenen Kühe und fragte mich nach der Leistung von Jerseykühen.

„Ich habe absolut keine Ahnung", gab ich zu.

„Ah", sagte seine Frau verständnisvoll, „du bist ein Stadtmensch."

Ich lächelte mit vielleicht ein wenig Bedauern. Mein Verständnis von Ackerbau und Viehzucht war in der Tat sehr elementar, beklagenswert für jemanden, der die Natur liebt, die mit diesen beiden Aktivitäten einhergeht. Den größten Teil meines Lebens hatte ich den Wunsch gehegt, eines Tages ein klassisches englisches Cottage in der Nähe von Hügeln zu bewohnen, dort die Ruhe des Landlebens bis zur Altersschwäche zu genießen. Es war erschreckend gewesen, eines Tages mit der Erkenntnis konfrontiert zu werden, dass all die Dinge, die mir wichtig waren – die Vielfalt der Konversation, das Meinungsspektrum, die Verfügbarkeit von Wissen und die unendliche Mannigfaltigkeit der menschlichen Gemeinschaft – nur in Stadtnähe zur Verfügung standen. Wenn man das mit dem leichten Zugang zu Lebensmitteln und kosmopolitischen Gütern verband, dann war ich ein *Städter* und würde immer ein *Städter* bleiben. Das Land war für mich ein Ort, den man besuchte, respektierte und genoss, aber *nicht* bewohnte.

Die Kinder zeigten mir Angorakaninchen und eine Unmenge von Kätzchen, die die Kluft zwischen Stadt und Land überbrückten. Ich kannte Kätzchen und kitzelte sie fröhlich, während sie „zerkratz-die-Hand" spielten.

Sie bewirteten mich königlich in ihrem schönen modernen Heim, neu mit allem modernen Komfort. Es gab Salzfisch und Kartoffeln mit Fischsauce und Butter, eigenartigerweise gefolgt von Suppe. Dann ging der Stadtmensch warm und trocken schlafen inmitten knisternden, gesund duftenden Heus.

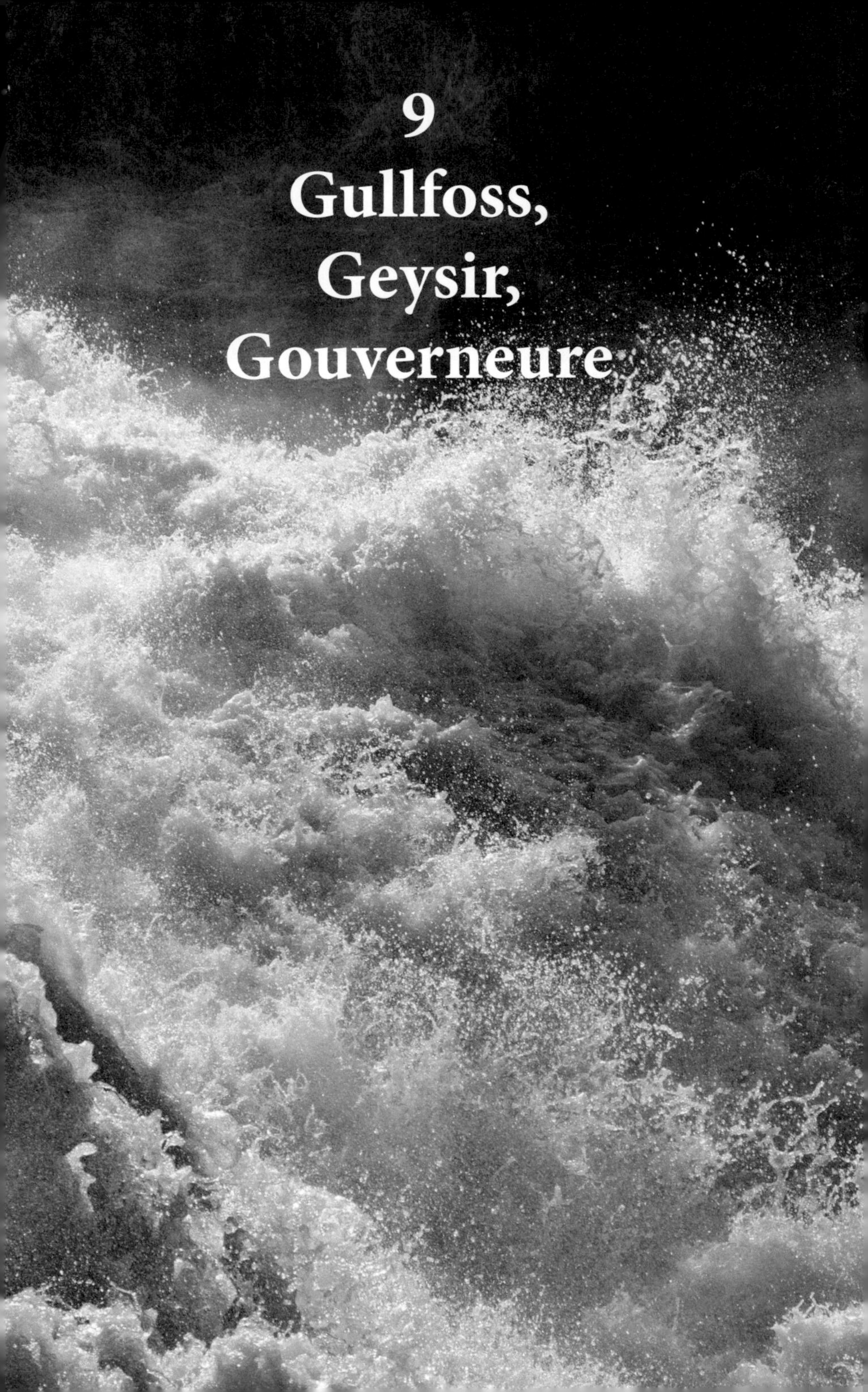

9 Gullfoss, Geysir, Gouverneure

Gischt hing in der Luft, etwa anderthalb Kilometer entfernt; zwei große Fahnen weißen Wasserdampfs markierten die Stelle, an der sich der Gullfoss befand, der gewöhnlich als schönster und ehrfurchtgebietendster Wasserfall Islands gilt. Ich war begierig, seine Bekanntschaft zu machen. Zu meiner Linken, fast hundert Meter tiefer in einer großen, scharfkantigen Verwerfungsschlucht, befand sich die Hvítá, angeschwollen von den Regenfluten der vergangenen Tage, und sie schäumte und brodelte wie kochende Suppe. Für die drei Kilometer von der Farm hierher hatte ich zwei Stunden gebraucht, durch anhängliches Gestrüpp und Sumpf, quer durch Täler und über Hügel, über zerbrochenes vulkanisches Geröll und entlang enger Schafpfade. Rucksack und Ausrüstung hatte ich in der Scheune gelassen, weil ich dorthin zurückkehren musste. In der Hand hatte ich die Filmkamera, eingehüllt in eine Plastiktüte aus dem Supermarkt zum Schutz vor dem morgendlichen Geniesel.

Vom Wasser klangen widerstreitende Geräusche herauf, die jedoch gedämpft wurden, als ich mich von der Kante entfernte, um eine einfachere Route zu finden. Lautlos lockten die Gischtfahnen, und ich folgte ihrem Ruf. Achthundert Meter und eine halbe Stunde später war der Wasserfall noch immer nicht zu sehen und zu hören. Ich ließ mich einen steilen Abhang hinab, kletterte über lose Felsen und schützte die wertvolle Kamera vor Beschädigungen. Vierhundert Meter weiter hing die Gischt über mir, aber immer noch war weder etwas zu sehen noch zu hören. Eine kleine Ebene endete abrupt vor mir und der Nebel erhob sich in einem konstanten Vorhang von jenseits ihrer Kante. Ehrfurchtsvoll näherte ich mich dem Vorhang und nahm ein Beben des Untergrunds wahr, als ich mich dem Absturz näherte.

Plötzlich wurden meinen Ohren überwältigt von einem enormen Donnerdröhnen und der Gullfoss bot sich selbst dar wie eine eroberte Geliebte. Vor und unter mir klaffte ein langgestrecktes Loch in der Erde, gegraben von aufgepeitschten grauen Wassermassen. Hundert Meter breit war das Loch, und siebzig tief; und dort hinein stürzte zu meiner Rechten eine unwahrscheinliche Wassermenge. Langsam fiel es, behäbig wie ein Ballett, zögernd, den Grund zu erreichen, seinen ungehinderten Flug genießend. Darüber war eine tischebene Fläche zutiefst verwirbelten Wassers, aufgewühlt von noch mehr fallendem Wasser, da ein anderer Wasserfall den tiefer gelegenen mit einem großen, üppigen Schwall speiste. Dieser Fall, an einer ellenbogenförmigen Biegung des Flusses, verlief in einem Winkel quer zur Strömung, sodass die Absturzkante fast vierhundert Meter lang war und eine Tiefe von rund zwanzig Metern aufwies. Die zweite Gischtfahne erhob sich vom rechten Ende dieses großen Wasservorhangs, wo der fallende Fluss auf die Felsen darunter traf.

Plötzlich brach die Sonne durch die morgendlichen Wolken und erhellte die Darbietung wie ein Scheinwerfer. Das Wasser erstrahlte in hellem Glanz, als Mutter Frigga selbst erschien, eingehüllt in einen Umhang von goldenem Samt, geschmückt mit einem Schleier weißen Schaums, und in dem Dunst schimmerte ein zweifacher Regenbogen in einem fast vollständigen Kreis als Diadem der Göttin. Ich wusste, dass ich in Wahrheit schlicht millionen Gallonen schlammigen Wassers über eine harte Basaltklippe fallen und aufs Meer zustürzen sah, aber es war fast unmöglich, es so wahrzunehmen. Die Göttin lächelte gnädig über meine sterblichen Beschränkungen, als ich ihr meinen demütigen Respekt entbot und über die wahre Realität dessen grübelte, was ich *wirklich* zu nennen geruhte.

Jenseits der Fälle befand sich eine ebene Fläche, aufgewühlt von Fahrzeugspuren, die für mich unerreichbar war. Als ich hinübersah, wurde rumpelnd und schaukelnd ein Bus sichtbar und hielt an, um eine vielfarbige Menschenmenge auszuspucken. Diese verteilte sich wie Schmeißfliegen über die Felsen, schwenkte Kameras und rief respektlos. Was die

Leute sahen, wenn es auch großartig war, ließ sich mit meiner eigenen Aussicht nicht vergleichen, weil ich die gesamte Krümmung des Falls sehen konnte, während sie, von ihrer sicheren und leicht zu erreichenden Warte aus, nur das Ende sehen konnten. Das war nur recht.

Es musste gefilmt werden, mit Vorsicht, denn hier waren die Felsen noch immer locker und nicht auf Sicherheit überprüft. Rechts, wo sich die zweite Gischtfahne erhob, gab es eine Felsplatte, von der der Abgrund bis zu den wasserumtosten Felsen darunter zu überblicken war. Das wäre ein Platz, von dem aus sich großartig filmen lassen würde. Ich ging dort hinüber, die Regenbögen schimmerten in der Gischt, und erreichte einen Punkt des Ufers oberhalb des ersten Falls. Der Fluss war hier etwa vierhundert Meter breit, floss ruhig und windgewellt, sein Schicksal scheinbar nicht ahnend, während er sich dem großen Absturz näherte. Hier war das Ufer steil und locker, mit scharfen Felsen eingebettet in nasse Schlacke und Erde. Ich erreichte den Rand des Wassers, das lässig an den gischtfeuchten Steinen leckte. Es gab einen unebenen Pfad, vielleicht einen Meter breit, der links dorthin führte, wo ich gern sein wollte. Sehr vorsichtig suchte ich meinen Weg über die schlüpfrigen Felsen. Das geschwungene Ufer wurde zu einer Klippe, dann zu einem Überhang aus solidem Fels, nass und triefend von hängendem Gras und Flechten. Die Gischt durchtränkte meine Regenkleidung und rann in Strömen von Nase und Fingerspitzen, und das Brüllen der Wasserfälle durchdrang alles.

Ich war so weit gegangen wie möglich, nur auf Spuckweite entfernt von der Stelle, wo der Fluss von der Horizontalen in die Vertikale wechselte. Auszurutschen hieß zu sterben, unwiderruflich über die Kante gefegt und auf den Felsen zwanzig Meter unter mir zu Brei zerschmettert zu werden. Ich war fast vollständig geblendet von dem Sprühregen auf meiner Brille. Sehr vorsichtig legte ich meine plastikumwickelte Filmkamera auf den Felsvorsprung und lehnte mich gegen den überhängenden Felsen, während ich in meiner Tasche nach einem Taschentuch suchte. Als ich es gefunden hatte, nahm ich meine Brille ab und begann sie zu reinigen. Ohne irgendetwas erkennen zu können, abgesehen von einem wirbelnden, gestaltlosen Weiß, war mein einziger Kontakt zur Welt die rutschige Felsplatte zu meinen Füßen, die solide Wand in meinem Rücken, die kalte Gischt, die mein Gesicht peitschte und das gewaltige Getöse des Wassers. Ich bemerkte ein Geräusch, das sogar noch lauter war als das des Wassers und wurde mir bewusst, dass es das rhythmische Pochen des Blutes in meinen Ohren war, als mein Herz wie verrückt gegen die Furcht anpumpte.

Ich setzte die Brille wieder auf und sah den ungeheuer gewaltigen Anblick des fallenden Wassers. Ja, das musste auf Film festgehalten werden. Wieder war die Sicht ausradiert, wieder das Wischen, diesmal mit den Fingern. Rasch nahm ich die Einstellungen vor und wickelte die Kamera aus der Plastiktüte, richtete sie auf den oberen Fluss, drückte den Auslöser und schwenkte in Richtung des wundersamen Anblicks, in der Hoffnung, dass sie die Szene filmen würde, bevor die Linsen von der Gischt bedeckt waren.

Es schwirrte achtzehn Sekunden, dann blieb das Uhrwerk des Motors stehen. Es war vorbei. Was auch immer dabei herausgekommen war, mehr Film konnte ich mir dafür nicht leisten. Wie sich später herausstellte, sollte es eine der besten Szenen der gesamten Reise sein. Ich steckte die nun tropfnasse Kamera zurück in die Tüte und wandte mich, indem ich meine Finger als Scheibenwischer benutzte, heimwärts. Als ich mich umdrehte, fühlte ich meine Füße sich seitwärts bewegen und sprang instinktiv auf die nächste Felsplatte. Ein rascher Blick zurück fiel auf die noch immer geringfügig trockeneren Umrisse meiner Stiefel an der Stelle, wo ich einige Minuten gestanden hatte. Genau dort löste sich ein dünner Gesteinssplitter von dem darunterliegenden Felsen und rutschte sacht ins Wasser, wo er grob von der schneller werdenden Strömung erfasst und ganz unzeremoniell in den Raum geschleudert wurde.

„Warum tust du das, Edwards?“ schrie ich mir selbst durch den dröhnenden Tumult zu.

„Weil es da ist!“ antwortete ich in lächerlichem Falsett.

Das überwältigende Gefühl der Erleichterung, das über mir schwebte, entsprach meiner Anspannung auf dem Felsvorsprung. Ich grinste von einem fröhlichen Ohr bis zum anderen, als ich die Uferböschung erreichte und hinaufkletterte.

Nach einem Augenblick der Verehrung verließ ich den goldenen Wasserfall; überließ ihn den Touristen, die konfettigleich die gegenüberliegende Seite sprenkelten, ihre gänzlich unschuldige Gegenwart wirkte irgendwie frevlerisch.

Mein nächstes Ziel war der Geysir, der große Strahl kochenden Wassers, der allen anderen auf der ganzen Welt den Namen *Geysir* gegeben hatte; der Vater aller Geysire. Hätte ich den Gullfoss zur Touristenseite überqueren können, wäre er nur acht Kilometer entfernt gewesen, aber ich musste sechzehn Kilometer gehen, den Weg zurück durch die Farm zur Brücke, die ich mit Magnús im Wagen am vorangehenden Abend überquert hatte. Es war früh am regnerischen Nachmittag, als ich meine Last aus der Scheune holte und nach Magnús suchte, um ihm auf wiedersehen zu sagen. Magnús nahm geheimnisvolle Verrichtungen an seinem Traktor vor als ich ihn fand, umgeben von herumhüpfenden Nachkommen und fröhlich bellenden Hunden. Er wischte sich seine Hände an einem Lappen ab, als ich ihm für seine Gastfreundschaft dankte.

„Es gibt nichts zu danken", sagte er mit der ehrlichen Hilfsbereitschaft des Landkindes. Ich schüttelte seine feste Hand, wir wünschten einander alles Gute, und ich ging davon, den Feldweg entlang, die kleine Ansammlung von Farmgebäuden hinter mir lassend.

Es begann ernsthaft zu regnen, als ich die schmale Brücke überquerte und meinen Weg auf der Straße fortsetzte, von der Magnús mich gerettet hatte. Ich wurde überholt von einem halben Dutzend dünner durchnässter Kinder, die auf dicken durchnässten Ponys ritten. Nasse wollene Troddeln wippten auf nassen Wollmützen. Sie winkten fröhlich und trabten voraus, glücklich in dem Wissen, dass Haut letztlich ziemlich wasserdicht war.

Noch etwa drei Kilometer vom Geysir entfernt hörte der Regen für diesen Tag auf und ein klein wenig blauer Himmel erschien. Der Geysir war jenseits der Felder sichtbar. Kleine Dampfwolken erhoben sich von einem etwa zweihundert Meter breiten Bereich und ein paar niedrige Gebäude sprenkelten die Umgebung. Von Zeit zu Zeit schoss ein großer Strahl leuchtend weißen Dampfes lautlos mehr als dreißig Meter in die Luft und verharrte dort eine Weile, bevor er sich in nichts auflöste. Von dort, wo ich stand, erweckte es den Eindruck einer Wild-West-Ranch nach dem Abzug der Apachen.

Innerhalb einer Stunde, müde von der Straße, erreichte ich den Ort. Zuerst ein paar Zelte voll junger Deutscher, das Geklapper von Kochtöpfen vermischt mit Wortgeplänkel. Ein schäbig aussehendes Gebäude behauptete von sich, ein Hotel zu sein. Es sah verlassen und baufällig aus, und hinter ihm dampfte müde ein gefliester Pool. Die Luft roch scharf nach Schwefel und der ganze Platz erweckte den Eindruck der Verlassenheit, wie eine Party, zu der niemand erschienen war. Ein Metallzaun umgab das Gebiet zu meiner Rechten, wo die thermische Aktivität am größten war, und Dampf stieg an mehreren Stellen auf. Es gab ein kurzes „Wusch!"-Geräusch, als sich eine weiße Säule aus Dampf über mir auftürmte und auseinanderzuwehen begann. Aber die Besichtigung musste auf später warten. Ich war hungrig und gewillt, mich für ein gutes Mahl in einem Restaurant von einem Vermögen zu trennen.

Das „Restaurant" erwies sich als Hotdog-Stand mit Postkarten, Wollmützen und Touristenkitsch. Ich bestellte bei den beiden hübschen und freundlichen Mädchen zwei Hotdogs und einen Kaffee und plauderte über den Geysir mit derjenigen, die das bessere Englisch sprach. Sie war in der vollen Blüte von Jugend und Akne, eine sehr anmutige

Maid, die bald in Schönheit erblühen würde. Der Dampf schoss wieder in die Luft, lautlos hinter dem großen Fenster und ertränkt von amerikanischer Pop-„Musik".

„Wie häufig bricht der Geysir aus?" fragte ich mit der Unschuld des Unwissenden.

„Der dort alle zehn Minuten", sagte das Mädchen mit der Freude der Lehrerin, „aber das ist der kleine Geysir, Strokkur. Der große, der Große Geysir, ist tot." Sie lächelte bedauernd.

Es war, als hätte man mir vom Tod eines alten Freundes erzählt. „Tot?" sagte ich, wissend dass es stimmte.

„Ja. Seit vielen Jahren schon. Vielleicht liegt's an den Steinen, die die Touristen reinwerfen. Vielleicht ist er auch nur zu alt." Sie, die Jugend besaß, sprach das Wort *alt* als wäre es der Name eines fantastischen, legendären Landes, von dem wenig bekannt war, das sie aber eines Tages besuchen sollte. „Zweimal pro Monat wirft der Hüter des Geysirs Seifenpulver hinein, um ihn für die *Touristen* ausbrechen zu lassen." Sie war ehrlich traurig, die Überbringerin dieser Botschaft zu sein, und ich gestehe mit ein wenig Stolz, dass sie mich nicht einbezog in ihre diffamierende Bezeichnung als *Tourist*.

Die Sonne beschien theatralisch den weißen Zaun. Es war Zeit, die Kamera einzusetzen. Ich überquerte die Straße und betrat die verwüstete Einfriedung durch eine quietschende Pforte. Dahinter machten Reihen weißer Steine kenntlich, wo man gehen sollte und wo nicht. Ein Hinweis in Englisch verkündete, dass es gefährlich sei, die Pfade zu verlassen. Dampf entwich aus den Tiefen der Hölle durch alle Arten von Spalten und Löchern; selbst in der Mitte des Pfades stieg, um Entschuldigung bittend, ein kleines Dampffähnchen auf. Kleine Tümpel dampfenden Wassers, höchstens einen halben Meter breit, blubberten und siedeten und murmelten, „blubber-bubber-plitsch-platsch-plätscher-blubbelubb". Ich versuchte mir die Komplexität der Wasserkanäle unter der Oberfläche vorzustellen. Wie tief? Wo war die Hitzequelle? Ich gab es auf und ließ mich nieder, um mich an den sichtbaren Auswirkungen zu erfreuen.

Am Ende einer Allee weißer Steine, mit Seilen abgesperrt und erhöht wie ein Katafalk, ruhte der mächtige Geysir. Ein großer Kreis einer grau-weißen kalksteinartigen Substanz, bekannt als *Sinter*, umgab den Ausbruchskanal in einem um anderthalb Meter über die Umgebung aufragenden Hügel. Von der Öffnung stieg zarter Dampf auf wie der Geist der toten Legende. Als ich dort in stiller Bewunderung stand, gab es ein leichtes Grummeln im Untergrund und ein wenig kochendes Wasser überspülte den Rand des Ausbruchskanals, um sofort wieder still zurückzusinken, das letzte Todesröcheln eines einst großen Königs. Zwei Busse waren am Hotdog-Stand eingetroffen und Touristen verteilten sich über das Thermalgebiet, lachend, rufend und mit teuren Kameras Schnappschüsse machend; doch als sie sich dem Geysir näherten, wurden sie ehrfürchtig und sprachen flüsternd, wie es sich für Trauergäste geziemte. Zweimal pro Monat, hatte das Mädchen gesagt, streuten sie Seifenpulver in die Öffnung, um ihn ausbrechen zu lassen, aber das war bloß ein Lebenserhaltungssystem. Die Seele war entwichen. Der König war tot.

Lang lebe der König! Zweihundert Meter vom Hingeschiedenen entfernt brach der Mini-Geysir Strokkur in den unbefleckten blauen Himmel aus und hinterließ eine weiße Wolke, um seine Jungfräulichkeit herauszufordern. Es gab viele Erklärungen für das Geysirphänomen. Eine der am weitesten akzeptierten wurde von keinem Geringeren aufgestellt als Robert Willhelm Bunsen, der mit den Gasbrennern aus den Wissenschaftslabors. Nach Bunsen hat der Schlot eines Geysirs die Form eines umgekehrten Trichters. Dieser ist mit Wasser gefüllt und wird von unten durch vulkanische Aktivität erhitzt. Weil die Röhre so eng ist, sind Konvektionsströme eingeschränkt und das Wasser ist am Grund am heißesten. Auch der Druck nimmt, wegen des Gewichts der Wassersäule, mit der Tiefe zu. Der Siedepunkt, der vom Druck abhängig ist, nimmt ebenfalls mit der Tiefe zu. Darum wird, wenn das Wasser in der Säule fast den Siedepunkt erreicht hat, durch eine schnelle Druckverringerung eine gewaltige Kettenreaktion ausgelöst, wenn örtlich begrenztes Kochen zu Druckminderung führt und weiteres Kochen auslöst. Dann schießt der gesamte Inhalt der Höhlung, die ihn nicht mehr halten kann, dramatisch durch den einzigen Fluchtweg – den engen Schlot. Alles klar?

Ich stand fünf Meter von dem Loch entfernt. Es war umgeben von einem Becken dieses grau-weißen Sinters, vielleicht zehn Meter breit. Als ich zusah, kräuselte Dampf von dem Loch hoch, das selbst einige Meter breit war. Andere standen herum und die Atmosphäre war erwartungsvoll. Kameras waren bereit und wurden auf das Loch gerichtet. Wasser, grün und klar, schwappte reichlich aus dem Loch, um das Becken zu füllen, und begann dann wieder zurückzuströmen wie Badewasser durch den Abfluss. Die Leute gackerten und plusterten sich auf wie Hühner. Noch zweimal füllte sich das Becken und leerte sich wieder und die Spannung wuchs. Dann, schnell, sehr schnell, dehnte sich eine große grüne Wasserkuppel über dem Loch, siedete weiß in ihrem Zentrum und explodierte aufwärts mit einem „schhht!!" reiner Kraft zu einer Höhe von fünfzig Metern. Die ganze Vorstellung hatte nur den kleinen Bruchteil einer Sekunde bedurft und Rufe transatlantischer Freude und Frustration durchdrangen die Luft.

„Hast Du's erwischt?"
„Uiii!"
„Ich glaube, diesmal hab ich's verpasst."
„Hölle!"
„Hast Du das geseh'n!"
„Heilige Scheiße!"

Dann das Nachspiel. Heißes Wasser fiel überall um mich herum und schwefliger Dampf wirbelte wie wild. Dies war eine neue Erfahrung der Macht der Natur für mich, und ich schwelgte darin, ein Bauer im Gebet.

Noch mehrmals sah ich den Geysir ausbrechen, fasziniert von dem Spektakel. Nach einer der Eruptionen fiel mir auf, dass ich allein war. Zu irgendeinem Zeitpunkt waren die Busse abgefahren und ich war zu gefangen gewesen, um ihr Verschwinden zu bemerken. Ich filmte, zeichnete die Geräusche auf Band auf, und als es voll war, ging ich nochmal zum Hotdog-Stand, um die Mädchen anzulächeln.

Es war am frühen Abend, und die Straße wartete auf mich. Ich hatte keinen Grund, in Geysir zu bleiben, also fraß ich mich mit weiteren Hotdogs voll, erwarb Kekse und Schokolade und brach, den Herrinnen des Geysirs einen übertriebenen Abschied entbietend, einmal mehr in Richtung Reykjavík auf.

Ich erwachte sechzehn Kilometer vom Geysir entfernt am Morgen meines zweiundzwanzigsten Tags auf Wanderschaft. Der Himmel war kärglich bewölkt und es gab eine sanfte Brise, die die Haut erfrischte. Den Bauch voller Wasser und Kekse setzte ich meinen Weg die zweifach gefurchte Straße hinab fort und genoss den Morgen. Am vorangehenden Tag war ich nur wenig weiter als dreißig Kilometer gekommen und war jetzt gut ausgeruht. Es gab keinen Zeitdruck oder zurückzulegende Entfernungen, die auf mir lasteten, da nur noch achtzig Kilometer gemütlichen Spazierens vor mir lagen und mir dafür noch vier Tage blieben.

Steile Berge erhoben sich zu meiner Rechten, und wenn die Sonne schien, schien sie in meinem Rücken. Zur Mittagszeit erreichte ich die kleine Stadt Laugarvatn, am malerischen See gleichen Namens gelegen. Die Bevölkerungszahl war durch einen großen Campingplatz und Wohnwagenpark vervielfacht worden, die mit Wäsche und Kindern geschmückt waren. Erkundigungen machten meine allgegenwärtige Hoffnung auf eine Mahlzeit in einem Restaurant zunichte. Die Touristensaison hatte in der vergangenen Woche offiziell geendet. Gesättigt mit Hotdogs investierte ich in Käse- und Schinkenburger, einige „Biere" und einen weiteren Käse- und Schinkenburger. Das alles nahm ich gemächlich, ganz bewusst die Zeit verschwendend, zu mir. Noch immer, konditioniert durch die vergangenen Wochen, trieb mich mein Verstand durch ein anhaltendes „Weiter... steh auf... geh-geh-geh-geh-weiter!“ voran, was ich lächelnd ignorierte, während ich vor dem kleinen Hotdog-Stand saß und mehreren Wellen von Teenagern zusah, wie sie eintrafen und wieder gingen.

Sie wirkten unschuldig, diese isländischen Teenager, anders als jene zuhause. Sie lächelten ein unbedachtes Lächeln und selbst ihre Begehrlichkeit war ehrliche Begehrlichkeit. Die milchtrinkenden Jungs trugen machohaftes Leder und die Mädchen in Miniröcken schlürften Cola durch Strohhalme. Sie wirkten viel fröhlicher und offensichtlich zufriedener als ihre britische Entsprechung. Die herbe Realität des ziellosen und lethargischen Teenagerlebens in der westlichen Gesellschaft schien sie noch nicht erreicht zu haben. Hatten sie Jobs? Hatten sie das Gefühl, einen Wert zu besitzen? Ich habe das nie in Erfahrung gebracht, aber sie wirkten auf mich wie exotische Blüten, deren Schönheit in der Isolation ihres Gewächshauses bewahrt geblieben war. Ich wünschte mir, dass ihr schützendes Gewächshaus verstärkt werden könnte, doch machte mich der Gedanke traurig, dass eines Tages das Glas brechen und, wie es immer geschah, die Schönheit zerstört werden würde, um zählebigeren Unkräutern Platz zu machen. Aber vielleicht unterschätzte ich damit ihr Potenzial und setzte Schönheit mit Schwäche gleich. Das hoffte ich.

Auf dem Weg aus der Stadt kam ich an einer riesigen Lehranstalt am Ufer des Sees vorbei. Ein großes, grünes Schild, auf dem „EDDA“ stand, wurde gerade abgenommen. „EDDA“ zeigte an, dass das Gebäude während der Sommerferienzeit als Touristenunterkunft genutzt worden war, ein anderes Beispiel für die Findigkeit der Isländer. Die Inselbevölkerung hatte immer über diese Qualität verfügt. Andernfalls wäre sie schon vor langer Zeit wieder verschwunden, statt entgegen aller Widerstände von Menschen und Natur eine freie Gesellschaft aufzubauen. Mein nächster Zwischenstop war der Thingvallavatn, der See, an dessen Ufer das erste freie Parlament der Welt getagt hatte, das Althing, wo kein König den freien Männern vorstand. Er war sechzehn Kilometer entfernt und ein guter Platz, um über Nacht zu bleiben.

Die Wanderung war angenehm, die ersten acht Kilometer führten durch wogendes Weidegras mit Hügeln auf der rechten Seite und einer ausgedehnten Ebene zur Linken. Dann folgte für achthundert Meter ein steiler Anstieg der Straße und ich stand, schnaufend und nach Luft ringend, am Rand eines Aa-Lavafeldes, alt und grün von Moos. Jenseits davon, acht Kilometer entfernt, lag der riesige Spiegel des Thingvallavatn mit Bergen dahinter und einem Geysir, der an die sechzehn Kilometer entfernt an seinem jenseitigen Ufer emporschoss.

Auf dem Weg die Straße hinab kam ich an einem Wagen vorbei, dessen Fenster und Türen weit offen standen, die dazugehörigen Leute hatten sich auf der Suche nach schwarzen Beeren verteilt. Daraus schmetterte lächerlich laut der Klang von vier Liverpoolern „... day tripper! Sunday driver – yea!“ Die Ausflügler winkten mir fröhlich zu und freuten sich, mir dieses irgendwie dubiose Klanggeschenk bereitet zu haben. Ich lächelte zurück, traurig, und riet mir selbst, zu leben und leben zu lassen. „Try to see it my way...“ sang das selbstvergessene Quartett. „We can work it out... We can work it out.“ Das Leben ist tatsächlich sehr kurz, und „there's no ta-ha-ha-ha-haam for fussin' an' fightin' ma friends.“ Philosophisch gestimmt ging ich weiter zum entfernten See.

Es war Abend, als ich mein Lager am Ufer des Sees aufschlug. Ganze Reihen von Hinweisschildern untersagten das Fischen während der Laichzeit und überall gab es Anzeichen von Tourismus, denn dieses Gebiet war ein Park, ein Nationalheiligtum und ein Ort großer Schönheit. Und die Menschen respektierten ihn als solchen, denn nirgendwo gab es Abfall oder Zeichen von Vandalismus. Zwergbirken bedeckten das Gebiet und ich machte ein Feuer aus ihrem toten Holz, um mir einen Schlaftrunk zu bereiten. Nie hätte der See schöner sein können als an diesem Abend. Wie Glas, mit nur gelegentlichem Kräuseln, spiegelte er die goldenen Wolken des Sonnenuntergangs. Kleine Inseln tupften den See dunkel und hinter ihnen war eine Kluft in den Hügeln, durch die ich am morgigen Tag gehen würde. Von dort sollte es mir möglich sein, wenn das Wetter klar war, Reykjavík und das Meer zu sehen. Das Abenteuer ging seinem Ende zu, die Mühsal lag hinter mir und die Schlacht war gewonnen. Das Ende einer Reise ist immer eine traurige Zeit, denn es kennzeichnet das Ende dessen, was ein kleines, separates Leben war, jenseits der normalen Existenz, und eine eigene Entität. Die Wünsche und Sehnsüchte in diesem kleinen Leben sind jenen in der größeren Lebensreise sehr ähnlich, aber wegen ihrer kurzen Dauer müssen sie schneller erreicht werden. Es gibt untergeordnete Ziele in dem größeren Bild, Ziele wie die Lavawüste, den Gletscher, Sprengisandur und Hekla; aber immer gibt es das größere Ziel, die Ankunft am Bestimmungsort, das Ende der Reise und das Ende des Lebens. Und mit dem Ende eines jeden Lebens kommt die Freude über das Ende von Mühen und Plagen, aber auch Trauer über das Ende der Freuden, der Juwelen in der See der Schmerzen. Ich dachte über diese Dinge nach, während mein Teebecher mir die Hände wärmte, während das Feuer sanft glomm und die Sonne hinter den Bergen des Thingvallavatn erstarb.

Im Hochsommer des Jahres, das die Christen 930 A.D. genannt hätten, ritt ein Goði, dessen Name – vielleicht – Olaf war, sein Pony den steilen Weg zum großen See hinauf. Mit ihm ritten, einer auf jeder Seite, Männer von Würde. Schwerter mit eisernen Schneiden schlugen gegen Ihre Schenkel und der Wind in ihren Gesichtern zerzauste ihre blonden Bärte. Den Bart des Goði durchzog das harte graue Haar der Weisheit und seine Blicke waren tief und forschend. Dahinter, sich weiter schlängelnd als ein Mann werfen konnte, kamen Männer und Frauen, die Packpferde führten, beladen mit eisernen Töpfen und Pfannen, gewebter Wollkleidung, getrocknetem Fisch, Zierrat und allen Arten von Handelsgütern.

Sie erreichten die Anhöhe und hielten inne. Der See lag flach und glänzend vor ihnen, umgeben von Bergen, und an seinem nördlichen Ufer waren Menschen, Zelte und Tiere in großer Zahl; und selbst auf diese Entfernung konnte man das Summen und Klappern der Menschenmenge hören. Es war etwas Neues für Island, die erste Versammlung des Volkes, um das Gesetz zu hören und Gericht zu sitzen, und das Lächeln auf dem wettergegerbten Gesicht des Goði verriet, dass es gut war. Er schlug die Fersen in die Flanken des Reittiers und sie setzen ihren Weg fort zwischen den uralten Lavasäulen, grün überzogen von Flechten und Moosen, während die Frauen hierhin und dorthin eilten, um die frühen schwarzen Beeren zu pflücken.

Am Ufer des Sees schlugen sie für zwei Wochen ihr Lager auf und der Goði suchte in den anderen Lagern nach alten Freunden und nach neuen. Männer fischten im Wasser des Sees, indem sie Netze einholten, schwer von Forellen, und Güter aller Art wurden auf dem ausgedehnten Markt verkauft, der neu entstanden war zwischen den Zwergbirken. Handel wurden geschlossen und Ehen arrangiert, als Blutbünde zwischen den Familien. Es gab sogar Unterhaltung durch Jongleure und Gaukler, und Musik klang von Hörnern und Saiten. Hier und da umringte die Menge einen Geschichtenerzähler, seine Stimme sang durch die alten Verse ritualisierter Geschichte und Mythen, jedes verschlungene Muster mit den anderen webend, um in ein erinnerungswürdiges Ganzes zu verschmelzen. Alle Ereignisse einer Stadt fanden jetzt hier auf der Ebene an dem See statt, denn Island hatte keine Städte. Hier hatte die Nation in ihren Geburtswehen für kurze Zeit eine Hauptstadt aus Zelten, aus vorübergehenden Unterkünften und Buden. Und es war durch allgemeinen Beschluss an dieser Stelle, denn kein Herrscher hatte die Versammlung angeordnet.

Der Goði entdeckte ein bekanntes Gesicht in der Menge. Er rief seinen Namen und fügte hinzu „Wohlstand Deinem Hause."

„Und dem Deinen, Goði. Wie war Deine Reise?"

„Lang und gut. Ist das Dein Sohn? Er ist zu einem Mann herangewachsen! Ich habe zwei feine junge Töchter."

„Sind Deine Schafe stärker, seit ich Dir den guten Hammel verkauft habe?"

„Ja, sie widerstehen dem Winter besser. Ist Ulfljót eingetroffen?"

„Es heißt, dass er morgen kommen soll. Morgen wird er das Gesetz bringen."

„Morgen werden wir unser eigenes Recht haben", sagte der Goði, nicht um zu informieren, sondern um das Wunder zu bestätigen, denn alle kannten den Zweck des Treffens. Das Land war besiedelt worden, und nun musste das Volk regiert werden, nicht nach den Launen von Menschen, sondern durch die Macht eines Gesetzes; ein Gesetz, das freie Männer vor Unterdrückung durch die Starken bewahrte, denn es besaß die Stärke der Mehrheit eingeschmolzen in seinem Herzen. Ulfljót der Gelehrte war nach Norwegen entsandt worden nach dem Willen des Volkes, um das Wesen des Gesetzes zu erlernen und es an die Bedürfnisse Islands anzupassen; und jetzt kehrte er heim und würde ihnen berichten, was er gefunden hatte. Morgen würde er dem Volk das Gesetz zur Prüfung vorlegen. Morgen würde ein großer Tag sein, der größte Tag, den jeder Anwesende je erleben sollte.

Es war noch immer der Morgen des ersten Althings, als die gewählten Männer des Volkes, die sechsunddreißig Goðar, jeder mit seinen zwei Beratern, vor dem oben abgeflachten Felsen Aufstellung nahmen, um die Ankunft von Ulfljót dem Gesetzessprecher zu erwarten. Pferde und Rinder waren geopfert worden, auf dass die Götter über diese Versammlung lächeln sollten und ihre Beratung fruchtbar sein ließen.

Stimmen wurden gedämpft, als der Gesetzessprecher erschien und still den Felsen bestieg. Die Ehrerbietung galt nicht dem Mann, der lediglich das Gefäß war, sondern dem Gesetz, das der Mann verkörperte. Er war es, der das Gesetz kannte und es aus dem Gedächtnis für die Ohren des Volkes rezitieren würde. Wie die Sänger der Sagas ihre Bewahrer der Geschichte waren, so war der Gesetzessprecher das Gedächtnis und der Wegweiser für den gegenwärtigen und zukünftigen Umgang mit Menschen und Göttern. Macht ruhte in den Goðar, aber der Gesetzessprecher bändigte sie, leitete den Weg des Individuums, indem er es mit dem Ganzen vereinte.

Ulfljót hob seine Arme in Richtung des versammelten Volkes, schob sie vereinigend zusammen. Er sprach, und der Klang seiner Stimme klang wider von der Felswand hinter ihm. Er sang über die Ebene von Thingvellir, hinaus über das Eis und in den Herzen der freien Menschen über alle Zeiten.

„Dies ist das Gesetz des Volkes..."

In einer Welt von Königen und Despoten war die erste Republik des Nordens geboren worden, und das erste Parlament, das die Welt kannte, hatte nun hier seinen Sitz.

Zwergbirke ist nicht gerade das Holz, das sich auf der Welt am leichtesten entzünden lässt. Darum ließ ich mich zu einem Frühstück aus Keksen nieder und spülte es mit klarem Seewasser hinunter. Ich folgte der Piste etliche Kilometer weiter, mit dem See zu meiner Linken, während sich die Ebene von Thingvellir zu meiner Rechten erstreckte. Es war nun ziemlich kühl, und kreisförmige Wellen auf der stillen Oberfläche des Wassers wiesen auf die Anwesenheit frühstückender Fische hin. Vor mir in der Ferne erhob sich eine lange Felswand, wo die Erde vor lange zurückliegender Zeit ein wenig mit den Achseln gezuckt hatte. Ein Wasserfall stürzte klar von der grünen Ebene oben zehn Meter herab, ein ruhiger weißer Strich unterbrach die Länge des grau-schwarzen Felsens wie ein Ausrufezeichen. Eine Stunde des Spazierens später stand ich im Einflussbereich der Wand aus gespaltener Lava und folgte dem ausgetretenen Pfad. Dort war ein großer Felsen, vielleicht drei Meter hoch, geglättet vom Scheuern der Stiefel. Seine Oberseite war flach und leicht zu erreichen, und so saß ich dort eine Weile, um zu rasten, allein an diesem Morgen. Ich hatte eine gute Aussicht über die weite Leere der Ebene mit einem Geysir, der immer noch jenseits des Sees spuckte und sich im Wasser spiegelte. Eine so erfreuliche Aussicht, wie ich sie zuvor nicht gesehen hatte, und geeignet, dem Geist des Menschen Ruhe zu bescheren. Ich nickte mir selbst zu, als mir Gedanken an Geschichte durch den Kopf streiften, nickte wieder und ging, mich erneut auf den Pfad begebend, weiter in Richtung der Kluft in den Bergen, die nach Reykjavík führte.

Es war Mittag, als ich den Durchbruch passierte und mich auf einer gut befahrenen Straße durch gewelltes Heideland wiederfand, das Äquivalent der Landschaft, der ich zu Beginn meiner Wanderung vor Ewigkeiten begegnet war. An einem klaren Tag wäre es vielleicht möglich gewesen, das Meer zu sehen, aber die Klarheit des Morgens war von einem kalten, klammen Bodennebel verdrängt worden, durch den Regen zu fallen begann, getrieben von einer halbherzigen und matten Brise, als hätten die Götter Islands sich für besiegt erklärt, aber bisher das Feld noch nicht geräumt. Es war kein Wetter zum Spazierengehen, und ich beschleunigte meine Schritte. Es war meine Absicht gewesen, vor Reykjavík zu lagern und mir einen leichten Gang für den Morgen aufzuheben, aber die Hauptstadt war nur fünfundzwanzig Kilometer entfernt, und die Erwartung einer heißen Mahlzeit an diesem Abend trieb mich zum Marschtempo an. Trotz des fallenden Wassers und wirbelnden Nebels sprangen mir fröhliche Marschlieder durchs Gehirn, während, wie bei einem Zirkusartisten auf einem großen Ball, meine Füße die Kugel um ihre Achse zurückdrehten, sodass ich darauf auf dem richtigen Punkt stehen konnte. Als ich den Ball einmal in Bewegung gesetzt hatte, wurde es leichter und die Kilometer eilten dahin.

Gegen Mitte des Nachmittags wurde die Piste zu einer Schotterstraße und bald darauf hob sich der Nebel und gab, weniger als sechzehn Kilometer entfernt, die Sicht frei auf die glänzenden Gebäude von Reykjavík, eine Bucht voll Nebel davor und die Dänemarkstraße dahinter. Hier war die Westküste! Ich hatte es geschafft! Ich war sehr, sehr glücklich.

Der Verkehr auf den Autobahnen, zu der die Straße schnell wurde, war beträchtlich, und so ging ich auf dem kombinierten Fuß- und Radweg neben dem dröhnenden Strom von Menschheit in Büchsen. Ich wollte ihnen meinen Triumph zurufen, aber sie hatten ihre Aufmerksamkeit ganz entschieden anderen Dingen zugewandt und beschäftigten sich mit unmittelbareren Angelegenheiten. In der Stadt fand ich einen Campingplatz und stellte mein Mini-Lager inmitten einer Masse großer oranger Zelte auf. Dann wusch ich mich sorgfältig in *heißem* Wasser und zog mir meine sauberste dreckige Kleidung an. Diese Nacht würde eine Nacht des Feierns sein. Zuerst eine gediegene Mahlzeit, und dann würde ich ins Kino gehen.

Mit sauberem Haar, immer noch nasskalt, und mehr oder weniger anständig gekämmt, konsumierte ich eine Consommé mit Croutons und ein Bier, ließ Lamm in äußerst ambrosiagleicher Käsesoße folgen, umgeben von sukkulenter Vegetation, und einem Bier, nach dem ich ein großes Stück Torte mit frischer Sahne verputzte und ein Bier, und das ganze abschloss mit Käse und Keksen, die ich mit einem Bier runterspülte. Ich bezahlte und gab mir dabei alle Mühe, nicht auf die erste Ziffer auf der Rechnung zu blicken.

Das Kino, das ich besuchen wollte, war ein kleines Familienunternehmen in der Hellusundi 6a, geführt von einem gewissen Villi Knudsen, der, wie sein Vater Osvaldur vor ihm, damit Karriere machte, alle vulkanischen Aktivitäten in Island zu filmen und sie, zur Freude der Touristen, in seinem Kino zu zeigen. Aus seiner Anzeige hatte ich erfahren, dass das Kino sonntags und montags geschlossen war, und da es Samstag war und mein Flug am Dienstag ging, musste es entweder heute Nacht sein oder nie.

Der Zuschauerraum war klein, und in dem sich schnell füllenden Raum herrschte die Stimmung eines Kirchensaals. Ich hatte sehr wenige Filme über vulkanische Aktivitäten gesehen, da solche Ereignisse von Hollywood, der BBC oder der ITA nicht als unterhaltsam angesehen werden. Das exzellente Programm bestand aus mehreren Kurzfilmen, die sich mit vielen kürzlich stattgefundenen Eruptionen befassten. Vor meinen sich weitenden Augen erhob sich die Insel Surtsey spektakulär aus dem Meer, und die Insel Heimaey wurde in dem 1973 aufgenommenen Film umgeformt und ihre Stadt halb zerstört, als die Natur achtlos über die sorgsam errichteten Werke der Menschen hinwegging. Aber es war der Ausbruch der Hekla im Jahr 1981, der mich gefangen nahm. Ich sah die Wand aus Aa-Lava, den Steinwald, in dem ich vor meinem Aufstieg zum Vulkan geschlafen hatte. In dem Film war sie rotglühend und schwarz rauchend, als sie unaufhaltsam über das Land kroch mit anderthalb Kilometern pro Stunde, während große, schwelende Brocken von ihrem drei Meter hohen Kamm fielen, um in einer Decke von Tephra an ihrem Fuß zu zerbersten. Ich sah, wie die geschmolzene Lava große Brocken flüssigen Felsens hochwürgte, wo sie erstarrten und verharrten wie der versteinerte Wald der Hekla, um denen Narben zuzufügen, die es wagten, ihre Hänge zu ersteigen. Fließende Feuerströme rannen aus den Schloten, und bei Nacht leuchteten sie wie Neon. Mit solcher Macht kann man sich nur schwer abfinden in einem kleinen Kino inmitten keuchender Touristen.

Nach der Vorstellung sprach ich mit Villi, und wir diskutierten seine und meine Filmerei. Er war ein kompetenter Gentleman, interessiert am Leben in all seinen Aspekten.

„Würden Du nicht gern einen Vulkanausbruch filmen?" wollte er wissen. Nichts, vertraute ich ihm an, würde mir mehr Freude bereiten; aber es war schon einige Zeit her, seit sich einer in Salford ereignet hatte.

„Es gibt eine Spalte in der Nähe des Mückensees, Mývatn, von der ich schon seit zehn Jahren erwarte, dass sie ausbricht. Ich hatte drei Filmcrews die ganze Zeit bereitstehen. Irgendwann muss sie ausbrechen. Wenn das geschieht, ruf mich an, und wir filmen es zusammen." Er sagte das mit einem Lächeln, aber ich wusste, dass er es so meinte. Ich erklärte, dass ich leider in drei Tagen wieder in England sein würde. Die Chance, dass der Ausbruch in der Zwischenzeit stattfand, kamen wir überein, waren tatsächlich sehr gering.

„Ruf mich an!" beharrte er. „Ruf mich an, wenn sie hochgeht!"

Wir schüttelten uns die Hände und gingen lächelnd auseinander. Auf rasch steifer werdenden Beinen lief ich zurück zum Campingplatz durch eine Stadt am Samstagabend, die um halb elf bereits verlassen wirkte. „Was unternehmen sie wohl", fragte ich mich, „wenn sie ihre Haustür schließen?"

Es war ein sehr christlicher Sonntag, leer und freudlos. Zuerst musste ich meine Durchquerung offiziell machen, indem ich meine Füße an diesem vierundzwanzigsten Tag in die westliche See tunkte; also ging ich, in der Hand die Kamera, in der sich noch für eine ganze Minute Film befand, durch die geisterhaften morgendlichen Straßen von Reykjavík, um das Ereignis festzuhalten. Nicht einmal einen Hund erspähte ich, denn es ist gegen das Gesetz, in Reykjavík einen fleischfressenden Gefährten zu besitzen. Tatsächlich dürfen sie ganz legal erschossen werden, wenn die Polizei ihrer ansichtig wird. Die Gehsteige und Parks, die Kinder, die Schuhe und Teppiche von Islands Hauptstadt sind frei von Hundekot.

Reinlichkeit war auch in der schadstofffreien Luft offensichtlich, denn die Isländer brauchen keine kohlebetriebenen Kraftwerke, um ihre Wohnungen zu heizen. Vor rund fünfzig Jahren begannen sie, das Wasser natürlich vorkommender heißer Quellen nutzbar zu machen, und nach reichlichem Experimentieren in der Hauptstadt fanden sie das beste System. Zwei große Pipelines, jede sechzehn Kilometer lang und stark isoliert, verlaufen von Quellen außerhalb der Stadt, leiten das fast kochende Wasser in Speichertanks in der Innenstadt, von wo es verteilt wird auf einzelne Wohnungen, Hotels, Schulen und andere Gebäude, um sie zu heizen und aus ihren Wasserhähnen zu fließen. So gut isoliert ist das System, dass nur rund zehn Prozent der ursprünglichen Wärme unterwegs verloren gehen. Das ist nur ein weiteres Beispiel für den Einfallsreichtum der Isländer und legte den Grundstein für den Anbau von Obst, Gemüse und selbst Blumen, die unmöglich im Freien wachsen würden, in quellbeheizten Gewächshäusern. Tatsächlich wurde die neue Stadt Hveragerði, fünfzig Kilometer südöstlich von Reykjavík, um diesen Aspekt der isländischen Ökonomie herum errichtet.

Reykjavík hat sich seit der Jahrhundertwende schnell ausgedehnt, als es noch ein reiner Fischerort mit etwa sechstausend Seelen war. Jetzt beherbergt es 118.000 Menschen, und ein wohldurchdachtes Bauprogramm breitet die Stadt ins Hinterland aus. Üblicherweise sind die Gebäude niedrig und erdbebensicher.

Polizisten traten nicht in Erscheinung. Mir wurde bewusst, dass ich keine Ahnung hatte, wie isländische Polizisten überhaupt aussahen, da ich nie einen gesehen hatte. Wie auf's Stichwort huschte ein Polizeiwagen, schwarz und weiß und geschmückt mit Lampen und Kennzeichen, auf enormen Ballonreifen vorbei. Er rauschte so schnell vorüber, dass ich seine Insassen nicht sah und bis zum heutigen Tag keine Vorstellung vom Erscheinungsbild isländischer Bullen habe, eine Tatsache, die sehr für das soziale Gewissen der Bürger spricht.

Füße wurden eingetunkt und die Tatsache auf Film gebannt. Ich tätigte ein vereinbartes Telefonat (R-Gespräch) mit Radio Manchester, um die Menschen meiner Heimatstadt über meine sichere Ankunft zu informieren. Im vergangenen Monat hatte ich wenig an zuhause gedacht, wie immer, wenn ich eine Expedition durchführe, denn das Expeditionsleben ist so intensiv, dass es gefährlich wäre, sich gedanklich und emotional ablenken zu lassen, weil Gefahren immer unbemerkt lauern können. Nun war es an der Zeit, die Rüstung abzulegen und der Normalität den Wiedereinzug in die Seele zu erlauben. Ich dachte an zuhause, an die Menschen und meine Wurzeln in jenem Land. Auch an die Schönheiten Islands. Ich dachte an Gletscher und Wasserfälle, an Nordlichter und den Anblick der Hekla, wovon nichts in England zu sehen sein würde. Aber hatte Island dunkle Wälder und knallrotes Herbstlaub? Und wo in diesem jungen Land befanden sich die Knochen wahrhaft ferner Vorfahren? Ja, ich erkannte das Gefühl: Der Reisende, der bekennende Internationalist, der Wanderer auf dem Angesicht der Erde – hatte Heimweh.

Den ganzen Sonntag und den folgenden Tag lief ich durch die breiten Straßen Reykjavíks. Geschenke mussten gekauft und Souvenirs und Postkarten verschickt werden. Plötzlich machte ich Urlaub; ich war ein Tourist, der den Ramsch vom Süßigkeitentablett pickte. Aber es waren unbehagliche Ferien. Ich wollte Dienstag und England. Wie ein Zugvogel auf einer Leitung war ich bereit für den Flug.

Da der Flughafenbus den Terminal in Reykjavík um sechs Uhr morgens verließ, verbrachte ich Montagnacht auf dem gleichen Grasflecken, den ich schon in meiner ersten Nacht in Island besetzt hatte. Der Regen fiel pflichtschuldig, als ich an die Reise dachte. Hatte ich, abgesehen von der Durchführung der, wie ich annahm, ersten Wanderung von Küste zu Küste, der Freude über das Gesehene und dem finanziellen Gewinn für das Kinderkrankenhaus, irgendetwas Wertvolles erreicht? Ich gelangte zu dem Schluss, dass ich für die Menschheit im Allgemeinen nichts Folgenschweres zustande gebracht hatte, außer einer weiteren Bestätigung, dass ein Mensch allein, wenn er die Spielregeln kennt, angeblich unmögliche Dinge schaffen kann. Es ist eine merkwürdige Marotte des Verstandes, dass ich eine Reise rückblickend immer für unmöglich halte, jedoch nie vorausschauend. Es gab einen Film der Reise zur Erbauung zukünftiger Generationen, und ein Tagebuch auf Band, um mir in den kommenden Monaten des Schreibens zu soufflieren. Aber vor allem waren irgendwo tief in mir und schwer zu erreichen die zugrundeliegenden Verbindungen zwischen den Menschen bestätigt worden, die unseren Planeten durchstreifen, die Plätze finden, um dort eine Zeit zu verweilen, und dann weiterziehen; denn sie bewegen sich immer nur teilweise, lassen ihr Blut in denen zurück, die bleiben, um sich mit denen zu vermischen, die nachkommen. Wir sind in der Tat eine einzige Familie, ganz gleich wie entfernte Cousins wir auch sind. Vielleicht würde ich in dieses sich abmühende junge Land zurückkehren, das noch immer darum kämpft, seine Freiheit zu sichern, jetzt mit einem ökonomischen Schwert. Andererseits: vielleicht würde ich auch nicht. Es gibt viele Cousins zu besuchen, denn ich gehöre zu einer riesigen, weit verstreuten Familie.

Ach, aber die Zeit ist gekommen, an die Herdstelle meines eigenen Familienzweigs zurückzukehren. Freudig packte ich meinen Rucksack im Regen und ging zum Flughafenbus. Es gab Gedanken an familiäre Vorlieben, an Steakpudding und Pommes mit Erbsmus, gut gesalzen und in Essig schwimmend, an Eier mit Speck und Bohnen mit gebuttertem Toast, an dunklen, goldenen Tee, der in einem Becher wirbelte, an traditionelle Gerichte aus Lancashire wie Beef Biryani mit Pillaus Reis und Pappadums Dripping mit Mungo Chutney, an schäumendes echtes Bier mit der Würze des Hopfens, das die Kehle besänftigt.

An Letzteres dachte ich ziemlich ausführlich.

Nachtrag

Briefe erwarteten mich bei meiner Rückkehr; Berge von Briefen, von denen viele in einem Poststreik vor meiner Abreise aufgehalten worden waren und dementsprechend vor der Reise hätten gelesen werden sollen. Sie enthielten Informationen und Zuspruch, und die üblichen entmutigenden aber gutgemeinten Ratschläge, dass die Tour unmöglich sei und nicht allein versucht werden sollte. Solche Worte, obwohl sie abschrecken sollen, stärken immer meine Entschlossenheit, da Gefahr der Reise nicht nur Würze hinzufügt. Sie ist eines der wichtigsten Elemente. Die ganze Sache ist wie ein Geschicklichkeitsspiel zwischen dem Alten Kahlkopf und mir, wobei das Leben als Siegerpreis verpfändet wird. Ein solcher Preis ist von begrenztem Wert, wenn er sich bereits im Besitz meines Gegenübers befindet und mir nur geliehen ist. Darum muss der Grund für das Spiel das Spiel selbst sein, mit freudigen Siegen und traurigen Niederlagen. Ohne die Herausforderung der Gefahr würde es überhaupt kein Spiel geben. Einen Ball mit dem Fuß, der Hand oder einem Stock zu schlagen, wie geschickt auch immer, ist ein Spiel für Kinder, denn worin besteht die Herausforderung, was ist der Einsatz und was das Ziel?

Nach meiner Überzeugung hatte ich die erste Durchquerung Islands von Küste zu Küste unternommen, auch wenn allgemeine Expertenmeinung zu sein schien, dass es schwer zu beweisen sein würde. Aber aller Wahrscheinlichkeit nach stimmte es. Mehr als diese hatte ich jedoch bewiesen, dass eine solche Reise möglich war; und das war mein Sieg, denn was ich als Pionier geschafft hatte, konnten auch Andere vollbringen, mit vielleicht mehr wissenschaftlichen Zielen.

Nun ist Orlog, wie die Wikinger die unpersönliche Macht des Schicksals nannten, ganz sicher der Großvater der Niedertracht. Nur Tage nach meiner Rückkehr berichteten die Fernsehnachrichten über eine gewaltige vulkanische Eruption in Island in der Nähe, wie der Sprecher sagte, eines Sees namens Mývatn. Die Lava floss prachtvoll vor meinen Augen, während ich Orlog und seine Günstlinge mit Flüchen überhäufte. Ich konnte mir das strahlende Gesicht von Villi Knudsen vorstellen, der zweifellos den Film drehte, als sein zehnjähriges Warten auf die Eruptionen endete. „Ruf mich an!“ konnte ich ihn sagen hören. „Ruf mich an, wenn er ausbricht!“ Ich hatte die Chance meines Lebens nur um wenige Stunden verpasst.

Aber die Zeit schreitet voran. Es gab andere Spiele zu spielen, und das Spielfeld war gewaltig. Es gab Wüsten und wilde Savannen; kalte Steppen und dampfende Dschungel. Das Gras hinter den Bergen ist kaum grüner als in meinem grünen und freundlichen Land... aber *bei Gott,* es ist um einiges interessanter.

Interesse, Spekulation, Finanzen und Wünsche tanzten zusammen eine zerebrale Quadrille, als sich Ideen aus dem Chaos destillierten. Als ich bereit war, nahm ich einen leeren Ordner und schrieb auf den Rücken in dicken, schwarzen Buchstaben. Dann lächelte ich.

Und ganz zweifellos tat das auch der Alte Kahlkopf.

Die Fotografen

Ted Edwards: 51, 56, 73, 84, 109, 112, 141
Autorenfoto Umschlag hinten

Jens Bachmann: 61, 69, 119, 139, 157
Umschlagfoto

Kay Niebank: 15, 28, 33, 37, 53, 64, 87, 103, 153, 159

Die Vorläuferin

Lisa Steppe (2009). Island.
Reihe: erlebte orte.
Seiten: 134 + 8 Farbseiten
Format: 12,5 x 23,5 cm.
Preis: 10,00 Euro.
ISBN: 978-3-939564-19-5

Dieser Wanderführer ist einzigartig. Als er 1980 erschien – also noch bevor Ted Edwards zu seiner Durchquerung aufbrach – war er das erste Buch seiner Art in deutscher Sprache. Seitdem sind einige hinzugekommen, aber Lisa Steppes literarische Erlebnisbeschreibungen machen das Buch noch immer zu etwas Besonderem. Sie sind von zeitlosem Zauber und lassen an Erfahrungen teilhaben, wie wir sie abseits der Ringstraße in Island auch heute noch erleben können. Darum wurden die Berichte von den vier mehrtägigen Touren, die die Autorin im Süden der Insel unternahm, in ihrer ursprünglichen Form belassen. Der Serviceteil jedoch wurde gründlich überarbeitet und aktualisiert. Er enthält Kartenskizzen zu den beschriebenen Routen, weitere Tourenvorschläge, Tips zum Reisen im Land, zu Hütten, zur Durchquerung von Flüssen und vielem mehr, was dieses Buch zu einem willkommenen Begleiter auf Wanderungen im isländischen Hochland macht.

Mehr Geschichte

Im April 2010 sorgte der Ausbruch des Vulkans unter dem Eyjafjallajökull dafür, dass in Nord- und Mitteleuropa Tausende von Flügen ausfielen und für wenige Wochen eine bis dahin diskret im Nordatlantik dümpelnde Inselrepublik in das Zentrum medialen Interesses verschoben wurde. Trotzdem waren die Aschewolken, die für kurze Zeit die technisierte Welt in Atem hielten, nur Bühnenfeuerwerk verglichen mit dem giftigen Nebel, der gut zwei Jahrhunderte zuvor Europa für Monate verdunkelte, die Ernte vernichtete, zu Klimaveränderungen und Hungersnöten führte und zigtausend Menschenleben forderte. Niemand wusste damals, dass ein Vulkanausbruch auf einer tausend Kilometer entfernten Insel für die Katastrophe verantwortlich war.

Dieser Roman beschreibt die Schicksale der am Ort des Ausbruchs – in Island – lebenden Menschen.

Jón Trausti (2012). Skaftáfeuer
Reihe: erlebte orte
Seiten: 260
Format: 13,5 x 21,5 cm
Preis: 17,00 Euro
ISBN: 978-3-939564-36-2

Island ist die größte Vulkaninsel der Erde. Ihr Landschaftsbild wird bis zum heutigen Tag von den Naturgewalten bestimmt und lässt sich nur als Wanderer nah und intensiv erleben. Es gibt eine solche Vielfalt an unterschiedlichen Landschaften, dass mehrere Reisen notwendig sind, um diese einmalige Insel wirklich kennenzulernen. Island ist ein Paradies für Wanderer und ein Eldorado für Naturfotografen.

Dieser Wanderführer stellt 10 Wandergebiete auf der gesamten Insel vor und beschreibt dabei Trekkingtouren zwischen 2 und 7 Tagen, wobei einzelne Etappen auch als Tageswanderungen unternommen werden können. Von den Naturschutzgebieten Þórsmörk und Fjallabak im Süden, über die Lavawüste Ódáðahraun mit dem Vulkan Askja bis zu den Naturschönheiten am Mývatn und Jökulsárglúfur im Norden – von den Fjorden Hornstrandirs im äußersten Nordwesten über die Hochebene Kjölur und die farbigen Rhyolithberge der Kerlingarfjöll im zentralen Hochland bis zu dem alpin anmutenden Bergmassiv der Dyrfjöll im Osten.

Mit Wegpunkten für GPS und Wanderkarten 1 : 50.000
Format: 12 x 21 cm, ISBN: 978-3-981-52542-7

Eines der schönsten und meistbesuchten Wanderparadiese in Island ist das südliche Hochland. Es umschließt ein Gebiet, das etwa vom Vulkan Hekla im Westen bis zum See Langisjór im Osten reicht. Im Norden dient der Gletscherfluss Tungnaá als natürliche Grenze, während sich im Süden zwei große Vulkanmassive erheben, die von den Gletschern Mýrdalsjökull und Eyjafjallajökull bedeckt werden. Der Wanderführer beschreibt bekannte und weniger bekannte Wanderrouten durch diese Region und umfasst 5 Trekkingtouren, 8 Tageswanderungen und mehrere Kurzausflüge.

Mit Wegpunkten für GPS und Wanderkarten 1 : 50.000
Format: 12 x 21 cm, ISBN: 978-3-981-52540-3

Verlag Uwe Grunewald
Postfach 10 04 05
07704 Jena
Tel: +49 160 5035903
www.unique-iceland.com